마케터의 SNS 생각법

마케터의 SNS 생각법

소셜 미디어의 28가지 오해와 진실

미셸 카빌, 이안 맥레

비즈니스랩

차례

#1 첫 번째 생각
SNS는 시간 낭비다?

오해와 진실 ·· 16
사람들은 근무 시간을 낭비한다 ······················ 17
이익, 위험, 비용 비교하기 ······························· 19
소셜 미디어 탈퇴하기 ····································· 24
SNS, 이렇게 생각하라! ···································· 25

#2 두 번째 생각
SNS는 공짜가 아니다

오해와 진실 ·· 28
무료 같지만, 사실은 무료가 아니다 ················ 30
요금을 지불하고 통찰력과 관리 능력을 얻다 ··· 32
소셜 미디어 서비스 산업 ································ 34
시간 비용 ·· 36
소셜 미디어에 대한 기업 리더들의 오해 ········· 37
SNS, 이렇게 생각하라! ···································· 39

#3 세 번째 생각
각각의 SNS에는 고유의 역할이 있다

오해와 진실 ·· 42
트위터(Twitter) ··· 44

링크드인(LinkedIn)	46
페이스북(Facebook)	49
왓츠앱(WhatsApp)	52
스냅챗(Snapchat)	53
유튜브(YouTube)	55
인스타그램(Instagram)	57
행동과 동기의 변화	60
SNS, 이렇게 생각하라!	61

#4 네 번째 생각
SNS는 기업 웹 사이트를 대체하지 못한다

오해와 진실	66
고객에게 다가가기	67
대체가 아닌 보완	68
제3자에게 의존하는 것의 위험성	70
SNS, 이렇게 생각하라!	74

#5 다섯 번째 생각
SNS로 투자수익률을 측정할 수 있다

오해와 진실	78
빅 데이터는 실제로 존재한다	79
모든 측정치는 맥락을 고려해야 한다	82
조직 목표와 소셜 목표 일치시키기	84
다크 소셜 - 보이지 않는 투자수익률 측정하기	86
SNS, 이렇게 생각하라!	88

#6 여섯 번째 생각
SNS는 마케팅에만 쓰이는 것이 아니다

오해와 진실 ·· 92
대외적인 소셜 활동 ··· 93
대내적인 소셜 활동 ··· 100
SNS, 이렇게 생각하라! ·· 103

#7 일곱 번째 생각
SNS는 잘못한 것이 없다

오해와 진실 ·· 106
소셜 미디어는 조작될 수 있다 ···································· 107
소셜 미디어 마케팅 담당자를 위한 교훈 ··················· 111
윤리적 가이드라인: 어둠의 기술 방지하기 ················ 114
SNS, 이렇게 생각하라! ·· 117

#8 여덟 번째 생각
정보를 지나치게 공유하는 것은 좋지 않다

오해와 진실 ·· 120
개인 정보 과잉 공유 ·· 121
입이 가벼우면 화를 부른다 ··· 123
브랜드 과잉 공유 ··· 127
SNS, 이렇게 생각하라! ·· 130

#9 아홉 번째 생각
기업 내부에서만 SNS를 관리할 수 있는 것은 아니다

- 오해와 진실 ····· 134
- 기업 내부에서 관리할 것인가 외부에 맡길 것인가? ····· 135
- SNS, 이렇게 생각하라! ····· 143

#10 열 번째 생각
SNS, 홍보용으로만 사용하는가

- 오해와 진실 ····· 146
- 80 대 20 ····· 147
- 광고를 넘어 ····· 149
- 소셜 리스닝은 금이다 ····· 153
- SNS, 이렇게 생각하라! ····· 157

#11 열한 번째 생각
SNS는 현실의 소통을 완벽히 대체할 수 없다

- 오해와 진실 ····· 162
- 온라인 상호작용 대 오프라인 상호작용 ····· 163
- 온라인 관계와 오프라인 관계 ····· 166
- 비즈니스 네트워킹 ····· 167
- 소셜 셀링 ····· 170
- 온라인에서 오프라인으로 ····· 172
- SNS, 이렇게 생각하라! ····· 174

#12 열두 번째 생각
SNS로 24시간 소통할 수는 없다

오해와 진실 ·· 176
당신의 청중이 소셜 미디어를 사용하는 법 ················· 178
고객은 무엇을 원하는가? ··· 180
응답에 걸리는 시간도 중요하다 ··································· 183
인공지능 도입하기 ·· 184
고객 응답 시간 설정하기 ·· 185
SNS, 이렇게 생각하라! ·· 186

#13 열세 번째 생각
SNS를 회사 내부의 소통에도 활용할 수 있다

오해와 진실 ·· 190
소셜 미디어의 잠재적 이익 ·· 191
내부 소셜 미디어의 문제 ·· 195
리더십의 역할 ··· 196
내부 소셜 미디어 도입을 위한 실천 지침 ··················· 198
몰입하는 직원들 ··· 200
SNS, 이렇게 생각하라! ·· 201

#14 열네 번째 생각
SNS는 #가짜 뉴스로 가득하다?

오해와 진실 ·· 204
다양한 가짜 뉴스의 유형 ·· 206
기업과 정보 ··· 213

정보 평가하기 ·· 216
SNS, 이렇게 생각하라! ······························ 218

#15 열다섯 번째 생각
SNS에서 제기되는 비판을 역이용하라

오해와 진실 ··· 222
응답 시간 ··· 223
고객층을 기억하라 ································· 228
직원 가이드라인 ···································· 230
SNS, 이렇게 생각하라! ······························ 231

#16 열여섯 번째 생각
SNS로 고객의 마음을 사로잡는 방법

오해와 진실 ··· 234
타깃 고객에게 집중하기 ··························· 236
적절한 채널 발견하기 ······························ 238
SNS, 이렇게 생각하라! ······························ 243

#17 열네 번째 생각
명확한 SNS 규정을 만들어라

오해와 진실 ··· 246
목적과 마무리를 염두에 두고 시작하라 ········ 248
직원들과 최신 정보를 공유하라 ·················· 250
데이터 보안 ··· 251

SNS, 이렇게 생각하라! ··· 254

#18 열여덟 번째 생각
취중 SNS 사용은 위험하다

오해와 진실 ··· 258
술이 뇌에 미치는 영향 ··· 259
술에 취해서 올린 게시물은 구직 활동에 좋을 것이 없다 ········ 260
당신의 본모습 전부를 직장에 끌어들이지 말라 ················· 262
아무 콘텐츠나 마구잡이로 직장에 끌어들이지 말라 ············· 264
소셜 미디어 정책 제안 ··· 265
SNS, 이렇게 생각하라! ··· 271

#19 열아홉 번째 생각
젊은 세대가 모두 SNS 전문가는 아니다

오해와 진실 ··· 274
나이에 대한 고정 관념의 문제 ·································· 275
개인적 용도 대 비즈니스 적합성 ································ 277
개인적 영역과 비즈니스 영역 구별하기 ························· 278
소셜 미디어 지침과 신입사원 교육 ······························ 281
SNS, 이렇게 생각하라! ··· 283

#20 스무 번째 생각
인플루언서는 새로운 현상이 아니다

오해와 진실 ··· 286

모호한 정의 · 289
소셜 인플루언서의 부상 · 290
칭찬이든 욕이든 모든 선전은 이득이다 · · · · · · · · · · · · 295
SNS, 이렇게 생각하라! · 298

#21 스물한 번째 생각
사람들은 SNS에서 다른 사람이 된다?

오해와 진실 · 300
성격을 측정할 수 있는가? · 301
소셜 미디어에서의 행동 · 305
성격 평가 · 306
SNS, 이렇게 생각하라! · 308

#22 스물두 번째 생각
SNS 사용자들의 개인 정보를 어떻게 다룰 것인가

오해와 진실 · 312
직원 선발을 위한 데이터 수집 · · · · · · · · · · · · · · · · · · · 313
소셜 미디어로 직원 채용하기 · · · · · · · · · · · · · · · · · · · 314
SNS, 이렇게 생각하라! · 318

#23 스물세 번째 생각
페이스북은 어떻게 구글과의 인재 경쟁에서 승리했을까

오해와 진실 · 322
페이스북의 성공과 실패 · 323
대표성의 오류 · 325

SNS, 이렇게 생각하라! ……………………………………… 328

#24 스물네 번째 생각
내 개인 정보는 어디까지 퍼져 있을까

오해와 진실 ………………………………………………… 332
사례 연구: 저자의 디지털 흔적 ………………………… 335
매우 사적인 데이터 ……………………………………… 340
완전한, 그러나 파편화된 그림 ………………………… 341
SNS, 이렇게 생각하라! ………………………………… 345

#25 스물다섯 번째 생각
SNS는 나와 회사의 데이터를 지켜주지 않는다

오해와 진실 ………………………………………………… 348
정보 보호 도구와 기법 ………………………………… 349
SNS, 이렇게 생각하라! ………………………………… 357

#26 스물여섯 번째 생각
정보를 얻기 위해 SNS에만 의존하지 마라

오해와 진실 ………………………………………………… 360
신뢰할 만한 출처 발견하기 …………………………… 361
균형 잡힌 정보를 섭취하라 …………………………… 364
SNS, 이렇게 생각하라! ………………………………… 367

#27 스물일곱 번째 생각
SNS의 힘은 생각보다 더 강하다

- 오해와 진실 ········· 370
- 소셜 미디어에서의 소비자 영향력 ········· 371
- 인플루언서 마케팅 산업 ········· 375
- 소셜 미디어 광고 ········· 376
- 커뮤니티 구축 ········· 379
- SNS, 이렇게 생각하라! ········· 380

#28 스물여덟 번째 생각
SNS 정보의 양면성

- 오해와 진실 ········· 382
- 필터 버블이 존재하는가? ········· 384
- 필터 버블은 어떻게 만들어지는가 ········· 386
- 필터 버블 현상과 비즈니스 ········· 389
- 고려해야 할 문제 ········· 390
- SNS, 이렇게 생각하라! ········· 393

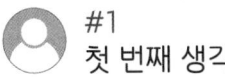
#1
첫 번째 생각

SNS는 시간 낭비다?

소셜 미디어는 항상 시간 낭비라고 치부해버리기 전에 다음과 같이 질문해보라. "내가 달성하고 싶은 목표는 무엇인가? 그 목표를 이루는 데 소셜 미디어가 도움이 될 수 있는가?"

오해와 진실

 소셜 미디어는 시간 낭비인가? 여론 조사 기관 퓨 리서치Pew Research 연구에 따르면 미국인의 82퍼센트가 소셜 미디어를 시간 낭비라고 생각한다. 하지만 그렇다고 해서 그들이 소셜 미디어를 사용하지 않는다는 말은 아니다. 퓨 리서치는 이제 많은 이들이 인쇄 매체보다는 소셜 미디어를 통해 뉴스 정보를 얻는다고 말한다.

 소셜 미디어가 시간을 활용하는 좋은 방법이라고 여기는 것과 상관없이 대부분의 사람들은 소셜 미디어를 사용한다. 퓨 리서치는 2019년 보고서에서 미국인의 79퍼센트가 소셜 미디어 프로필을 가지고 있지만, 인터넷을 사용해 본 적 없는 사람도 11퍼센트에 달한다고 지적했다. 영국의 경우 소셜 미디어 사용자 수는 더 낮다. 영국통계청은 영국인의 90퍼센트가 인터넷을 사용하지만 소셜 미디어를 사용하는 인구는 65퍼센트에 불과하다고 밝혔다.

 결과적으로 사람들은 소셜 미디어가 시간 낭비라 할지라도 그것 때문에 소셜 미디어 사용을 중단하지는 않는다.

사람들은 근무 시간을 낭비한다

　업무를 위해 소셜 미디어를 사용하는 경우와 개인적인 용도로 사용하는 경우를 구분할 필요가 있다. 누군가가 업무 후 시간 대부분을 페이스북이나 트위터를 스크롤 하는 데 쓴다면 그 시간이 낭비인지 아닌지를 판단하는 것은 그의 몫이다. 하지만 해야 하는 다른 일이 있는데도 업무 시간에 사적인 소셜 미디어를 하거나 개인적인 대화를 나누는 데 시간을 쓴다면 그건 시간 낭비일 것이다.

　물론 업무 관련 연락이나 사실 확인 작업, 사적인 소셜 미디어 사용 사이에는 판단이 어려운 회색지대가 있을 수 있다. 그러나 근무 시간에 사적인 소셜 미디어를 사용한 이유에 대해 변명할 필요를 느낀다면 그건 십중팔구 시간 낭비였기 때문이다.

　만약 '사람들은 소셜 미디어에 시간을 낭비하는가?'라는 질문을 한다면 확실히 여기저기서 그렇다는 답이 들려올 것이다. 그러나 시간 낭비는 소셜 미디어에 국한되는 문제가 아니다. 당신이 어떠한 종류의 기술이나 활동, 수단을 제공하든 간에 사람들은 시간을 낭비할만한 방법을 찾아내기 마련이다. 사람마다 그 사람에게 딱 맞는 오락거리를 제공한다면 시간이 낭비되고 있다는 소리를 듣지 않게 될지도 모른다. 하지만 시간 관리 소프트웨어조차 시간을 낭비하게 만들 수 있다. 과제를 완수하는 데 드는 시간보다 과제 목록을 작성하고 꾸미는 데 더 많은 시간을 할애하는 사람들도 있기 때문이다.

사람들은 언제 어디서든 혹 근무 중이더라도 스마트폰이 있고 인터넷이 연결되어 있다면 소셜 미디어에 시간을 쓸 수 있다. 휴게실에서 스마트폰으로 텔레비전을 보며 시간을 보낼 수도 있다. 심지어 겉으로는 일에 집중하는 듯 보이는 직원도 상상의 나래를 펼치는 데에 시간을 소비하는 중일 수 있다.

업무에 신경을 쓰지 않는 행동 자체가 문제는 아니다. 오히려 적당한 때에 그렇게 할 수 있다면, 그래서 자신만의 오락거리를 선택하고 그 오락거리가 시간 낭비인지 아니면 시간을 잘 활용하는 것인지를 스스로 판단할 수 있다면 대단한 일이다. 하지만 이 책에서 우리는 소셜 미디어를 업무 생산성과 성과의 측면에서 논하려고 한다.

확실히 사람들은 근무 중에 소셜 미디어를 사용함으로써 자신의 시간과 고용주의 시간을 낭비할 수 있다. 하지만 소셜 미디어를 이용해 업무 시간의 효율을 높일 방법들도 많다. 실제로 소셜 미디어는 생산성을 향상하고 참여와 의사소통을 도모하며(13장) 매출을 올리기 위해 사용되기도 하고(16장), 신입사원 모집(22장과 23장)이나 고객 관리(12장과 15장)에 이용되기도 한다.

무엇보다 중요한 것은 소셜 미디어 사용이 초래할 수 있는 위험을 제대로 인식하는 것이다. 따라서 우리는 다음 장들에서 일어나지 않도록 경계하고 조심해야 하는 문제들에 대해 설명할 것이다. 소셜 미디어를 업무에 적용하는 일에는 항상 득실이 따른다. 그러므로 소셜 미디어는 항상 시간 낭비라고 치부해버리기 전에 다음과 같은 질문을 던져보자. '내가 달성하고 싶은 목표는 무엇인가? 그 목표를 이루는 데 소셜 미디어가 도움이 될 수 있는가?' 약간의 지식과 독창성만 있다면 소셜 미디어를 이용해 목표를 달성할 수 있다니(그 방법은 러시아 정부에 문의하라) 굉장한 일이 아닌가(7장을 보라)!

이익, 위험, 비용 비교하기

업무에 소셜 미디어를 활용하는 방법은 회사 내에서 그리고 회사 간에 이루어지는 일의 성격에 따라 다르다. 소셜 미디어를 세일즈나 마케팅에 활용하는 회사도 있고(8장과 10장) 새로운 인재를 채용하는 데 이용하는 회사도 있으며(23장) 자신만의 내부 소셜 네트워크를 만드는 회사도 있다(13장).

사람들이 컴퓨터나 스마트폰 혹은 소셜 미디어에 시간을 낭비한다고 해서 기술 자체가 시간 낭비를 유발한다고 볼 수는 없다.

만약 업무 시간에 소셜 미디어 사용을 허용할지 말지 고민하는 중이라면 막연하게 일반화하는 대신에 소셜 미디어 기술을 어떤 목적으로 어떻게 사용할 것인지 구체화해야 한다.

▐ 목적

소셜 미디어를 어떤 용도로 왜 이용하려 하는가? 사전에 목적을 명확하게 하라. 모든 후속 문제들의 경중은 사용하려는 소셜 미디어 기술이 목적을 달성하는 데 얼마나 적합한지에 따라 달라질 수 있다.

▐ 가용성

선택한 소셜 미디어를 이용할 수 있는 사람은 누구인가? 누구나 이용할 수 있는가, 아니면 이용범위가 매우 제한적인가? 비용 효율적이고 사용자 친화적이어서 기업, 사원, 고객이 접근하기 쉬운가?

▐ 목적 적합성

사용하려는 소셜 미디어 기술이 앞에서 확인된 목적을 실현하는 데 얼마나 적합한가? 이미 충분히 적합한 기술이거나 적합하도록 개선될 수 있는 기술이어야 한다. 만약 기대한 목적이나 기업의 경영성과를 달성하는 것에 적합하지 않은 기술이라면 시간 낭비일 수 있다.

▌**신뢰성**

선택한 소셜 미디어가 기술적으로 얼마나 믿을만한가? 끊기는 현상이 잦고 기술적인 문제가 빈번하게 발생한다면, 혹은 계속해서 변경된다면 신뢰할 수 없게 되고 유용성도 떨어지게 될 것이다.

▌**완성도**

사용하려는 소셜 미디어 기술이 얼마나 고급인가? 기술 수준이 높고 잘 검증된 체계일수록 더 많은 신뢰를 받고 구체적인 목표 달성에 적합하도록 개선되기 쉬운 경향이 있다. 또 대중적인 플랫폼일수록 친숙함 때문에 사원과 고객이 더 쉽게 받아들이는 경향이 있다.

▌**출처**

선택하고자 하는 기술이나 플랫폼의 평판은 어떠하며, 개발자는 누구이고, 어느 나라를 기반으로 하고 있는가? 예를 들어 업무용 소셜 네트워킹을 찾는 경우라면, 잘 알려지지 않은 온라인 토론방보다는 기성 플랫폼과 개발자가 더 적합할 것이다.

▌**지원**

고려하는 플랫폼이나 기술이 실행과 유지에 필요한 지원을 제공하는가? 문제가 생기면 연락할 담당자가 있는가? 만약 기업이 커뮤니케이션, 네트워킹, 성과 관리 체계를 비롯한 유사한 과정들을 외부 플랫폼에 맡길 생각이라면, 적절한 지원을 받을 수 있는지 확인해야 한다.

▮확장성

플랫폼이 당신이 필요한 현재와 미래의 요구조건을 충족시킬 수 있을 만큼 충분한 용량을 확보하고 있는가? 만약 필요조건에 변화가 생긴다면 다른 플랫폼으로 옮겨가는 것이 합리적일 수 있다. 따라서 이러한 가능성을 미리 고려해야 한다.

▮사용성

사용자가 플랫폼에 접근하기 쉽고 이용하기에 편리한가? 투박하고 비효율적이거나 무질서한 플랫폼이라면 역효과와 함께 시간 낭비일 수 있다.

▮비용

기술과 플랫폼을 사용하는 데 드는 잠재적 비용(금전적 비용이든 다른 비용이든)은 얼마인가? 목적이 확실하게 정해졌다면, 잠재적 보상(마찬가지로, 금전적 보상이든 다른 보상이든)을 분명히 한 다음, 비용과 비교해보라.

▮위험

선택하고자 하는 기술을 사용하면 생길 수 있는 잠재적 문제는 무엇인가? 기업의 평판 혹은 직원의 평판에 문제가 생길 수도 있고, 고객 정보나 플랫폼 자체의 잠재적 오용과 관련된 위험일 수도 있다. 이러한 문제는 자주 예상치 못한 비용 지출의 원인이 되기도 한다.

🔖 효용

전반적으로, 이 모든 사항을 고려하면 어떤 결과가 나오는가? 비용, 위험, 이익을 목적에 비추어 비교한 뒤에야, 플랫폼의 전반적인 효용을 평가할 수 있다. 전반적으로 볼 때, 플랫폼을 사용할 가치가 있는가? 아니면 앞에서 언급한 목적을 달성하는 더 좋은 방법이 있는가?

예를 들어, 하나의 플랫폼으로 회사의 내부 소셜 미디어 네트워크와 성과 관리 체계(이에 대해서는 13장에서 보다 상세하게 다룰 것이다) 모두를 처리하는 기업이 있다고 해보자. 기업의 목적은 직원을 위한 내부 커뮤니케이션 네트워크를 구축하여 직원 스스로 자신의 성과를 측정하게 하는 것이다. 또한, 동료들은 피드백을 제공하며 관리자는 발전 정도를 확인하여 기록한다. 여기에는 사적인 정보, 부분적으로 사적인 정보 그리고 공개적인 정보 등 상이한 수준의 정보들이 포함될 것이다.

이러한 목적에 딱 들어맞는 특수한 플랫폼들이 있을 것이다. 하지만 페이스북이나 링크드인 같은 보다 잘 알려진 소셜 미디어 플랫폼들은 기업이 원하는 기능 몇 가지는 제공하지만, 전부를 제공하지는 못한다. 이 유명 플랫폼들은 비용이 낮고 확장성이 크다. 하지만 목적 적합성, 위험, 전반적인 효용 면에서 기대에 못

미칠 수 있다.

각 플랫폼의 목적에 비추어 볼 때 이 12가지 요소 모두가 똑같은 중요성을 지니지는 않을 것이다. 따라서 많은 경우에 이들 중 몇몇 요소에 초점을 맞추는 것이 타당하다. 예컨대 소규모 기업이라면 비용과 신뢰성을 우선시하면서도 새로운 시스템을 시험해보고 싶을지도 모른다. 이에 반해 출처와 확장성 같은 요소는 단기적으로 그리 중요하지 않을 수 있다.

잊지 말아야 할 점은 모든 것이 명확하지 않을 때 시간 낭비가 일어날 수 있다는 사실이다. 어떠한 플랫폼이 가치 있는 잠재력을 가지고 있는가 아닌가를 확인하기 위해서는, 그리고 그 플랫폼이 당신이 그것을 필요로 하는 목적에 부합하는지 아닌지를 검토하는 데에는 꽤 많은 노력이 필요하다.

소셜 미디어 탈퇴하기

여전히 소셜 미디어가 순전히 시간 낭비라고 생각하는가? 그렇게 생각할 수도 있다. 그렇다면 언제든 소셜 미디어를 탈퇴해도 괜찮다. 하지만 당신이 직장에서 소셜 네트워킹과 관련된 어떤 일에도 참여하고 싶어 하지 않는다고 하더라도, 아마도 여전히 당신은 이 책을 읽을 것이고 다른 사람과 회사들이 소셜 미디어를 어떻게 사용하는지 이해하려 할 것이다.

어쩌면 당신은 소셜 미디어가 다양한 활용법과 이점을 가지고 있어서 괜찮을 것 같기는 하다고 생각하는 중일지도 모른다. 당신은 그저 당신의 어떠한 개인 정보도 거대 기술 기업, 인터넷 서비스 제공자 그리고(또는) 본사와 공유하고 싶지 않을 걸 수도 있다. 탈퇴는 상당수가 선택하는 매우 합리적인 선택지의 하나다. 하지만 당신 혹은 당신의 기업이 탈퇴를 선택한다면, 경쟁력 있고 생산적인 다른 방법을 찾아야만 할 것이다. 또 여전히 당신은 동료나 경쟁자들이 어떻게 일하고 있는지, 그들이 무엇을 잘하는지 이해해야 한다.

SNS, 이렇게 생각하라!

12가지 기준 목록을 사용해서 직장 내 소셜 미디어 툴과 플랫폼을 평가해 보라(필요하다면, 당신 개인의 것도 평가해 보라). 같은 목적을 달성할 수 있는 대안적인 자원이 있을 수도 있고, 어떤 경우에는 이 대안 자원이 더 나을 수도 있다.

빠르게 움직이고 빠르게 변화하는 비즈니스 기술의 세계에서 어떤 툴이 목적에 적합한지, 어떤 대안이 업무 수행에 더 나은지는 반드시 지속적으로 평가해야 할 문제다.

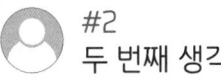

#2
두 번째 생각

SNS는 공짜가 아니다

실용적인 관점에서 '소셜'의 여러 측면을 효과적으로 관리하기 위해서는 시간과 다양한 자원이 필요하다. 바로 이 때문에 소셜 미디어 활동은 결코 무료일 수 없다.

오해와 진실

'소셜 미디어는 무료'라는 편견을 여러 가지 측면에서 생각하다 보면 다음과 같은 의문이 들게 된다. 기업들이 현재 소셜 미디어를 얼마나 폭넓게 활용하고 있는지 알면서도, 정말로 사람들은 여전히 소셜 미디어가 '무료'라고 생각하는 걸까?

성공적인 소셜 네트워킹의 핵심 요소는 확고한 사용자층이다. 소셜 네트워킹이라는 개념이 성립하기 위해서라도 반드시 많은 사용자가 있어야 한다. 어쨌든 사회적 교제나 네트워킹이 아무도 없는 빈방에서 생겨나지는 않기 때문이다.

소셜 네트워크가 무료라는 사실은 사용자 수를 늘리는데 확실히 도움이 되었다. 진입하는 데 요금도 없고 장애물도 없다는 사실은 소셜 네트워크 참여를 되도록 간단하고 마찰 없는 일로 만든다. 또 이미 플랫폼에 가입한 사람이 다른 이들을 참여하라고 초대하기도 쉽다.

하지만 시간을 되돌려보면 트위터, 페이스북, 인스타그램, 링크드인, 스냅챗 같은 글로벌 주류 소셜 네트워크와 왓츠앱, 위챗 같은 메신저 서비스(몇 개만 언급하자면)가 무료라는 사실은 이 커뮤니케이션 채널들을 비즈니스에 적용하기 어렵게 만드는 요인으로 작용했다. 오래된 격언이 말해주듯, 사람들은 공짜 물건에 높은 가치를 부여하지 않는다. 또한, 데이터 소유권이나 독점 플랫폼의 통제 결여와 같은 문제와 우려들이 소셜 미디어 채널을 상업적 환경에 도입하는 것을 위험하고 덜 매력적으로 만드는 데에 일조했다. 바이럴노바ViralNova 창립자 스콧 드롱Scott DeLong(그 자신도 페이스북을 기반으로 스타트업을 창업한 사람들 가운데 하나다)의 다음과 같은 비유는 이러한 위험을 생생하게 보여준다. "페이스북을 기반으로 스타트업을 창업하는 것은 활화산 위에 맥도날드 점포를 여는 것과 같다."

이 장에서 우리는 소셜 미디어가 무료라는 사실이 기업이 소셜 네트워크의 중요성을 인식하는 데 어떠한 잠재적 영향을 미쳐왔는지 살펴볼 것이다. 또한, 대부분의 소셜 채널들이 무료임에도 불구하고 실제로는 소셜 채널과 관련하여 큰 비용이 지불되고 있다는 사실을 어떻게 이해해야 하는지도 살펴볼 것이다. 실용적인 관점에서 '소셜'의 여러 측면을 효과적으로 관리하기 위해서는 시간과 다양한 자원이 필요하다. 바로 이 때문에 소셜 미디어 활동은 결코 무료가 될 수 없다.

무료 같지만, 사실은 무료가 아니다

수백만 기업이 페이스북 플랫폼 덕분에 성장하고 발전할 수 있었다고 자랑한다. 이들은 페이스북이 없었다면 지금의 자신도 없었을 것이라고 말한다. 실제로 딜로이트Deloitte는 2015년에 출간한 보고서에서 페이스북이 다음의 세 가지 역할을 통해 광범위한 영향을 미치면서 경제 성장을 자극해왔다고 설명한다.

1. 크고 작은 기업의 마케팅 도구
2. 앱 개발을 위한 플랫폼
3. 연결의 촉매제

또한, 보고서는 페이스북이 이 세 가지 역할을 통해 2014년에 한화로 약 263조 5,564억 원의 경제 효과를 내고 전 세계적으로 450만 개의 일자리를 만들어냈다고 평가한다. 이것은 페이스북 자체의 영업 활동 결과는 제외한 수치다.

페이스북이 이러한 경제 효과를 창출하고 스타트업이든 기존 기업이든 페이스북에 의지하고 있다면, 다음과 같은 질문을 던지지 않을 수 없다. 페이스북이 자신의 플랫폼 사용으로 실질적인 비즈니스 가치가 창출되는데도 가입비를 받지 않는 이유는 무엇인가?

경쟁 환경이 한 가지 이유가 될 수도 있다. 모든 소셜 미디어 네트워크가 무료라면 플랫폼들 역시 관행을 따를 수밖에 없다. 관행을 깨서 팔로워를 무료 플랫폼들에게 빼앗기고 싶은 사람은 아무도 없을 것이다. 하지만 주요 쟁점은 이 '영원히 무료'인 플랫폼들이 어떻게 실재할 수 있는가, 다시 말해 이 무료 플랫폼들이 어떻게 수익을 창출하는가의 문제다. 이는 우리를 소셜 플랫폼 사용자층의 규모와 힘이라는 문제로 되돌아가게 한다. 즉, 소셜 플랫폼이 '어떻게 기업과 브랜드로 하여금 적절한 청중을 만나 광고할 기회를 제공하는가'라는 의문을 제기한다.

트위터는 광고로 연간 약 3조 4,442억 원을 벌어들인다고 알려져 있다. 또한, 링크드인은 연간 2조 2,462억 원의 수익을 내며 페이스북은(인스타그램을 포함하여) 19조 4,672억 원으로 최고의 광고 수입을 자랑한다.

소셜 네트워크에게 광고는 돈벌이가 되는 큰 사업이다. 소셜 네트워크의 생존은 확고한 사용자층에 달려 있다. 정확히 말하면 자신의 소중한 정보를 공유하는 수백만, 수십억 명 사람들에게 달려 있다. 우리가 일상을 살아가며 생산되는 디지털 흔적은 소셜 네트워크에 계속해서 추가되고 있다.

케임브리지 애널리티카Cambridge Analytica 사건(2018년 케임브리지 애널리티카 회사가 수백만 페이스북 가입자의 프로필을 동의 없이 사용하려 했다는 사실이 밝혀진 사건, 이 사건으로 페이스북은 하룻밤 사이에 43조 4,269억 원가량의 손해를 입었다)처럼 세간의 이목을 집중시킨 데이터 스캔들로 우려가 증폭되면서, 소비자들은 자신의 개인 정보가 이용되는 것에 민감해지고 있다. 하지만 이것이 네트워크 광고 수입에 실제로 어떤 영향을 미칠지는 두고 볼 일이다. 현재로서는 대중적인 소셜 네트워크 플랫폼 중 어떤 곳에서도 대규모 이탈이 일어나고 있다는 증거는 없다.

소셜 사용자를 광고의 표적으로 삼는 것 외에도, 기업과 브랜드는 사용자 정보를 이용해 인구 통계적 통찰을 얻고 그 결과를 다른 형태의 광고나 제품 개발 및 혁신에 적용한다. 우리는 소셜 미디어 네트워크를 무료로 사용하는 대가로 이 네트워크를 영원히 무료로 유지하고도 남을 정도의 가치를 지닌 우리의 개인 정보를 넘겨준다.

요금을 지불하고 통찰력과 관리 능력을 얻다

6장에서 살펴보게 될 소셜 리스닝Social listening(소셜 네트워크의 빅데이터를 활용하여 고객의 니즈를 파악하는 것) 역시 큰 사업거리다. 지난 10년 사이에 소셜 리스닝이라는 개념을 표방한 산업이 급성장했는데, 소셜 네트워크 곳곳에서 수집한 대화, 트렌드, 데이터 신호가 이 산업의 동력이다. 예컨대(두 개만 이름을 대면) 브랜드워치Brandwatch나 멜트워터Meltwater 같은 선도적인 소셜 미디어 모니터링 회사는 실시간으로 소비자 정보를 제공한다.

이처럼 현실에 존재하는 정보회사의 도움을 받으면, 기업은 광고 성과를 더 잘 관리하고 최적화할 수 있으며 보다 효과적이고 신속하게 마케팅 활동을 전개할 수 있다. 또한, 이 정보를 이용해 기회를 포착하고 신제품을 혁신할 수도 있다. 최근 프랑스 유제품 회사 다논Danone의 사례 연구에 따르면, 다논은 소셜 미디어 채널들을 넘나들며 관련 의견을 수집한 결과 많은 소비자가 유당 분해lactose-free 유제품을 찾고 있다는 사실을 발견했다. 그리고 이를 바탕으로 액티비아Activia의 유당 분해 요구르트를 출시했다.

기업은 구글 알리미Google Alerts 같은 도구를 활용해 무료로 기초적인 소셜 리스닝 기능을 이용할 수도 있다. 그러나 여기서 얻는 정보는 전문 정보회사들이 제공하는 정교하고 탄탄한 자료 근처에도 가지 못한다. 물론 그처럼 통찰력 있는 도구를 이용하려면 비용을 지불해야 한다. 적게는 한 달에 십만 원 정도로 시작해서 필요한 기능과 특징에 따라 수백만 원까지 늘어날 수 있다.

여러 소셜 네트워크를 사용하는 회사라면 기업 대상의 최고급 프로그램을 활용해서 회사 계정 포트폴리오를 관리할 수 있다. 예를 들어 훗스위트Hootsuite(페이스북, 트위터, 인스타그램 등의 게시물을 한데 모아 관리하는 플랫폼으로 예약 시간에 맞춰 게시물을 올려주고 게시물 데이터도 분석한다), 스프라우트 소셜Sprout Social(소셜 미디어 분석 기능을 제공하는 도구로, 소셜 미디어에 콘텐츠를 포스팅하고 피드를 확인할 수 있으며 각 소셜 사이트에 대한 분석결과를 제공한다), 버퍼Buffer(소셜 미디어 관리 플랫폼으로, 네트워크와 콘텐츠를 분석한 결과를 바탕으로 콘텐츠를 자동 포스팅한다), 세일즈포스Salesforce(고객 관계 관리 솔루션을 중심으로 한 클라우드 컴퓨팅 서비스를 제공하며, 비즈니스 응용 프로그램 및 플랫폼을 제공한다) 같은 플랫폼을 사용하면 모든 소셜 미디어 계정을 하나의 중앙 대시보드에서 관리할 수 있다. 또 콘텐츠 공유, 게시물 스케줄과 활동 참여를 보다 능률적으로 관리할 수 있는데, 대부분의 관리 플랫폼이 어느 정도의 소셜 리스닝 기능은 제공하고 있는 편이다. 처음 시작하는 사용자를 위해 무료로 프로그램을 제공하는 경우도 있지만, 대다수 플랫폼이 유료이며 사용자와 사용법에 따라 한 달에 몇천 원에서 수백만 원까지 요금이 달라진다.

소셜 미디어 서비스 산업

소셜 미디어 활동과 관리는 이제 대부분의 기업에서 기업 디지털 전략의 일부로 완전히 자리를 잡았다. 기업과 브랜드의 소셜 미디어 참여에 관한 관심이 증가하면서 디지털 마케팅 대행사와 전통적인 홍보 전문 회사들이 소셜 미디어 서비스를 함께 제공하고 있다. 또 전문적인 소셜 미디어 대행사도 속속 등장하고 있다.

기업은 이 전문 업체들을 다양한 방법으로 활용할 수 있다. 이를테면 소셜 미디어 전략과 광고 캠페인 개발, 조직적인 소셜 미디어 관리, 게시물 공유, 고객 응대 및 유료 소셜 캠페인 관리 등 여러 가지 도움을 받을 수 있다. 다른 대행 기능과 마찬가지로 다루는 일의 규모와 양에 따라 요금은 천차만별이다. 말할 필요 없이, 어떤 대행업체도 무료로 해주지는 않는다!

소셜 미디어 산업 전체를 대상으로 추정가치를 산출하기는 어렵지만, 통계 전문 사이트 스타티스타 Statista는 다음과 같이 말한다.

- 2019년 소셜 미디어 광고부문 수익은 2018년보다 33퍼센트 증가한 104조 5,241억 원에 달한다.
- 광고 수익이 매년 8.7퍼센트의 성장률을 보이는 것으로 미루어보아, 2023년에는 약 145조 8,545억 원의 수익을 낼 것으로 예측된다.

광고는 소셜 미디어가 벌어들이는 수입의 일부일 뿐이다. 하지만 스타티스타의 분석에서 알 수 있듯이, 소셜 미디어 서비스 산업부문에 속한 회사들 역시 상당한 광고 수익을 창출하고 있다. 이들 회사는(몇 개만 언급하자면) 비디오 콘텐츠 개발, 콘텐츠 개발, 콘텐츠 마케팅, 조직적인 소셜 미디어 관리, 유료 소셜 미디어 광고, 소셜 리스닝, 감정sentiment 분석, 채널 분석, 데이터 통찰력 등등의 업무를 처리하는 것으로 알려져 있다.

시간 비용

지금까지 우리는 소셜 미디어 활동과 관련하여 지불되는 광고비와 외주 처리비를 살펴보았지만, 시간이라는 실질 비용도 빼놓을 수 없다. 서비스를 외부에 위탁한다고 하더라도 하청 회사 직원과 대행사를 관리하려면 여전히 시간을 들여야 한다. 만약 내부에서 관리하는 경우라면 일을 처리할 수 있는 내부 역량을 개발 관리하고, 직원을 뽑고, 콘텐츠 개발 같은 관련 자원을 관리하기 위해서 많은 시간을 들여야 한다.

2019년에 위 아 소셜 디지털We Are Social Digital이 발간한 보고서에 따르면, 사람들이 매일 소셜 미디어에 쓰는 평균 시간은 대략

136분이라고 한다. 기업에 한 명 이상의 상근 직원을 소셜 미디어 활동에 투입하는 전담 부서가 없는 경우, 직원의 평균 시급을 계산해서 시급과 하루 2시간 16분이라는 시간을 곱한다면 소셜 미디어 활동과 관련된 임금 비용이 얼마인지를 확인할 수 있을 것이다.

소셜 미디어에 대한 기업 리더들의 오해

소셜 미디어가 글로벌 상업 산업으로 발전하면서 기업은 소셜 미디어를 통해 내부 직원뿐 아니라, 관련 인플루언서, 해외 고객과 직접 소통할 수 있게 되었다. 하지만 기업은 여전히 소셜 미디어의 적용 범위와 영향력을 과소평가한다. 소셜 미디어 채널이 '무료'라는 생각, 소셜 미디어가 대부분 무의미한 소음으로 가득하고 사람들이 아침 식사 사진이나 공유하는 곳이라는 오해(16장을 보라)는 기업 리더들이 소셜 미디어 전략을 채택하지 못하도록 방해하는 요인일 수 있다.

오늘날에도 많은 중역이 소셜 미디어의 역할을 둘러싸고 여전히 혼란스러워한다. '소셜 달인social-savvy'인 수습 직원 하나만 있으면 브랜드나 기업의 소셜 미디어 활동을 관리하는 데 충분하다는 믿음, 소셜 미디어와 관련하여 공식적인 마케팅과 커뮤니케이션 교육 혹은 전략적 사고는 불필요하다는 생각이 브랜드 마케팅 실수를 저지르게 하기도 하고 기업 평판의 위기를 초래하기도 한다. 소셜 미디어에서 벌어진 마케팅 실수들은 언론에 보도되어 있으니 이를 찾아보거나, 롭 그레이Rob Gray의 《브랜드 마케팅! 이렇게 하면 실패한다Great Brand Blunders》를 읽어보기를 추천한다.

소셜 미디어 채널이 무료가 아니었거나 소셜 플랫폼의 가입과 활용, 담당 전문 인력에 지속적인 재정적 투자가 필요했더라면 중요한 재정 결정을 내리는 기업의 리더들도 소셜미디어 기술에 대해 사전 조사를 동반했을 것이다. 고객 관계 관리나 클라우드 운영 체제 같은 글로벌 내부 커뮤니케이션 체계를 도입할 때처럼 말이다. 그리고, 이는 훨씬 오래전에 오해를 불식시켰을 것이다.

이러한 상황은 교육과 훈련, 그리고 관련 비용을 증가시키는 것이 소셜 미디어 산업의 중요한 무기가 될 수 있음을 보여준다. 소셜 미디어 교육이 글로벌 수익 창출에 구체적으로 얼마만큼의 기여를 하는지는 알 수 없다. 하지만 구글에 '소셜 미디어 교육social media training'이라는 검색어를 치면 21억 5천만 건이라는 어마어마한 결과를 얻을 수 있다. 이처럼 점점 더 많은 기업이 조직 내에서 그리고 간부급에서 소셜 미디어 교육을 의무화하고 있다.

이 장에서 소셜 미디어와 관련하여 언급한 다른 많은 문제와 마찬가지로, 소셜 미디어 교육 역시 비용이 든다.

SNS, 이렇게 생각하라!

시작은 미약했지만 소셜 미디어는 중요하고 유력한 산업으로 성장했다. 또 즉각적이고 독점적인 기술 솔루션 개발부터 소셜 미디어 관리, 측정, 교육, 콘텐츠 개발, 전략, 컨설팅, 분석, 광고와 훈련을 포함한 광범위한 서비스 관련 해결방안에 이르기까지 현재 수많은 부문을 망라하고 있다.

대중적인 소셜 미디어 플랫폼들은 영원히 무료를 고집해야 하는 확실한 이유가 있다. 하지만 소셜 미디어에 참여하기 위해 지불해야 하는 관련 비용 또한 막대하다. 소셜 채널을 효과적으로 사용하는 데는 실제로 여러 관련 비용이 든다. 소셜 미디어 참여는 결코 공짜로 이루어지지 않는다. 따라서 소셜 미디어 활동에 투자하고 있는 경우라면 그러한 투자가 기업 전략과 부합하는지 확실히 해야 한다.

소셜 미디어 채널은 앞으로도 계속 사용 요금을 부과하지 않을 가능성이 크다. 소셜 미디어에서 생산되는 데이터가 엄청난 가치를 만들어내기 때문이다. 소셜 미디어 이용자로서, 우리는 고객이자 상품이다. 결과적으로, 우리의 개인 정보가 소셜 미디어 수익 창출의 궁극적 원천이다.

#3
세 번째 생각

각각의 SNS에는 고유의 역할이 있다

소셜 채널이 증가하면서 소비자 선택지가 다양해지고 있다. 또한, 소셜 채널이 제공하는 기능이 계속 늘어남에 따라 여러 개의 채널을 활용하는 기업도 늘어나고 있다.

오해와 진실

커뮤니케이션은 속내를 알기 어려운 맹수와 같다. 우리가 커뮤니케이션을 하는 이유, 목적, 방법은 사용하는 사람과 상황에 따라 다르며 문화나 국가에 따라서도 다르다. 즉 문화적 요소나 습관이 작용하기도 하고, 상황에 따른 맥락이 매우 중요한 요인으로 작용하기도 한다.

많은 정보 제공 기관이 '누가 어떤 목적으로 소셜 미디어 채널을 이용하는가'라는 문제를 비롯한 다양한 최신 사용자 통계를 제공한다. 예를 들어 《소셜 플래그십 리포트Social Flagship Report》는 소셜 미디어 행동, 동기, 참여에 대한 글로벌 통찰력 데이터를 매년 업데이트해서 제공하는 훌륭한 정보원이다.

사용자 인구통계와 동기는 플랫폼마다 다르다. 하지만 소셜 미디어가 사용자들로 포화 상태에 처해있다는 것은 확실하다. 《소셜 플래그십 리포트》는 디지털 소비자의 98퍼센트가 소셜 미디어 사용자들이며, 이들은 2014년에 평균 4.8개의 계정을 보유했던 것에 비해 현재는 평균 8.5개의 계정을 보유하고 있다고 설명한다. 계정 수는 대체로 사용자의 서로 다른 욕구와 관계가 있다. 예를 들어 친구나 가족과 소통하기 위해 페이스북에 개인 프로필을 만들 수 있지만, 페이스북 프로필로 자신만의 독자적인 개인 브랜드를 만들어 화제를 주도하거나 클라이언트, 인플루언서, 잠재 고객과 소통할 수도 있다. 기업은 조직의 특징을 표현하기 위해 회사 프로필을 이용하기도 한다.

확실히 오늘날의 소셜 미디어는 발전을 거듭하며 사용자의 생활에서 중요한 역할을 수행하고 있다. 얼마 전까지만 해도 소셜 미디어는 전통적인 네트워킹을 위해 사용되었지만, 이제는 다양한 영역에서 활용되고 있다. 스마트폰이 우리의 일상생활을 확장시키면서, 언제 어디서나 소셜 미디어를 통한 참여가 가능해졌고 덕분에 소셜 플랫폼은 오락과 상거래 플랫폼으로 진화할 수 있게 되었다.

소셜 채널들은 기능 면에서 서로 비슷할 수도 있다. 하지만 우리의 선호와 행동을 관찰하고 세계 연구 자료를 검토하여 우리가 채널을 얼마나 다양하고 조직적으로 사용하는지 이해하는 것은 매우 흥미로운 일이 될 것이다.

사람들이 온라인상에 평균 8.5개의 소셜 미디어 계정을 보유하고 있다는 사실은 '왜?'라는 질문을 하게 만든다. 왜 사람들은 소셜 미디어 계정을 8.5개나 보유하는가? 이 장에서는 가장 대중적인 채널들의 이용방식과 채널에 따른 이용방식의 차이를 자세하게 조사해서, 각각의 소셜 미디어 채널이 어떻게 다른지 살펴볼 것이다.

트위터 Twitter

페이스북과 유튜브가 소셜 미디어 사용의 대부분을 차지하기는 하지만, 트위터 역시 매달 3억 2천 6백만의 사람들이 사용한다. 이 숫자를 시간으로 환산하면 매일 5억 개 이상, 매초 약 5787개의 트윗tweet이 전송된다는 말이다.

트윗의 최대 글자 수가 제한되어 있기 때문에, 메시지 제작은 '짧고 대담하게 머물다 사라지라be brief, be bold, be gone'는 철학을 고수하는 경향이 있다. 트위터 피드가 끊임없이 갱신된다는 점에서 알 수 있듯이, 소셜 네트워크는 유동적이고, 트윗도 한 자리에 오래 머무르지 않는다. 실제로 검색 엔진 최적화 전문기업 모즈 MOZ는 조사연구를 통해 트윗의 평균 수명이 18분 정도밖에 되지 않는다고 밝혔다.

트위터는 의사소통, 리스닝, 조사연구, 브랜드 개발, 마케팅, 인맥 넓히기, 네트워킹, 트렌드 검토, 관심 집단의 대화를 찾아 참여하기 등에 이용될 수 있다. 하지만 흥미롭게도, 트위터 사용자의 거의 절반이 한 번도 트윗을 작성해 본 적이 없다는 트위터 분석업체 투프차트Twopcharts의 조사 결과를 주목할 필요가 있다. 이는 트위터 네트워크 사용자들이 대화 참여보다는 정보를 얻는 데 관심이 있다는 주장이 옳다는 것을 보여준다.

실제로 트위터 홈페이지에 접속하면 '바로 지금, 세상에 어떤 일이 일어나고 있는지 찾아보십시오 See what's happening in the world right now'라는 트위터의 클릭을 유도하는 문구 call to action를 발견할 수 있다. 이는 트위터가 실시간 뉴스 피드 제공자라는 것을 보여주며, 왜 트위터가 최신 경기 득점 상황을 알고 싶어 하는 스포츠 팬이나 중요한 사건을 둘러싼 가십거리, 사실, 대화를 찾는 사용자들 사이에서 인기가 높은지를 설명해 준다.

사람들이 자신의 관심사를 쫓든 아니면 다른 이들이 일반적으로 하는 말에 귀를 기울이든, 소셜 네트워크는 신뢰할 만한 뉴스 공급원으로 이용된다. 실제로 대부분의 뉴스는 트위터를 통해 처음으로 공개된다. 최근의 예를 들어보자. #브렉시트 해시태그를 팔로우하기만 해도 의회와 정치 저널리스트들이 쏟아내는 온갖 흥미로운 통찰들을 전통적인 언론 기관들에 전달되기도 전에 먼저 볼 수 있다. 미국에서는 고위 정치인들의 말을 어떠한 편집 지침이나 진위 검토도 거치지 않고 여과 없이 바로 들을 수 있다.

일반적으로 트위터는 당신이 관심을 가지는 주제들에 대해 계속 주의를 기울일 수 있는 쉽고 빠른 방법을 제공한다. 메시지가 짧다는 것은 트위터 피드를 빠르게 훑어보며 어떤 일이 생기고 있는지의 대강의 요지를 파악할 수 있다는 의미다. 기업의 관점에서 보면 트위터는 회사 안에서 진행되고 있는 일을 공유할 수 있게 하고, 기업 환경의 동향을 빠르게 따라잡을 수 있게 하며 시장, 경쟁사, 인플루언서, 고객과 잠재 고객의 움직임을 예의 주시할 수 있게 해준다.

링크드인 LinkedIn

링크드인은 페이스북이나 유튜브에는 못 미치지만, 그럼에도 200개가 넘는 나라에서 6억 명 이상의 개인 회원과 3천 개 이상의 기업 회원을 자랑한다. 회원가입도 계속 증가하고 있다. 실제로 초당 2명 이상의 전문가들이 신규 가입하고 있으며 매일 2백만 개의 게시 글, 기사, 동영상이 올라온다.

개인은 새로운 인맥을 쌓거나 구직 활동을 하는 등 직업 관련 네트워킹을 위해 링크드인을 이용한다. 기업은 직원 모집이나 사업개발, 혹은 채용 후보자들과 회사 정보 및 브랜드 스토리를 공유하기 위해 링크드인을 이용한다. 링크드인은 기업과 전문 직업인이 현재의 연줄을 관리하고 자신의 직무 네트워크에 새로운 인맥을 추가할 수 있도록 하는 최고의 온라인 디렉터리다.

기업은 링크드인을 활용하여 최신 뉴스를 공유하고 조직 내부에서 생산되는 정보를 꾸준히 업데이트함으로써 회사 웹 사이트의 내용을 풍부하게 할 수 있다. 또한, 링크드인을 사용하면 직원

몰입도 employee engagement를 높이고 내부 팀원들과 현황을 공유하는 데 유용할 뿐 아니라 홍보, 마케팅, 사업 개발 자원을 관리하는 데 편리하다.

링크드인 기업 프로필은 관련 직원들이 적절한 기사와 뉴스를 얻고 공유할 수 있는 중앙 허브의 역할을 한다. 즉 자신이 소속된 네트워크와 콘텐츠를 공유하고 확장할 수 있도록 돕는다. 또 기업에게는 기업 내부 뉴스를 외부로 확산할 수 있는 기회를 제공한다. 따라서 기업은 새로운 제품, 서비스, 개발 소식을 링크드인 네트워크와 유료 타깃 광고들을 통해 좀 더 광범위한 청중과 공유할 수 있다. 최근 홋스위트는 블로그를 통해 기업 대상 마케팅 담당자의 94퍼센트가 링크드인을 사용해서 콘텐츠를 발표하며, 소셜 미디어를 활용해 선두를 달리는 기업의 80퍼센트가 링크드인을 이용한다는 조사 결과를 발표했다.

개인에게 링크드인 프로필은 직업 세계로 이행하기 위해 반드시 해야 하는 관례와도 같은 것이 되었다. 사람들은 링크드인에서 전문 직업을 구할 수 있다고 기대한다. 링크드인은 온라인 이력서 외에도, 온라인에서 전문 직업인으로서의 존재감을 부각할 기회를 제공하여 개인 브랜드, 가치, 기술, 전문성, 경험, 신뢰성을 표현할 수 있게 해 준다.

퓨 리서치 센터의 연구에 따르면, 링크드인은 특히 대학 졸업자와 고소득 가구 구성원 사이에서 인기가 있으며, 링크드인 계정 보유자의 75퍼센트가 종합대·전문대 학위 취득자. 또한, 사용자의 40퍼센트가 매일 로그인하는 등 매우 정기적으로 링크드인을 사용하지만, 평균 사용시간은 한 달에 17분밖에 되지 않는다.

다양한 보고서들이 강조하듯이, 사람들이 링크드인을 이용하는 가장 중요한 목적은 구직과 구인, 마케팅과 홍보, 기업 네트워킹이다. 또 전문적인 콘텐츠를 구할 수 있는 신뢰할 만한 출처이기 하다. 링크드인의 뉴스피드 펄스Pulse를 통해 리처드 브랜슨 Richard Branson, 엘론 머스크Elon Musk 같은 유명 CEO부터 세계에서 가장 성공적인 브랜드와 기업들의 창업자들에 이르기까지, 많은 전문적이고 선구적인 리더가 정기적으로 조언과 의견을 공유한다. 실제로 링크드인은 자체 조사를 통해 기업 임원의 91퍼센트가 링크드인을 직무 관련 콘텐츠를 얻는 첫 번째 선택지로 평가하고 있다고 말한다.

통계 수치로 본다면, 확실히 링크드인은 비즈니스와 직업 인맥 개발에 특화된 네트워크라 할 수 있겠다.

페이스북 Facebook

페이스북은 전 세계에서 가장 큰 소셜 네크워크다. 《소셜 플래그십 리포트》에 따르면, 중국을 제외한 인터넷 사용자의 85퍼센트가 페이스북 계정을 보유하고 있다.

처음에는 친구나 가족과 연락을 취하고 업데이트, 사진, 동영상을 공유하는 수단으로 출발했지만 그러한 기능을 유지하면서도 계속 진화하고 있다. 페이스북의 강점 중 하나는(유튜브를 제외한) 다른 채널들이 흉내 낼 수 없을 정도로 전 연령대에서 고른 지지를 받고 있다는 사실이다.

페이스북은 개인 프로필이나 회사 페이지 외에도 다양한 기능을 제공한다. 페이스북 그룹Facebook Groups은 공개 혹은 비공개 커뮤니티 개발을 가능하게 하고 페이스북 메신저(개인과 단체 메시지 체계)로 개인, 브랜드, 기업에게 실시간으로 연락을 취할 수 있는 방법을 제공함으로써 지속적인 인기를 누리고 있다.

기업 사용자는 페이스북 메신저 안에 있는 다양한 도구 모음을 적절히 이용한다면 다음과 같은 작업을 수행할 수 있다.

- 챗봇chatbot을 이용하면 페이스북 게시판에 달린 댓글에 자동으로 응답할 수 있다.

- 사용자가 광고를 클릭하는 순간 그들과 대화를 시작할 수 있다.
- 메신저와 온라인 전자상거래 상점을 직접 연동시켜 사용자가 바로 제품을 둘러보고, 구매할 수 있다. 이외에도 영수증을 받고 주문 내역을 추적하고, 문의하고, 서비스를 평가하게 할 수 있다.
- 기업과 접속한 이력이 있는 집단에게 타깃 메시지를 보낼 수 있다.
- 기업 웹 사이트에 실시간 채팅 기능을 제공할 수 있다.
- 기업에 맞춰 챗봇 기능을 바꿀 수 있다.

상거래라는 측면에서 보면, 이러한 혁신은 소비자의 채널 선호에 부합하는 자동 상거래 과정을 제공한다. 스프라우트 소셜이 소셜 미디어의 반응성을 소비자 구매에 영향을 미치는 첫 번째 요인이라고 지적했던 것을 생각해보면, 페이스북 메신저의 기능들은 소비자를 세일즈 깔때기sales funnel의 구매 고려 단계로 이행하게 하는 중요한 역할을 한다.

연락을 취하는 친구들을 하나의 목록으로 만들어 제시하는 것도 페이스북이 전 연령층에서 사용되는 한 가지 이유다. 페이스북이 동영상과 실시간 스트리밍에 초점을 맞추면서 겸비하게 된 오락적 요소도 사용자를 정기적으로 방문하게 하는 또 다른 중요한 이유다. 이 추세를 가장 확실하게 보여주는 연령층이 Z세대(16세에서 24세)와 밀레니엄 세대(25세에서 34세)다. 《소셜 플래그십 리포트》에 따르면, 이들 청년층은 페이스북 플랫폼을 타인의 상태 변화에 대한 관심을 보여주는 수단이 아니라 오락 허브로 사용하는 경향이 있다.

네트워킹 기능에 더해, 페이스북은 전 세계에서 가장 큰 광고 매체로 빠르게 성장하고 있다. 이제 페이스북은 브랜드, 소매 기업을 비롯해 온갖 종류의 다양한 기업에게 전대미문의 세분화된 타깃 청중을 제공한다. 특정 청중에게 고도로 표적화된 마케팅 메시지를 직접 발송할 수 있게 되면서 창출된 기회에 대해서는 27장에서 상세히 살펴볼 것이다.

페이스북 광고가 개인의 구매 여정 purchase journey에 영향을 미치는 것은 확실해 보인다. 《소셜 플래그십 리포트》에 의하면 사람들의 42퍼센트가 새로운 브랜드나 제품을 검색하는 데 소셜 미디어를 활용하면서 소셜 미디어가 구매에 영향을 주는 두 번째로 중요한 채널이 되었다고 말한다. 하지만 16-24세 연령층에서는 전통적인 검색 엔진을 누르고 소셜 미디어가 첫 번째를 차지했다고도 지적한다.

사용자의 관점에서, 페이스북은 기존 네트워킹이나 메시지 주고받기, 지인 혹은 가족과 연락하기 등 소셜 미디어 활용에서 압도적인 모습을 보여주고 있으며 광고를 통해 점점 더 그렇게 되어가고 있다. 페이스북은 시간을 때우고 즐기는 하나의 방법이자 광고에 좌우되는 매체다.

메시지 전달이라는 주제를 다루면서 모바일 메신저 왓츠앱의 영향력을 무시할 수는 없다. 왓츠앱은 가장 비싼 값에 팔린 기술 회사 중 하나로, 2014년 169억 파운드(한화로 약 25조원)라는 천문학적 금액에 페이스북 그룹의 일원이 되었다. 페이스북은 메신저 기능을 혁신하는 한편으로 왓츠앱 역시 지속적으로 혁신하고 있다. 《소셜 플래그십 리포트》의 상세한 설명에 따르면, 가입자 숫자에서는 페이스북 메신저가 왓츠앱을 5퍼센트 앞서지만, 방문자 비율에서는 역으로 왓츠앱이 페이스북을 5퍼센트 앞선다. 즉 왓츠앱의 사용자 15억 명이 매일 거의 600억 개에 달하는 메시지를 전송한다.

사람들이 메신저를 사용하는 방법을 생각해보자. 타인과 소통하기 위한 소셜 네트워크를 정기적으로 사용하지 않는 사람이라 하더라도 가족, 친구, 동료와 대화를 나눌 때는 왓츠앱을 이용할 가능성이 크다.

왓츠앱은 다른 소셜 네트워크와 비교하면 몇 가지 점에서 독특하다. 사용자끼리 스마트폰으로 메시지, 동영상, 이미지를 사적으로 그리고 무료로 보낼 수 있도록 개발되었기 때문에, 여전히 요금표에 따라 이용 횟수별로 요금을 부과하는 SMS(문자메시지)를 대체할 수 있다. 따라서 SMS보다 비용 효과적일 뿐 아니라 대규모 단체 대화도 가능하다. SMS를 통한 단체 대화는 불가능하지는 않지만 어렵다.

2018년에 기업용 왓츠앱이 출시되었다. 이 기업용 모바일 앱을 이용하면 원래의 앱과 마찬가지로 고객과 상호작용이 가능하다. 덕분에 소규모 기업가에게는 매우 유용한 자원이 되고 있다.

일반적으로 왓츠앱은 가족이건 친구건, 아니면 이익집단이나 기업 내 팀원이건 간에 단체 채팅을 위해 이용되는 경향이 있다.

스냅챗 Snapchat

스냅챗은 인스타그램이나 왓츠앱과는 다르게 페이스북 그룹에 속하지 않는다. 스냅챗은 사람들이 자신을 표현하거나 사진과 동영상을 공유할 수 있도록 하는 독립적인 모바일 앱 메신저 서비스다. 가장 큰 특징은 상대방이 콘텐츠를 확인하면 10초 후에 사라진다는 점이다.

24시간 '스토리'는 스냅챗이 처음 선보인 기능이었다. 인스타그램 스토리를 하이라이트Highlight에 저장하면 사라지지 않는 것과 마찬가지로, 스냅챗 콘텐츠도 메모리Memories에 저장하면 최종 시한 24시간을 넘겨 존속할 수 있다. 다른 네트워크들, 즉 인스타그램이나 페이스북도 점차 이 기능에 주력하고 있지만, 증강현실augmented reality에 관한 한 아직은 스냅챗이 우위를 점하고 있다.

인스타그램이나 왓츠앱 메신저 서비스와 비교하면 스냅챗은 한참 떨어지는 3위다. 하지만 북아메리카 대륙에서는 사용자 비율이 훨씬 더 높으며, 특히 16세에서 24세 사이의 젊은이들 사이에서 높은 인기를 누리고 있다.

비즈니스 활용도 면에서 스냅챗은 청소년 시장을 겨냥할 때 특히 유용하다. 예를 들어 아마존은 블랙 프라이데이Black Friday 같은 주요 판촉 행사에 스냅챗 전용 코드를 제공하는 등 정기적으로 스냅챗을 활용한다. 이는 스냅챗 팔로워에게 남들과 다르다는 의식을 주기 위한 마케팅 전술의 일환이다.

구글이 운영하는 유튜브는 현재 전 세계에서 가장 큰 무료 동영상 공유 서비스다. 유튜브에서 사용자는 프로필을 만들고 동영상을 업로드할 수 있으며 다른 동영상을 시청하고 좋아요를 누르거나 댓글을 달 수 있다.

소셜 플랫폼 1인자인 페이스북의 자리를 위협하는 강력한 2인자로 불리는 유튜브는, 브랜드를 구축하고 생각 리더십thought leadership을 고양하며 실용적인 조언을 공유할 수 있는 최상의 공간이다. 개인, 브랜드, 기업에게 자신만의 TV 방송국을 개발할 수 있는 효과적인 기회를 제공한다. 또 페이스북, 트위터와 마찬가지로 사용자는 유튜브를 통해 실시간 동영상을 시청할 수도 있다.

매달 방문자 수를 기준으로 보면 유튜브가 1위다. 주요 소셜 네트워크 중에서는 유일하게 미등록 방문자가 가입 회원보다 많다. 이 말은 방문자의 상당수가 계정에 번거롭게 로그인할 필요가 없거나, 아예 계정을 보유하지 않아도 괜찮다는 의미다. 이 기발한 방식으로 인해 유튜브는 소셜 네트워크보다는(구글의 검색 엔진과 비슷한) 소셜 허브의 성격을 더 많이 지니게 되었다. 즉, 활성 계정 보유 여부와 무관하게 누구나 이용할 수 있다.

브랜드워치에 따르면, 10명 중 6명은 TV보다 유튜브에서 동영상 시청하는 것을 더 선호하며 장차 유튜브는 세계에서 두 번째로 큰 검색 엔진의 역할을 할 것으로 기대된다. 실제로 현재 18세에서 49세 인구의 TV 시청시간은 감소했지만, 유튜브에 소비하는 시간은 74퍼센트 증가했다. 모바일 기기만 놓고 보면, 18세에서 49세 인구가 유튜브에 쓰는 시간은 다른 어떤 방송이나 케이블 TV 네트워크보다 많다. 평균적으로 모바일에서만 매일 10억 건 이상의 동영상 조회 수를 기록한다. 이 수치는 유튜브가 오락 부문에서 확고한 위치를 차지하고 있음을 보여준다.

많은 사람이 자신의 개인 채널 방송 덕분에 유명해지며 스타 반열에 올랐다. 유튜브에서 가장 많은 검색 수를 기록하는 상위 20개 채널은 '튜버tuber'라 불리며 큰 영향력을 행사한다. 이들은 오락 콘텐츠로 상당한 청중을 확보하고 명성을 얻으며 때때로 큰돈을 벌기도 한다.

비즈니스 관점에서 보면 유튜브는 오락과 상거래가 하나로 혼합된 매체와 같다. 유튜브는 실황 영상을 전시하고 이면을 통찰하며 제품 출시의 기회를 주고 튜토리얼 방식이나 전문가 의견을 제공하며 생각 리더십을 고양할 수 있게 해준다. 그리고 물론 오락거리도 제공한다.

유튜브는 네트워킹 기능이 약하지만, 교육과 오락 기능은 강하다. 이런 특징은 일반적인 사용자의 소셜 미디어 사용 동기와 맥을 같이 한다. 예컨대《소셜 플래그십 리포트》도 언급하듯이,

16세에서 24세 인구 범주에서 친구들과의 접촉은 2015년 일사분기 이후 7퍼센트포인트 하락했다. 소셜 미디어의 오락 허브 기능은 소통 매체로서의 기능보다 오래갈지도 모른다. 하지만 소셜 플랫폼들에서 전반적으로 참여가 증가하고 있다는 사실을 감안할 때, 아직은 먼 미래에나 가능한 일일 것이다.

인스타그램Instagram

페이스북 그룹의 하나인 모바일 앱 인스타그램은 이미지와 실시간 동영상을 팔로워와 공유하는 빠르고 간단한 방법을 제공한다.

인스타그램의 스토리Stories에는 사용자들이 기업이나 브랜드 내에서 발생하는 일에 대해 이미지나 짧은 비디오로 비밀 논평을 할 수 있는 기능이 있다. 이 기능은 실제 영상이나 비밀스러운 콘텐츠를 공유할 수 있는 기회와 함께 참여를 독려하고 청중을 끌어들이며, 제품 출시와 행사 및 판촉을 알리기에 완벽한 수단이다. 인스타그램 스토리는 24시간 지속되지만, 하이라이트에 저장될 수 있기 때문에 행사 실황 영상을 오랫동안 남겨 메인 프로필을 통한 브랜드 홍보와 브랜드 인지를 돕는 역할을 할 수 있다.

해시태그는 인스타그램을 지배한다. 따라서 대부분의 경우 메인 그리드의 이미지에 달린 설명 글보다 해시태그가 더 중요하다. 각 게시물에 30개까지 해시태그를 사용해서 관련 대화, 트렌드, 청중에 접속할 기회를 극대화할 수 있다. 또한, 각 스토리 안에는 10개까지 해시태그를 사용할 수 있다. 사용자의 시각에서 보면, 해시태그를 매개로 인스타그램을 검색해서 해시태그와 일치하는 새로운 게시물이나 계정을 발견하고 어떤 해시태그가 트렌드인지 알 수 있다. 인스타그램 플랫폼에 사용된 해시태그는 가시성과 이해력을 높이고 관심과 팔로워를 증가시키는 효과가 있다.

인스타그램은 한 달에 10억 명 이상이 사용하는데, 이 중 5억 명은 매일 인스타그램 플랫폼에 접속한다고 보고된다. 트랙메이번TrackMaven은 사용자의 참여가 가장 높은 소셜 네트워크가 어디인지를 살펴보기 위해, 130개 산업 40만 개 기업에서 작성한 5천 1백만 건의 인스타그램 게시물을 분석했다. 그 결과 인스타그램의 팔로워 1인당 상호작용 수가 가장 높다고 밝혔다.

높은 참여율에 더해 시각적 호소력이 뛰어나고 스크롤 하기에 편리하다는 장점을 가진 인스타그램은 브랜드와 마케팅 담당자들이 더욱 광범위한 청중을 찾아 모여드는 강력한 플랫폼이 되었다. 또한, 구매가 가능한 상품 판촉페이지로 직접 이동할 수 있는 링크 기능을 갖추면서 구매 과정에 영향을 미치고 있다.

인스타그램은 모바일 앱이라는 특성 덕분에 브랜드와 기업의 타깃 메시지, 기업 홍보, 유료 광고 캠페인 등을 수신자 개인 손안에 직접 전송할 기회를 제공받는다.

2018년 7월에 인스타그램은 인스타그램 TV IGTV 서비스를 시작했다. 이제 브랜드, 기업, 개인은 유튜브와 완전히 동일한 방식으로 개인 전용 동영상 '채널'을 만들 수 있게 되었다. 일반 계정을 가진 사용자는 동영상 콘텐츠를 한 번에 10분을 넘지 않는 분량으로 채널에 업로드할 수 있다. 대기업 브랜드와 크리에이터(혹은 인플루언서)는 포스트 당 한 시간 분량까지 업로드할 수 있는 것으로 알려져 있다. 동영상은 사전 제작 후 업로드될 수도 있고 실시간으로 녹화될 수도 있다.

TV 기능은, 스토리나 메인 그리드가 보통 15초가량의 동영상을 제공하는 데 비해 더욱 긴 포맷의 뉴스나 콘텐츠를 업로드할 수 있음을 의미한다. 아직 그렇게 익숙하지는 않지만 많은 브랜드와 기업이 더 긴 분량의 브랜드 스토리를 전달하고 관심을 고무하기 위해 IGTV를 사용하고 있다. 예를 들어 BBC 뉴스는 청중의 눈을 사로잡는 헤드라인의 기사를 게시하고 뉴스 기사들에 대한 짧은 예고편을 효과적으로 제작하는 데 IGTV를 사용한다. BBC의 IGTV 포스트 하나하나에는 시청자들의 대화 참여를 고무하고 콘텐츠를 공유하기 위해 질문과 함께 클릭을 유도하는 아이콘이 포함되어 있다.

심미적 즐거움을 주는 뉴스피드의 역할을 할 뿐 아니라 개인으로서의 우리가 인스타그램을 통해 소통하고 홍보하며 영향을 주고받는다는 점에서, 인스타그램의 영향력을 과소평가해서는 안 될 것이다.

행동과 동기의 변화

소셜 미디어는 상품 검색에서 빠질 수 없는 부분이다. 지난 한 달 동안에만 디지털 소비자의 22퍼센트가 소셜 네트워크에서 브랜드를 팔로우하거나 좋아요를 눌렀다. 이 장에서 살펴보았듯이, 우리는 인구 통계적 차이를 막론하고 소셜 네트워크에 접속해서 뉴스를 따라잡고, 친구 또는 가족과 상호작용하고, 새로운 브랜드나 상품을 검색한다.

소셜 네트워크가 제공하는 오락이 우리가 소셜 네트워크에 참여하는 주된 동기의 하나가 되고 있다(《소셜 플래그십 리포트》에 따르면 '여가 시간 보내기'가 소셜 미디어를 사용하는 네 번째 이유다). 이러한 오락 기능은 인플루언서, 연기자, 유튜버, 브이로거vlogger, 스포츠 스타와 팝스타의 참여가 환영받으며 늘어나는 동시에 더욱 확대되고 있다.

동영상 콘텐츠에 대한 사용자의 선호가 증가하는 것도 오락 요소가 강화되는데 일조하고 있다. 중국을 제외한 4대 주요 소셜 플랫폼 사용자의 28퍼센트가 매달 실시간 시청에 참여하면서, 실시간 동영상은 이제 중요한 자산의 하나가 되었다.

우리가 소셜 미디어를 사용하는 동기는 계속 변해왔다. 특히 소셜 채널들 중에는 네트워킹에서 오락과 쇼핑으로 그 초점이 바뀐 경우도 있다. 채널들이 변화하는 과정에 있기 때문에 평균적인 사용자가 왜 그렇게 많은 계정을 보유하고 있는지를 이해하기는 어렵지 않다. 채널이 다르다고 해서 반드시 모인 청중이 완전히 다른 별개의 청중인 것은 아니지만, 각 채널은 특수한 목적에 적합하게 발전하고 있다.

SNS, 이렇게 생각하라!

소셜 채널은 저마다 독특한 색채를 가지고 있다. 이 채널 모두가 우리의 소통과 커뮤니케이션 방식에서 중요한 역할을 한다. 소셜 채널이 증가하면서 소비자 선택지가 다양해지고 있다. 또한, 소셜 채널이 제공하는 기능이 계속 늘어남에 따라 여러 개의 채널을 이용하는 기업도 늘어나고 있다.

 표 3.1은 사용자의 인구 통계적 특징, 인구 특징별 채널 사용 비율, 주요 기능과 부가기능을 보여준다.

 링크드인은 여전히 직업 인맥 형성과 직원 모집을 위한 공간인 데 반해, 페이스북은 개인이 친구와 가족의 현황을 파악하기 위해 사용하는 네트워킹 허브의 역할을 한다. 페이스북은 기업이 브랜드 스토리 콘텐츠를 공유하고 그룹 기능을 사용하여 관련 커뮤니티를 구축하는 장소이자 중요하고 강력한 타깃 광고 플랫폼이기도 하다.

 인스타그램은 판촉, 마케팅, 브랜드 인지 기능이 더 강하며, 점차 직접 쇼핑이 늘어나는 추세다. 스냅챗, 페이스북 메신저, 왓츠앱은 단체 채팅을 주도하고 있으며, 페이스북은 동영상 콘텐츠 업계의 본거지라고 자랑한다. 유튜브는 조언과 교육을 위한 장소로 새로운 길을 개척하고 있다(하지만 여전히 순수하게 오락적인 기능이 압도적으로 많다).

표 3.1 주요 소셜 플랫폼 비교

	남성	여성	18~29세	30~49세	50~64세	64세 이상	기능	다른 기능
페이스북	62%	74%	84%	72%	62%	62%	• 비즈니스 네트워킹 • 가족, 친구와 지속적인 연락 • 유료 광고 혹은 프로모션	• 그룹화 • 메신저 • 실시간 스트리밍 • 스토리 기능
인스타그램	30%	39%	64%	40%	21%	10%	• 프로모션 • 네트워킹	• 스토리 기능 • IGTV • 실시간 스트리밍
트위터	23%	24%	40%	27%	19%	8%	• 프로모션 • 네트워킹	• 리스트 • 실시간 스트리밍
링크드인	25%	25%	29%	33%	24%	9%	• 네트워킹 • 채용 • 생각 리더십 • 유료 광고 혹은 프로모션	• 그룹화 • 실시간 스트리밍 (2019년 8월 기준) • 블로그, 출판 기사 플랫폼
스냅챗	25%	31%	68%	6%	10%	3%	• 프로모션 • 유료 광고	• 메신저 • 실시간 스트리밍 • 스토리 기능

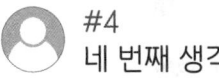
#4
네 번째 생각

SNS는 기업 웹 사이트를 대체하지 못한다

기업이 마케팅과 같은 기업 활동을 핵심 플랫폼 중심으로 명확한 전략 속에 운용할 때, 소셜 미디어의 유용성도 극대화된다.

오해와 진실

전적으로 소셜 미디어에만 의지해서 비즈니스를 성공적으로 운영하는 사람들도 있다. 하지만 실제로 이 방법만 사용하는 경우는 아주 소수다. 즉 이들은 일반적이라기보다 아주 예외적인 사례다. 소셜 미디어 인플루언서는 소셜 미디어만으로 사업 운영에 성공한 사례다(이따금 오직 한 가지 채널만 이용하는 경우도 있다). 인플루언서는 호소력 있는 글과 이미지 기반 콘텐츠를 사용하여 엄청난 규모의 팔로워를 끌어들인 다음 그들에게 제품을 홍보하고 판매를 촉진한다. 이것이 결코 새로운 현상은 아니다. 영화배우들이 특정 상표의 담배를 피우거나 특정 음료를 마시는 장면을 생각해보면 알 수 있다.

소셜 미디어 웹 사이트는 광고 플랫폼 역할을 하면서 대규모 사용자와 만날 수 있는 기회를 제공한다. 일반적으로 소셜 미디어 사이트들은 매우 구체적이고 제한적인 유형의 콘텐츠를 기반으로 운영된다. 기업의 입장에서 보면, 이 플랫폼들과 그들의 대규모 청중은 사업적으로 매우 유용할 수 있다. 그럼에도 불구하고 대부분의 경우에 소셜 미디어가 기업이 활동하는 유일한 장소는 아니며, 또 그래서도 안 된다.

고객에게 다가가기

소셜 미디어는 기업에게 매우 유용한 수단으로, 기업이나 제품을 홍보하는 데 이용된다(6장과 16장을 참고하라). 또 내부 커뮤니케이션을 위해 활용될 수도 있고(13장), 사람들의 관심을 끌어 신규직원을 모집하는 데 이용될 수도 있으며(23장), 다른 기업 활동과 기능을 보완할 수도 있다. 소셜 미디어가 지닌 잠재적 사업 가치는 아무리 과장해도 부족할 것이다. 하지만 그것의 한계 또한 인정할 필요가 있다.

소셜 미디어는 이미 다양한 플랫폼에 계정을 가지고 있는 대규모 청중에게 다가가고 플랫폼들에서 이미 적극적으로 활동하고 있는 집단들과 소통하는 데 매우 유용할 수 있다. 상당수의 기업이 소셜 미디어를 중요한 활동 채널의 하나로 이미 활용하고 있다. 예를 들어 여러 통계 수치들은 불만을 제기하는 고객 절반 이상이 소셜 미디어에 호소하고 있음을 보여준다. 많은 고객이 소셜 전략을 강조하는 회사일수록 전통적인 커뮤니케이션 채널보다는 소셜 미디어에 더 잘 반응할 것이라고 생각한다.

모든 유용한 도구들이 그렇듯, 오직 그 도구만 사용하고 싶은 유혹이 들 것이다. 소셜 미디어는 특히 사용자 친화적이며 무료로 사용할 수 있다(하지만 실제로는 무료가 아니다. 소셜 미디어가 무료가 아닌 이유를 보려면 2장을 참고하라). 이 말은 소셜 미디어가 사용하는 데 거의 비용이 들지 않는데 반해 잠재적 이익은 엄청나다는 것을 의미한다. 하지만 소셜 미디어는 전통적인 기업 웹 사이트 및 기타 비즈니스 툴의 보완물이지 대체물이 아니다.

대체가 아닌 보완

소셜 플랫폼은 특정 목적을 위한 특정 청중을 겨냥하는 데 유용하다. 예를 들어 트위터는 특정 시점과 장소에 강하고, 링크드인은 비즈니스, 직장, 직원 모집과 같은 활동에 더욱 적합하다. 유튜브는 10억 이상의 적극적인 사용자들과 동영상 콘텐츠를 공유할 수 있는 플랫폼을 제공한다.

소셜 미디어 회사들은 서로 다른 커뮤니케이션 플랫폼을 제공하며 각기 고유한 맥락, 규범, 문화를 지니고 있다(3장을 참고하라). 또한, 사용자를 위해 상당한 수준의 맞춤 서비스를 제공하기도 한다. 하지만 일반적으로 전통적인 비즈니스 웹 사이트와 비교하면 이용할 수 있는 특징과 기능이 매우 제한적이다.

소셜 미디어의 이러한 성격은 기업의 소셜 미디어 활동이 잘 설계되어 전반적인 비즈니스 전략과 조화를 이룬다면 장점이 될 수 있다. 그러나 아무 플랫폼이나 닥치는 대로 이것저것 사용한다면 효과적이지 않을 것이다. 모든 소셜 미디어 채널에 기업 페이지를 만들고 싶겠지만, 일단은 이 장을 다 읽을 때까지 잠깐 기다려 보라.

기업이 마케팅과 같은 기업 활동을 핵심 플랫폼 중심으로 명확한 전략 속에 운용할 때, 소셜 미디어의 유용성도 극대화된다. 기업은 핵심 플랫폼으로 자신의 웹 사이트를 선택할 수도 있고 실제 물리적 공간을 선택할 수도 있다. 소셜 채널이 자신의 사용자층을 확장하면서 전통적인 비즈니스 웹 사이트의 가치도 그 어느 때보다 높아지고 있다.

소셜 미디어는 잠재 고객이나 잠재 직원에게 다가가는 데 유용하다. 하지만 크게 성공한 기업 대부분은 사람들을 자신의 상품과 서비스가 전시된 자신의 사이트로 끌어들이기 위한 통로로만 소셜 미디어 채널을 이용한다. 전통적인 비즈니스 웹 사이트는 개발과 유지 비용이 많이 들지만 보다 훌륭한 고객 맞춤 서비스를 제공하기 때문이다.

소셜 미디어를 주된 활동 무대로 선택하는 기업도 있지만, 특정 기능만 활용하는 기업도 있다. 소규모 기업의 경우, 비용을 절감하고 자원에 대한 투자를 최소화하면서도 제공되는 툴을 이용할 수 있다는 점에서 소셜 미디어를 사용하기도 한다. 하지만 소셜 미디어에 과도하게 의존하는 것은 결코 좋은 생각이 아니다.

제3자에게 의존하는 것의 위험성

소셜 미디어의 이용 가치는 매우 높다. 그러나 소셜 미디어에 의존하는 것은 매우 위험한 전략일 수 있다는 사실을 염두에 두어야 한다. 소셜 미디어 회사가 인정 넘치는 자선 단체가 아니라는 점을 기억하라. 그들은 사실상 자신만 변경할 수 있으며 줄곧 그들에게 유리한 방향으로 변경하는, 협상 불가능한 사용 조건을 설정한다.

⮕ 소셜 플랫폼은 당신의 고객으로부터 이익을 얻는다

소셜 미디어 회사는 서비스를 무료로 제공한다. 서비스 사용자로부터 보상을 얻기 때문이다. 기업이 고객이나 클라이언트를 소셜 미디어에서 기업 소유 채널로 이동시킬 수 있다면 엄청난 이득을 볼 수 있다.

이해하기 쉽게 실제 사례를 들어보자. 만약 당신이 소유한 채널이 제품을 판매하는 실제 상점이라면, 궁극적인 목표는 사람들이 상점 문으로 들어와 제품을 직접 구매하게 만드는 것일 것이다. 그렇다면 사람들을 상점으로 오게 하는 것이 첫 번째 해야 할 과제다. 사람들이 소셜 미디어에서 당신의 가게에 대해 언급하는 중이라면, 아주 좋은 일이다. 하지만 그러한 의견 교환이 상점이라는 물리적 공간으로 옮겨오지 않는다면, 아무 소용이 없을 것이다. 만약 사람들이 페이스북에서 당신의 기업에 대해 언급하고 있다면, 그들은 페이스북의 고객일 뿐이다. 그들이 당신의 고객이 되기 위해서는 그들을 당신의 상점으로 끌어들여야 한다.

당신이 소유한 채널이 온라인에 있을 때도 마찬가지다. 기업은 모든 소셜 미디어 활동을 자신 소유의 공간으로 집중시켜야 한다. 사람들을 독려해서 소셜 채널들에서 당신 자신의 채널로 넘어오도록 하라. 소셜 미디어는 상점의 멋진 창문일 뿐이다. 효과적인 소셜 미디어라면 사람들이 그것을 통해 디지털 문을 넘어가게 해야 한다.

많은 기업에 있어 연락처 목록은 비교할 수 없을 정도로 소중한 자원이다. 여기에는 거래처를 포함하여 잠재적 직원, 현재의 고객과 잠재 고객 등이 포함된다. 출판물과 미디어 자원도 중요한 지식 재산이며, 기업과 고객의 온라인 상호작용은 정보의 보고이다. 이 많은 요소가 당신이 소유한 당신 자신의 채널에서 이루어진다는 것이 중요하다. 이것은 기업이 오랫동안 생존하고 성공하기 위해서 꼭 실현해야 하는 사항이다. 따라서 당신의 정보를 공개할 때 소셜 미디어 채널과 당신 자신의 채널을 비교해서 어느 쪽이 유리한지 이점과 손해를 따져볼 필요가 있다.

당신이 소셜 미디어에서 수행한 일의 대가로 얻게 되는 보상의 대부분은 소셜 미디어 회사에게 돌아간다는 사실을 기억하는 것이 중요하다. 당신이 콘텐츠를 통해 창출하는 모든 이익과 온라인 상호작용의 최대 수혜자는 소셜 미디어 플랫폼이다. 그들은 자신의 플랫폼을 당신과 공유해서 더할 나위 없이 기쁘다. 당신의 도움으로 사용자 데이터를 얻는 동시에 광고 수익을 창출하고 있기 때문이다. 많은 기업과 조직이 이러한 거래 관계의 성립에 만족한다. 하지만 그것은 신중하게 전략적으로 고민해 볼 필요가 있는 문제다.

↗ 소셜 플랫폼은 생겼다가 없어질 수 있다

소셜 미디어 컨설팅 회사 중에는 다른 회사의 알고리즘 덕에 이익을 얻는 경우도 있다. 그들은 검색 엔진이나 소셜 미디어 알고리즘에 의해 선택될 것 같은 콘텐츠를 생산한다. 이 전술은 단기적으로는 효과를 낼 수 있지만, 알고리즘이 변하면 언제든 냉대받는다.

소셜 미디어 트렌드, 채널, 회사는 생겼다가 없어지기 마련이다. 따라서 기업은 특정 채널에 과도하게 의지하지 않도록 주의해야 한다. 자신의 시간이나 자원 모두를 소셜 네트워크 하나에 투자하는 기업은 자신이 가진 계란 모두를 한 바구니에, 그것도 다른 사람이 소유한 바구니에 담는 것과 같다. 그러한 기업의 미래는 단 하나의 외부 요인에 좌우되게 된다.

자원을 가진 기업의 입장에서 보면, 시간과 자원을 자신의 사업과 맞는 여러 소셜 채널들에 분산 투자하는 것이 무엇보다 유용하다. 이 방법은 가장 적절한 채널들이 기업 자신의 채널들과 협력하여 운용될 때 가장 효과적이다. 다각화Diversification는 거의 모든 기업 활동에서 안전과 지속성을 보장하는 중요한 메커니즘이다. 이는 소셜 미디어에도 그대로 적용된다. 만약 당신 회사가 95세 고객 한 명만을 보유하고 있다면, 고객층의 다변화를 진지하게 고려해야 할 것이다.

만약 당신의 메인 소셜 미디어 채널이 하룻밤 사이에 문을 닫아서 당신이 작업한 모든 것이 삭제된다면 어떻게 하겠는가? 놀랍게도 이런 일은 자주 일어난다. 있을 것 같지 않겠지만 가능한 일이다. 예를 들어, 바인Vine과 프렌스터Friendster는 최근 문을 닫은 소셜 미디어 채널들이다. 또한, 거대 기술기업 구글은 오르쿠트Orkut, 도지볼Dodgeball, 자이쿠Jaiku, 웨이브Wave, 버즈Buzz 그리고 최근에는 구글 플러스Google+를 인수하며 소셜 미디어 부문의 점유율을 올려왔으나 모두 실패로 끝나면서 폐쇄하기도 했다.

오직 이 플랫폼들만 사용해서 유명해진 브랜드나 인플루언서들은 플랫폼이 사라지고 나서 어떻게 되었을까? 자신만의 채널을 만들어 놓은 경우가 아니라면, 처음부터 다시 시작해야 했을 것이다. 수백만 개의 좋아요, 팔로워 혹은 잠재 고객이 나타났을 때만큼이나 빠르게 사라질 수도 있다.

SNS, 이렇게 생각하라!

    기업이 외부의 제3자가 아닌 자신이 통제하는 자신의 채널을 가진다는 말은 콘텐츠를 만들어낸 주체가 디자인, 기능, 관련 데이터 등 콘텐츠의 모든 측면을 통제한다는 의미다. 채널 소유의 단점이라면 채널을 완전히 통제하는 데 필요한 자원과 비용 또한 소유주의 몫이라는 것이다.

    대부분, 소셜 미디어는 기업 소유 채널들과 함께 사용될 때 가장 효과적이다. 기업과 브랜드는 특정 소셜 플랫폼의 청중과 기능이 가진 모든 장점을 살릴 수 있으며, 사람들을 자신의 사이트나 상점으로 옮아가게 할 수 있다.

    교훈은 다음과 같다. 고객과 클라이언트를 당신의 비즈니스 영역(온라인이든 실제 물리적 장소든)으로 끌어들이라. 그러면 가치는 커지고 위험은 줄어들 것이다. 소셜 미디어는 이러한 목적을 달성할 수 있게 도와주는 훌륭한 도구다.

    소셜 미디어는 매우 가치 있는 수단이다. 하지만 전략적으로 사용된다면 더욱 가치 있는 수단이 될 것이다. 그러나 분명 소셜 미디어는 비즈니스 웹 사이트와 같은 전통적인 자원의 대체물이 아니다. 소셜 채널과 기업 채널 모두 그 나름의 위험, 비용, 장점을 가지고 있다. 그러므로 각 선택지를 분석해서 어떻게 상호보완적으로 사용할 수 있는지를 고민해야 한다.

당신이 가진 달걀을 한 바구니에 담지 않도록 조심하라. 무엇보다 그 바구니가 다른 사람의 바구니라면 더더욱 조심하라.

#5
다섯 번째 생각

SNS로 투자수익률을 측정할 수 있다

소셜 채널에서 이루어지는 모든 활동은 확실한 목적과 목표를 가져야 한다. 정말로 중요하다고 생각되는 측정기준을 확인하는 것이야말로 목표 달성 여부를 가늠하는 첫걸음이다.

오해와 진실

소셜 미디어 투자수익률return on investment, ROI을 둘러싸고 계속 첨예한 논쟁이 일고 있다. 스프라우트 소셜의 2018년 연구에 따르면 소셜 미디어 마케팅 담당자의 55퍼센트가 투자수익률 측정을 가장 어려운 문제로 꼽았다.

그렇다면 ROI를 구할 수 있는 마법 공식은 없는가? 소셜 미디어의 어떤 요소를 측정하고 어떤 통계표를 얻어야 하는가?

오늘날 디지털 마케팅의 모든 영역에서 사용되는 데이터는 디지털 사용자이자 잠재 고객인 우리에게서 나온다. 최근 몇 년 사이에 기업이 고객의 모든 동향을 추적하고 모니터할 수 있는 기술들이 폭발적으로 증가했다. 이제 기업은 소셜 미디어에서 이루어지는 수십억 개의 대화로부터 고객에 대한 통찰력과 감수성을 획득한다. 그러므로 이 장에서 우리는 기업이 ROI를 측정할 때 고려해야 할 사항이 무엇인지, 어떤 측정 체계를 갖추어야 이러한 핵심 요소를 빠뜨리지 않고 포착할 수 있는지를 살펴볼 것이다.

빅 데이터는 실제로 존재한다

가트너Gartner에 따르면 디지털 데이터 총량은 향후 5년 사이에 800퍼센트 증가해서 2025년 즈음에는 163제타바이트zettabyte에 이를 것이라고 추산한다. 제타바이트를 바이트로 환산하면 알겠지만(1제타바이트는 1,000,000,000,000,000,000,000바이트다!), 이 수치는 터무니없을 정도로 비현실적이라고 말해도 무방할 것이다.

우리는 다양한 도구들 덕분에 디지털 소셜 미디어를 종횡무진 가로지르며 다양한 활동을 모니터하고 측정할 수 있는 능력을 가지게 되었다. 그것도 아주 세밀한 부분까지 놀라울 정도로 정확하게 측정할 수 있게 되었다. 예를 들어 디지털 청중이 긍정적인 말을 하는지 아니면 부정적인 말을 하는지와 같은 '브랜드 감성brand sentiment'을 이해하는 것만으로는 부족하다. 그러한 감성의 맥락을 더 깊이 뚫고 들어가 긍정적인 느낌의 밀도를 측정해서 '브랜드 열망brand passion'까지 알아낼 수 있다.

하지만 우리가 무언가를 측정할 수 있다고 해서 그것이 곧 유용하거나 의미 있는 결과를 얻을 수 있다는 말은 아니다. ROI를 측정하는 문제가 특히 그렇다.

ROI 측정은 상대적으로 단순하다. 소셜 미디어 측정값을 경제적 이익과 직접 비교하면 되기 때문이다. 예를 들어 소비자 직판 브랜드가 페이스북 광고에만 10,000원을 투자하고 관련 온라인 세일로 30,000원을 벌어들였다면, 그들이 소셜 미디어에 공을 들인 대가로 얼마만큼의 금전적 수익을 얻었는지 쉽게 구할 수 있다.

그렇기에 목표를 염두에 두고 시작하는 것이 중요하다. 미국의 세일즈 트레이너이자 동기 부여의 전설인 지그 지글러Zig Ziglar의 많이 알려지지 않은 다음과 같은 말을 인용하는 게 좋겠다. "무가치한 것일수록 정확하고 엄밀하게 맞출 수 있다." 이 말의 취지는 우리가 소셜 미디어 ROI 측정에서 주의할 점과 정확하게 맞는다.

투자 대비 기본수익률을 제대로 측정하기 위해서는 달성하고자 하는 목표를 확실히 해야 한다. 목표가 확실해야 무엇을 측정할 것인가라는 측정기준을 결정할 수 있기 때문이다.

대중적인 소셜 채널들(페이스북, 인스타그램, 트위터, 핀터레스트 Pinterest, 링크드인, 유튜브, 스냅챗 어떤 것이든)은 많은 데이터를 일목요연하게 보여준다. 이들이 제공하는 데이터는 매우 분명해서 비교하고 평가하기 쉽다. 팔로워, 리트윗, 댓글, 공유, 좋아요를 비롯한 다양한 소셜 미디어 활동을 카운트한 수치 데이터를 통해 우리는 소셜 미디어 ROI를 위한 아주 기본적인 측정치를 얻을 수 있다.

'소셜 신호social signals'라고 불리기도 하는 이 중요한 데이터들은 콘텐츠, 캠페인, 메시지가 청중에게 제대로 전달되고 있는지를 나타내는 호응도를 보여준다. 하지만 기업 전략에 따른 최우선 목표를 달성하는 데 필요한 측정치들을 알려주지는 못한다.

예를 들어 광고 캠페인의 목표가 기업, 브랜드 혹은 계정이 보유한 팔로워 수를 늘리는 것처럼 단순한 것이라면, 활동의 성공 여부를 평가하기는 매우 쉽다. 이러한 측정치는 단순하지만, 때에 따라서는 유용하고 유의미하다. 예컨대 캠페인을 막 시작한 경우라면 팔로잉하고 참여하는 사람들의 수가 증가하고 있는지 아니면 줄어들고 있는지를 측정할 필요가 있다.

기본 측정치들이 진행 중인 소셜 활동의 부정적인 영향을 보여준다면 기업은 언제든 전술을 선회하고 전환하여 활동의 잠재적 총량, 속도, 실시간 노출빈도를 수정할 수 있다. 예를 들어 선도적인 기술 제조사가 소셜 광고 캠페인 와중에 자신이 계정을 둔 소셜 미디어 곳곳에서 팔로워 수가 급감하기 시작했다는 사실을 알아차렸다고 해보자. 캠페인의 어딘가에 문제가 있는 건 확실했다. 팔로워 수가 증가하지 않고 감소하고 있음을 보여주는 기본 측정치는 구체적으로 왜 이런 일이 생겼는지를 말해주지 못한다. 대신에 캠페인을 재검토하고, 문제를 제기하고, 청중을 떨어져 나가게 한 원인일 수도 있는 것들(광고 노출량, 캠페인의 실제 메시지, 광고 타이밍 등등)을 조사할 필요가 있다는 통찰력을 제공할 뿐이다.

모든 측정치는 맥락을 고려해야 한다

 이 단순한 예는 소셜 미디어 활동과 소셜 미디어 ROI 측정에 더 큰 과제가 기다리고 있음을 보여준다.

 소셜 기술은 조직 전반에 걸쳐 여러 방식으로 활용된다. 6장에서 상세하게 살펴보겠지만 소셜 미디어 활동은 기업이 강조하는 부분이 무엇이냐에 따라 다양한 부서에 영향을 미친다. 소셜 미디어는 고객 서비스, 인사 담당 부서, 홍보와 마케팅, 사업 개발, 판매, 연구 개발 등 광범위하게 이용될 수 있다.

 그러므로 무엇을 어느 지점에서 측정하는가는 소셜 미디어 활동이 수행되고 있는 맥락과 특정 관련 부서의 목적을 충족시키는 방식에 크게 좌우된다.

 이를테면 고객 서비스팀에게 소셜 미디어 성공의 기준은 고객 대응속도, 불만 약화나 긍정적 평가와 관련될 것이다. 마케팅 부서에는 브랜드 인지, 인플루언서 지원, 잠재 고객 창출, 평판 관리가 성공의 기준이 될 것이다. 당연히 웹 트래픽 용량, 랜딩 페이지 방문자 수, 다운로드, 문의하기 양식, 체험판, 구매, 이메일 리스트 신청 등 진행되고 있는 캠페인의 구체적인 사안들도 빼놓을 수 없다. 소셜 미디어 활동이 조직 전반에 걸쳐 창출하는 가치를 총체적으로 이해하기 위해서는 수많은 데이터와 측정치들이 필요하다.

ROI라는 면에서 보면, 전통적인 계산법(창출된 가치에서 시간, 돈, 인력같이 투여된 자원을 제하는 방식)은 소셜 미디어 활동을 정확하게 포착하지 못한다. 소셜 미디어 활동을 측정하기 어려운 이유는 소셜 미디어가 '창출하는 가치'에 금전적 수익 창출 같은 직접적이고 객관적인 기준에 부합하기 힘든 무형의 가치를 비롯한 많은 것이 포함될 수 있기 때문이다.

소셜 미디어는 브랜드 인지, 새로운 청중의 영입, 청중의 범위, 매체 점유, 웹 사이트 방문, 콘텐츠 보급, 인플루언서의 참여부터 직접 판매, 직접 가입, 이메일 캡쳐와 다운로드에 이르기까지 많은 요소를 지원하고 그 요소 하나하나에 영향을 미칠 수 있다.

비즈니스 인사이더Business Insider의 《소셜 커머스 보고서Social Commerce Report》에 따르면 현재 소셜 미디어는 소비자 구매 행동에 영향을 미치는 중요한 요인 중 하나다. 이에 미국 인터넷 사용자의 36퍼센트는 상품을 선택할 때 소셜 네트워크가 다른 정보 소재들만큼 중요하다고 응답한다. PWC의 《글로벌 컨슈머 인사이트 서베이Global Consumer Insights Survey》도 소셜 미디어 채널이 구매 결정에서 가장 큰 영향을 미친다고 말하면서 비슷한 결과를 제시한다. 하지만 영향력을 측정하는 것은 직접 판매량을 측정하는 것과 비교할 수 없을 정도로 어려운 문제다.

소셜 미디어 이론가 게리 베이너척Gary Vaynerchuck은 소셜 미디어 ROI 측정의 어려움을 다음과 같은 재미있는 질문으로 설명한다. "당신 어머니의 ROI는 얼마인가(당신 어머니의 가치가 얼마인지 객관적으로 수치화 할 수 있는가)?" 결국, 소셜 미디어 ROI는 상당히 주관적일 수밖에 없다.

그러나 모든 소셜 측정에 적용될 수 있는 한 가지 방식이란 없다는 사실을 인정한다고 하더라도, 소셜 미디어 ROI를 측정할 수 있는 몇 가지 유용한 방법이 있는 것도 사실이다.

조직 목표와 소셜 목표 일치시키기

높은 인용 횟수를 자랑하는 《알티미터 연구보고서Altimeter Study》에 따르면, 기업의 34퍼센트가 기업의 소셜 전략과 사업 성과 사이에 관계가 있다고 생각한다. 가치를 측정하기 위해서는 소셜 미디어를 이용해 달성하려고 하는 목표를 기업, 부서의 목표와 부합하도록 설정해야 한다.

앞에서 지적했듯이, 소셜 미디어 목표는 캠페인이나 활동별로 매우 유동적이며 상황이 진행되는 추이에 따라 바뀔 수도 있다. 소셜 미디어 ROI 측정에서 중요한 것은 측정 사항과 측정 시기 모두를 주시하면서 항상 민첩하게 대응해야 한다는 것이다.

표 5.1 기업목표에 따른 소셜 부문 KPI의 예

기업/조직 목표	소셜 미디어 측정기준의 예(KPI)
신규 판매를 위한 잠재적 기회 창출하기	매달 20건의 체험판 신청받기
고객 서비스 부문 불만 건수 줄이기	분기 안에 소셜 미디어 응대 시간 45분 이하로 줄이기
출시 전 신제품 인지도 올리기	신제품 출시 관련 멘션과 입소문을 늘려 분기 안에 매체 점유율 10퍼센트 올리기

기초적인 조언을 제공하기 위해, 기업이나 부서의 추상적인 목표와 구체적이고 상세한 타깃 목표(핵심성과지표, key performance indicator^{KPI})를 조율할 수 있는 간단한 틀을 살펴보자. 여기서 KPI는 소셜 미디어 활동의 성공 여부를 판단하는 명확한 기준의 역할을 한다.

《트러스트 레이더스 소셜 미디어 마케팅 트렌드Trust Radius Social Media Marketing Trend》 보고서가 인용하고 있는 조사에 따르면, 소셜 미디어 프로그램이 제기하는 가장 어려운 과제 두 가지는 소셜 미디어 ROI 측정과 소셜 미디어 활동을 기업 성과로 연결시키는 문제였다.

표 5.1은 소셜 미디어 활동과 기업 성과를 연결하기 위해서는 관련 목표를 구체적으로 설정하는 것이 중요하다는 사실을 보여준다. 즉 무엇을 측정하고 있는가를 명확히 해야 할 뿐 아니라, 이 측

정요소와 기업목표가 어떤 관련성을 지니는지 또한 확실해야 한다. 그러기 위해서는 처음부터 정확한 질문에서 시작해야 한다.

- 성공에 대한 확실한 이미지가 있는가?
- 어떤 목표 혹은 성과를 달성하고 싶은가?
- 목표를 달성하려면 어떤 기준이나 증거를 충족해야 하는가?
- 지속적인 모니터링과 학습을 가능하게 하려면 어떤 훈련이 필요한가?

물론, 달성하고 싶은 목표나 기준 또는 핵심성과지표, 기업목표와 측정요소 간의 연관 지점을 확실히 알고 있다면, 측정요소들에 금전적 가치를 반영하여 소셜 미디어 ROI를 객관적인 비즈니스 표현으로 전환하는 작업을 시작할 수 있을 것이다.

다크 소셜 - 보이지 않는 투자수익률 측정하기

우리는 ROI를 측정하기 위해 기업의 구체적인 목표, 소셜 미디어 활동을 대상으로 한 관련 KPI를 면밀하게 검토해야 한다. 하지만 소셜 미디어 활동은 상당한 양의 포착하기 어려운 가치를 창출하기도 한다.

  소셜 미디어의 가치를 측정할 때 겪게 되는 문제는 홍보나 광고 캠페인의 효과를 측정할 때 경험하는 어려움과 다르지 않다. 광고 게시판을 훑어보는 행위가 수익 창출에 미치는 영향을 직접적으로 측정하기 어려운 것처럼, 소셜 미디어가 불러일으킬 수도 있는 모든 영향을 정확히 측정하기는 불가능하다.

  예를 들어 우리는 공유, 언급, 댓글을 비롯한 여러 가지 확인 가능한 활동을 조사하고 정교한 분석 도구를 활용해 미시적인 행동을 추적할 수 있다. 하지만 소셜 네트워크에서 친구를 통해 어떤 기업이나 제품을 추천받아 여러 정보를 알게 된 사람이 이후 구글 검색과 같은 다른 경로로 기업 사이트를 방문하는 경우가 있을 수 있다. '다크 소셜dark social(출처를 알 수 없는 정보의 흐름 또는 정보량)'이라 불리는 이 현상도 소셜 미디어 ROI 측정을 어렵게 만든다.

  소셜 미디어에서 기업이 청중과 만드는 관계 가치는 포착하기 어렵고, 그래서 측정하기도 어렵다. 한편, 여러 통계치가 소셜 미디어 활동과 브랜드의 참여, 고객 충성도 간의 관계를 보여주기도 한다. 예컨대 빅 커머스Big Commerce는 소비자의 30퍼센트가 페이스북, 스냅챗 혹은 인스타그램을 통해 제품을 구매할 의사가 있다고 보고한다. 나아가 글로벌웹인덱스GlobalWebIndex의 2018년 조사에 따르면 다음과 같은 결과가 나왔다.

- 소셜 미디어 사용자의 40퍼센트는 소셜 미디어에서 자신이 가장 좋아하는 브랜드를 팔로잉한다.
- 소비자의 25퍼센트는 구매가 가능한 소셜 미디어에서 브랜드를 팔로잉한다.
- 소비자의 2퍼센트는 소셜 미디어를 활용해 사전 구매 조사를 한다.

소셜 커머스가 인기를 끌면서, 현재 이커머스 기업들은 사람들이 소셜 미디어를 경유해서 자신의 사이트를 방문하고 있다고 판단한다. 가구소매상 '메이드 닷컴MADE.COM'은 소셜 미디어를 경유해서 사이트를 방문한 사람들의 가구 주문 비율이 사이트의 평균보다 4퍼센트 높다는 사실을 확인하기도 했다.

SNS, 이렇게 생각하라!

이 장에서 살펴본 사례와 통계 수치는 소셜 미디어 ROI 측정이 항상 쉽고 명확한 일은 아니라는 사실을 확실히 보여준다. ROI의 속성이나 정의와 관련하여, 자연적인 소셜 미디어 활동과 유급 활동은 구분하기 복잡하고 파악이 어려운 측면들도 많다.

소셜 미디어는 처음 생겨났을 때부터 끊임없이 변화해왔다. 그러다 보니 오늘 효과가 있는 콘텐츠, 전략, 채널이라도 내일이면 그 효력을 상실할 수도 있다. 우리가 소셜 미디어 ROI를 측정하기 위해 선택한 기준에 대해서도 똑같은 말을 할 수 있을 것이다.

ROI를 적절하게 측정하기 위해서는 소셜 미디어가 작동하는 방식을 맥락에 비추어 면밀하게 관찰하고 또 관찰하는 수밖에 없다. 소셜 미디어 동향을 계속하여 주시하다가 변화에 맞춰 신속하게 측정기준을 바꿔야 한다. 하지만 그러면서도 기준이 얼마나 가치 있는지 혹은 실제로 측정 가능한지와 같은 현실적인 문제를 따져 보아야 한다. 이를 위해서 측정기준을 결정할 때는 측정하려는 항목과 관련하여 다음과 같은 질문으로 타당성을 점검해보라고 권하고 싶다.

- 유용한가? 의사 결정을 이끌거나 도움이 되는가?
- 실제로 측정하는 것이 가능한가?
- 측정하고자 하는 확실한 이유가 있는가?
- 전반적인 사업목적에 부합하고 도움이 되는가?

소셜 채널에서 이루어지는 모든 활동은 확실한 목적과 목표를 가져야 한다. 정말로 중요하다고 생각되는 측정기준을 확인하는 것이야말로 목표 달성 여부를 가늠하는 첫걸음이다(위에서 인용한 지그 지글러의 말을 기억하라!). 기준이 정해졌다면 앞만 보고 달리면 된다.

다음과 같은 질문으로 자신의 목적을 명료하게 해보기를 권한다.

- 성공에 대한 확실한 이미지가 있는가? 어떤 목표 혹은 성과를 달성하고 싶은가?
- 목표를 달성하려면 어떤 기준이나 증거를 충족해야 하는가?
- 지속적인 모니터링과 학습을 가능하게 하려면 어떤 훈련이 필요한가?

소셜 미디어 세계에서도 ROI를 측정할 수 있다. 단, 확실한 목표와 핵심성과지표를 설정해야 한다. 그러므로 측정에 뛰어들기 전에, 목표를 마음에 새기는 일부터 시작하라.

#6
여섯 번째 생각

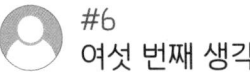

SNS는 마케팅에만 쓰이는 것이 아니다

소셜 미디어 활동은 일 대 다수, 다수 대 다수의 커뮤니케이션을 가능하게 하는 양방향 소통자원이자 기업의 다양한 부서가 영감을 끌어낼 수 있는 통찰력의 보고다.

오해와 진실

지금으로부터 20여 년 전 도입된 소셜 네트워크는 얼리어답터 early adopter만 사용하던 틈새 커뮤니케이션 수단에서 이제는 전 세계 수십억 사람들이 매일 사용하는 멀티미디어 자원으로 성장하며 비상한 관심을 끌고 있다.

비즈니스 커뮤니티들은 처음부터 소셜 네트워크가 시장에 지대한 영향을 미칠 수 있는 새로운 채널이 될 거라고 예상했으나 지금까지는 항상 마케팅 부서가 소셜 미디어를 관리해왔다. 당연히 소셜 미디어 책임자, 관리자, 이사, 고문, 지도자는 존재하지도 않았다. 소셜 미디어 대행사도 없었고, '소셜 미디어 전략'이나 관련성이 높은 소셜 청중을 직접 겨냥한 타깃 광고 같은 것도 없었다.

같은 기간 동안 디지털 기술도 맹렬한 기세로 계속 진화했다. 또한, 많은 사람이 스마트폰과 관련 모바일기술을 광범위하게 사용하게 되면서 누구나 쉽게 소셜 미디어에 접근할 수 있게 되었다.

기업의 규모와 구조에 따라 약간의 차이는 있지만, 일반적으로 소셜 미디어는 여전히 마케팅 부서 어딘가에서 관리된다. 소셜 미디어와 마케팅은 많은 점에서 서로 잘 맞아떨어진다. 예컨대 마케팅의 핵심인 브랜드 인지, 고객 획득, 고객 충성, 판촉, 창조적인 콘텐츠와 청중 참여는 유료 광고와 광고주를 매개로 유기적으로 조직된다.

하지만 10장에서 살펴보듯이, 소셜 미디어는 마케팅이라는 본연의 자리를 벗어나 다양하게 적용되면서 기업의 여러 부서에서 광범위하게 활용되고 있다. 이제 소셜 미디어는 고객 서비스, 인적 자원, 홍보, 상품 개발, 정보 기술, 법률 요건, 연구 개발, 세일즈, 사업 개발, 기업 커뮤니케이션과 긴밀한 관계에 있거나, 없어서는 안 되는 요소가 되었다.

이 장에서 우리는 소셜 미디어가 마케팅 영역 바깥에서 어떤 영향을 미치고 있는지 살펴볼 것이다. 그중에서도 대외적인 활동과 대내적인 활동에 초점을 맞추어 소셜 미디어가 적절하게 활용될 수 있는 지점이 어디인지를 검토할 것이다.

대외적인 소셜 활동

고객 서비스

기술 발전으로 고객이 항시 온라인에 접속할 수 있게 되면서, 고객 서비스에 대한 기대치도 상승했다. 우리는 하루 중 언제가 되었건 우리가 선호하는 채널을 통해 기업과 접촉할 수 있기를 기대한다. 그리고 무엇보다 중요한 것은 우리가 신속한 응답을 기대한다는 것이다.

더 이상 다른 선택지가 없기에 소셜 미디어와 고객 서비스는 이제 완전히 같은 말처럼 되어버렸다. 일이 우리가 원하는 대로 되고 있지 않을 때, 예컨대 기차가 연착되든 아니면 우리가 받는 서비스가 형편없거나 혹은 그저 느리든 간에 열악한 서비스나 부실한 설명으로 인해 우리의 기대가 무너질 때면 우리는 가차 없이 스마트폰 키패드를 두드려대며 불만을 토로한다.

물론 소셜 미디어가 불만을 표출하기 위해서만 사용되는 것은 아니다. 고객 서비스와 관련하여 우리는 소셜 미디어를 사용해 질문하고 답변과 조언을 구한다.

소셜 네트워크의 고객 서비스 이용에 대한 조사에 따르면,

- 소셜 미디어 사용자 3명 중 1명은 전화나 이메일보다 소셜 미디어를 통한 고객 관리 서비스 이용을 더 선호한다.
- 현재, 소비자의 약 67퍼센트는 문제가 생기면 그것을 해결하기 위해 소셜 미디어 네트워크를 이용한다.
- 고객들은 소셜 미디어를 통해 고객과 소통하고 응대하는 회사의 제품을 20-40퍼센트 더 많이 소비한다.
- 소비자의 약 70퍼센트가 문제 해결을 위해 소셜 미디어 고객

서비스를 한 번 이상 이용한 경험이 있다고 응답했다.

고객 서비스팀은 대부분의 경우 브랜드나 조직이 고객과 만나는 첫 번째 지점이다. 때에 따라서는 구매 전, 구매, 구매 이후의 고객 여정 전체에 관여하기도 한다. 고객에게 실시간으로 반응하는 소통능력은 브랜드 마케팅의 전부라고 할 정도로 중요하다. 따라서 고객 조언과 응답을 담당하는 고객 서비스팀도 전반적인 마케팅 관리에 직간접적으로 관여한다.

많은 사례 연구들이 소셜 미디어가 고객 서비스에 효과적으로 사용되고 있음을 보여준다. "소셜 고객 서비스: 5개 선호 브랜드의 교훈Social customer service: Lessons from 5 of our favourite brands"이라는 제목의 기사에는 나이키Nike, 스포티파이Spotify, 스카이스캐너Skyscanner, 넷플릭스Netflix, 스타벅스Starbucks의 사례 연구가 실려 있다.

소셜 미디어는 점점 더 기업의 중요한 전략적 자원이 되고 있다. 현재 고객 서비스팀은 인공지능을 이용해서 고객 응답 시간을 분할 단축하는 등 소셜 플랫폼에서 시작된 최신 기술을 받아들이고 있다. 또한, 많은 고객이 소셜 미디어에 단순히 불만을 분출하고 싶어 하는 것이 아니라 사적인 대화를 나누고 싶어 한다는 사실을 알게 되면서, 고객 서비스 대화를 페이스북 메신저와 같은 메신저 서비스로 진행하며 고객 반응성을 강화하고 있다.

영국의 그레이트 웨스턴 레일웨이Great Western Railway가 대표적인 예라고 할 수 있다. 이 철도회사는 자사의 소셜 전략에서 메신저가 가장 중요한 채널이라고 말하며 고객의 문제를 실시간으로 해결하는 비율을 90퍼센트까지 올리겠다고 약속했다. 소셜 채널의 지속적인 발전으로 기업이 고객의 문의를 더욱 빠르고 개개인 특성에 맞춰 처리할 수 있게 되면서, 소셜 미디어는 고객을 만족시키고 고객 서비스 목표를 달성해야 하는 기업의 필요에 정확히 부합하고 있다.

⌲ 인적 자원

재능 있는 지원자들을 끌어들이고 싶은 기업이라면, 혹은 재능 있는 사람들에게 접근하고 싶은 기업이라면 소셜 미디어를 무시할 수 없다. 기업의 인적 자원을 관리하는 인사팀에게 링크드인 같은 특화된 소셜 미디어 플랫폼은 중요한 수단이다.

소셜 미디어는 인사팀에게 더 많은 미래의 직원들에게 상대적으로 낮은 비용을 들이면서도 지속적으로 다가갈 기회를 제공한다. 예를 들어, 인사팀은 조직 문화를 홍보할 수 있다. 기업이 필요로 하는 미래의 직원들을 끌어들이기 위해 소셜 미디어로 기업 브랜드를 보여주고 직원, 리더, 관리자의 직업 만족 스토리와 사례 연구를 공유하며 직장의 특징과 이점을 설명할 수 있다.

인사팀은 직원 개인 네트워크상의 연락처 목록을 활용하는 내부추천 채용 제도를 마련할 수도 있다. 내부추천은 지원-채용 전환비율이 가장 높은 신입사원 채용방식으로 전체 채용의 40퍼센트를 차지한다. 강력한 인재채용 전술은 직원들이 채용정보를 자신의 네트워크와 적극적으로 공유하도록 고무한다. 소셜 미디어는 인사팀의 잘못된 고용으로 발생할 수 있는 비용과 브랜드 평판 하락의 위험을 줄이는데 일조할 수 있다.

2018년 《커리어 빌더 서베이Career Builder Survey》에 따르면, 고용주의 70퍼센트가 채용 과정에서 지원자를 심사하는 데 소셜 미디어를 활용한다. 즉 이 수치는 결정에 필요한 정보를 얻기 위해 소셜 미디어에 의존하는 고용주들의 비율이 상당히 높다는 사실을 보여준다. 하지만 2019년 작성된 라콩퇴르Raconteur(영국의 온라인 매체)의 간행물은 소셜 미디어를 심사 도구로 사용하는 관행이 회사에 불필요한 정보까지 제공하는 경향이 있다고 지적한다. 지나치게 상세한 정보는 편견을 가져오고 결과적으로 직장 내 다양성을 해칠 수도 있다. 반대로, 같은 간행물에서 맨파워 그룹Manpower Group은 소셜 미디어가 인재풀talent pool을 개방하여 더 다양한 집단의 지원자들까지 포괄하게 된다고 주장한다.

↗ 연구와 개발

소셜 미디어가 시장 조사에서 항상 중요한 요소로 다뤄지지는 않는다. 하지만 전 세계 30억 명 이상의 사람들이 매일 평균

2-3시간을 소셜 미디어에 소비한다는 사실을 감안하면, 그리고 그들이 자신에 대한 많은 정보를 온라인에서 공유하고 있다는 사실을 고려한다면 소셜 미디어에는 풍부한 통찰을 얻을 수 있는 데이터들이 넘쳐난다.

예를 들어 GE 라이프 사이언스GE Life Sciences는 고객이 단백질 정제에 대해 어떻게 생각하는지를 알기 위해 소셜 미디어에 올라온 50만 건에 달하는 단백질 관련 글들을 분석했다. GE는 분석데이터를 활용해 콘텐츠 개발을 개선했고 고객의 의견대로 기업 웹 사이트를 개편했으며 자신의 연구 전략을 최적화했다.

커트 블룸Curt Bloom은 크림슨 헥사곤Crimson Hexagon의 사장으로 있을 당시 소셜 미디어를 '지상 최대의 포커스 그룹'이라고 불렀다. 소셜 미디어는 제품, 서비스, 새로운 기능, 베타 테스트에 대한 직접적인 피드백을 얻는 데에 도움이 된다. 즉 소셜 미디어는 기업과 브랜드가 대중의 지혜에 맞춰 최적화될 수 있는 기회를 제공한다.

청중의 감성을 분석하기 위해 여론 조사나 소셜 리스닝을 이용하든 아니면 많은 데이터를 분석하든, 소셜 미디어는 연구 개발 영역의 중요한 자원으로 자리 잡게 되었다.

↗ 세일즈

네트워킹은 사업 개발과 세일즈 업무에서 항상 중요한 역할을 담당해왔다. 소셜 네트워크도 마찬가지다. 소셜 네트워크를 통하면 더욱 광범위한 인맥을 활용할 수 있고 고객과 잠재 고객층에서 일어나고 있는 변화를 감지할 수 있다.

'소셜 셀링Social selling'은 새로운 고객을 발견하고 만나기 위해 소셜 미디어를 활용하는 세일즈 과정이다. 실생활에서 잠재 고객과 신뢰 관계를 구축하던 방식과 사실상 동일하다. 신뢰 관계가 형성되면 구매 의사가 확실해질 때 당신이 제일 먼저 생각날 것이다.

소셜 기술을 사용하게 되면서 판매담당자들은 관련 콘텐츠를 공유하고 질문에 답하고 신뢰 관계를 구축하여 세일즈 깔때기의 첫 단계부터 구매 고려를 거쳐 거래가 완료되는 전 과정에 지속적으로 참여한다.

소셜 셀링에 들인 시간은 보상으로 돌아온다. 세일즈포스에 따르면 소셜 셀러의 78퍼센트가 소셜 미디어를 사용하지 않는 동료보다 높은 판매량을 기록했다. 또 기업 간 판매담당자는 소셜 미디어 사용으로 계정과 연락처 검색 시간이 크게 줄어들었다고 말했다.

대내적인 소셜 활동

대외적인 소셜 활동은 기업에게 청중의 말에 귀 기울이고 고객과 잠재 고객, 인플루언서와의 소통에 몰입할 수 있는 기회를 제공한다. 또한, 마케팅 메시지를 공유하고 기업 소식을 홍보할 수도 있다.

조사연구에 따르면, 직원의 82퍼센트는 소셜 미디어가 업무 관계를 개선하는 데 도움이 된다고 생각하며 60퍼센트는 의사 결정 과정에 도움이 된다고 생각한다. 소셜 미디어는 협업을 용이하게 하고 고용주와의 소통과 친밀감을 강화하여 이직률을 낮추는데 기여한다.

⤳ 고객 서비스

앞에서 언급했듯이 고객 서비스팀은 기업 소셜 미디어의 최전선에서 활동하며, 고객과 일상적인 대화를 나누는 과정을 통해 문의 사항을 처리한다. 이 과정에서 얻어진 유용한 통찰들이 다시 기업으로 적절하게 피드백된다면 지속적인 개선에 도움이 될 것이다.

🔗 인적 자원

앞에서 인용한 《커리어 빌더 서베이》에 따르면, 고용주의 약 43퍼센트가 현재의 직원들을 점검하기 위해 소셜 미디어를 이용한다. 기업이 투자를 통해 적절한 인재를 영입하고 나면, 지속적인 생산성이 보장되도록 직원을 훈련하고 몰입도를 높여야 한다.

직원의 업무 몰입 수준과 관련된 상당히 충격적인 조사 결과들이 있다. 갤럽은 2018년 《스테이트 오브 더 글로벌 워크플레이스 리포트 State of the Global Workplace Report》에서 직원의 85퍼센트가 업무에 집중하지 못하거나 아니면 아예 한가하게 빈둥거린다고 지적했다. 이러한 행동은 5조 4천억 파운드(한화로 약 8,086조 3,920억 원) 상당의 생산성 손실을 일으킨다.

많은 사례 연구가 소셜 미디어를 기업 내부에 활용했을 때 직원의 업무 몰입도가 올라가는 등 긍정적 효과를 보인다고 말한다. 우리는 13장에서 이러한 긍정적 효과를 보다 상세하게 살펴볼 것이다.

🔗 커뮤니케이션 · 내부 마케팅

대외적인 소셜 활동이 고객과의 관계에서 소통과 참여를 효과적으로 개선할 수 있는 것처럼, 내부 커뮤니케이션 마케팅 팀은 소셜 미디어를 이용해 내부 고객과의 소통과 참여를 증진할 수 있다. 점점 더 많은 기업이 외부 고객의 행복만큼이나 자신의 노동력(즉, 기업의 내부 고객internal customer)이 행복하게 일에 몰입할 수 있도록 하는 것이 중요하다는 사실을 인식하고 있다. 그것이 생산성과 기업 성과의 토대이기 때문이다.

EY(Ernst & Young, 글로벌 회계 법인)는 내부 커뮤니케이션에 소셜 미디어를 활용하면 혁신, 대화, 통찰이 가능한 새로운 통로가 열리며 직원이 기업문화에 더 잘 적응하도록 도울 수 있다고 말한다. 즉 소셜 미디어는 직원의 업무 몰입도를 올릴 수 있는 주된 동력의 하나다.

맥킨지 글로벌 인스티튜트McKinsey Global Institute가 업무 몰입과 생산성의 관계를 보여주기 위해 시행한 조사연구에 따르면, 기업이 내부 소셜 미디어 활동을 전면적으로 시행하는 경우 직원 생산성을 20-25퍼센트 개선할 수 있었다고 밝혔다.

⤴ 전략·리더십

우리가 지금까지 언급한 많은 연구 논문은 리더의 중요성도 지적한다. 기업 리더가 직원 가까이에서 얼굴을 비추고 직원과 효과적으로 커뮤니케이션한다면 기업의 소통능력은 강화된다.

점점 더 많은 CEO가 대외적인 소셜 미디어 활동 무대에 적극적으로 참여하고 있다. 예컨대 투자자, 미디어, 고객이 기업의 현황과 관점을 알 수 있도록 공개적으로 발언한다. 기업 내부로 눈을 돌려보면, 소셜 미디어 기술로 어떤 직위에 있든 기업의 모든 리더가 자신이 이끄는 팀과 공개적이고 직접적으로 소통하는 것이 가능하게 되었다.

커뮤니케이션은 일방통행로가 아니다. 따라서 소셜 미디어 채널은 리더가 직원들이 하는 말을 직접 듣고, 적절하고 타당한 시점과 장소에서 즉시 반응할 기회를 제공한다.

직원 홍보Employee advocacy 프로그램은 리더의 지원과 지지가 있을 때 가장 큰 성과를 거둔다. 리더의 참여는 사업에도 유리할 뿐 아니라 무엇과도 바꿀 수 없는 신뢰 구축의 계기가 된다. 브랜드포그Brandfog의 2016년 조사에 의하면, 응답자의 75퍼센트는 리더가 소셜 미디어에 활발하게 참여할 때 자신들이 보다 신뢰받고 있다는 느낌을 받는다고 한다.

SNS, 이렇게 생각하라!

소셜 미디어 활동은 일 대 다수, 다수 대 다수의 커뮤니케이션을 가능하게 하는 양방향 소통자원이자 기업의 다양한 부서가 영감을 끌어낼 수 있는 통찰력의 보고다. 이러한 소셜 미디어의 중요성은 '소셜 미디어를 어떻게 관리해야 하는가?'라는 질문으로 자연스럽게 이어진다. 중앙에 소셜 미디어 전담 부서를 두어

다양한 사업영역을 관리하게 할 것인가 아니면 각 부서가 나름의 고유한 소셜 미디어 활동을 관리하도록 할 것인가?

소셜 미디어가 오직 마케팅에만 도움이 된다는 생각으로 돌아가 보자. 이 장 전반에 걸쳐 살펴보았듯이, 소셜 미디어 활동은 기업의 어느 한 부서로 한정되지 않으며 부서의 경계를 넘어선다.

#7
일곱 번째 생각

SNS는 잘못한 것이 없다

소셜 미디어는 아무 데도 쓸모없는 제품부터 유해한 이데올로기까지 모든 것을 파는데 이용될 수 있다. 기술이 비윤리적으로 사용되거나 악의적인 의도를 가질 수 있다고 해서, 모든 기술이 나쁘다는 의미는 아니다. 이는 그저 기술을 윤리적으로 사용하기 위해 노력해야 한다는 것을 의미할 뿐이다.

오해와 진실

소셜 미디어는 선한가 아니면 악한가? 정답은 없다. 확실한 건, 소셜 미디어가 좋은 목적으로도 그리고 나쁜 목적으로도 이용되어 왔다는 사실이다. 소셜 미디어를 둘러싼 논쟁에서 초반에는 소셜 미디어의 긍정적인 힘을 강조하는 주장이 대부분이었다. 2012년에 페이스북 설립자 마크 저커버그Mark Zuckerberg는 "사람들에게 공유할 수 있는 힘을 부여함으로써 우리는 세상을 더 투명하게 만들고 있다."라고 말했다. 2013년에는 트위터 설립자 잭 도시Jack Dorsey도 "사람들이 트위터에 접속할 때 원하는 것은 세상을 향해 뭔가를 말하는 것이다. 기술은 사라져 보이지 않는다. 짧은 메시지를 쓰는 것도, 다른 이들이 그 메시지를 보게 될 거라는 사실을 알고 있는 것도 바로 사람들이다."라고 말했다.

모든 기술이 그렇듯, 소셜 미디어 플랫폼도 틈새에서 생겨나 대중의 선택을 받으며 성장해왔다. 따라서 전도자도, 비판자도 존재한다. 곧 살펴보게 될 흥미로운 최신 사례에서 알게 되겠지만, 소셜 미디어에는 분명 어두운 면도 있다.

소셜 미디어는 조작될 수 있다

미국은 지구상에서 제일 강력한 전통식 군대를 보유하고 있다. 하지만 소셜 밈 전쟁에서만큼은 러시아가 시대를 앞서가는 것 같다.

러시아의 인터넷 리서치 에이전시Internet Research Agency, IRA는 오랫동안 두통거리였으며 그들의 악의적인 활동은 공공연한 비밀이었다. 2015년에 《뉴욕타임스》는 "고임금 '트롤' 부대가 러시아 상트페테르부르크에 위치한 한 평범한 사무실 빌딩에 앉아 인터넷 세계를, 그리고 실제 미국 사회를 엉망진창으로 만들려 하고 있다."고 폭로했다.

이는 러시아 내부의 친 크렘린Kremlin 작전 활동 일부가 2011년 엄청난 속도로 전 세계에 퍼져나가면서 알려지게 되었다.

2014년 9월 11일, 루이지애나의 한 화학 공장에 테러공격이 있을 거라는 정교하게 조작된 거짓 캠페인이 소셜 미디어에서 퍼져나가면서 공포가 조장되었다. 수백 개의 트위터 계정이 장소를 특정할 수 있는 장면이 담긴 화학 공장 폭발 동영상과 가짜 뉴스를 퍼 날랐다. 저널리스트, 정치가, 지역 인플루언서에게 테러공격 소문에 대한 질문 공세가 이어졌고, 유튜브 동영상을 비롯한 여러 소셜 미디어 사이트에 링크가 걸렸으며, CNN은 사건을 암시하는 조작된 사진을 기사로 내보냈다. 해당 화학 공장에 경보가 발효되었음을 암시하는 스크린 숏도 돌았다.

이 날조된 이야기는 2014년 미국 전역에서 발생한 다른 인터넷상의 공격들과 비슷한 패턴을 보였다. 예를 들어 에볼라 바이러스가 애틀랜타 전역으로 확산되었다는 조직화된 거짓 캠페인이 소셜 미디어에 퍼지기도 했다. 이 공격들에는 다음과 같은 몇 가지 공통점이 있었다. 즉 대대적인 소셜 미디어 포스팅이 이어졌고, 여기저기 다른 소셜 미디어에 링크가 걸렸으며, 미디어, 인플루언서, 정치인들이 표적이 되었다. 심지어 지역 언론사나 정부 기관의 웹 사이트처럼 보이는 가짜 웹 사이트들이 등장해서 공격에 대한 가짜 정보를 흘렸다.

《뉴욕타임스》는 조사를 통해 모스크바에 기반을 둔 IRA가 소문과 가짜 댓글을 확산시키면서 전 세계 뉴스와 여론에 영향을 미치려 하고 있다는 사실을 밝혀냈다. IRA 활동의 대부분은 우크라이나 내전과 관련된 여론에 영향을 미치고 러시아 정부에 우호적인 콘텐츠와 댓글을 양산하는 일에 집중되어 있었다. 버락 오바마Barack Obama에 대한 온갖 부정적인 소문도 퍼뜨렸다. IRA는 실행목표를 세밀하게 설정하고 조회 수, 댓글, 좋아요를 비롯한 각종 온라인 데이터에 초점을 맞추었다. IRA 직원은 하루에 12시간 동안 일했으며 매일 정치인 포스트 5개, 비정치인 포스트 10개, 200개 이상의 댓글을 할당량으로 채워야 했다고 전해진다. 달리 말해, IRA는 러시아 내부와 외부 모두의 온라인 여론을 형성하겠다는 힘에 부치는 야망을 품었다. 직원들의 월급은 당시 기준으로 매우 높았다. 2014년에는 월급으로 41,000루블(약 500파운드, 한화로 74만 8,000원)을 받았는데, 이후 가파르게 인상되어 2016년에는 주급으로 약 1083파운드(한화 162만 1,800원)을 받았다.

조직 운영에 너무 많은 비용이 들어간다고 생각할지도 모른다. 하지만 최근의 조사연구가 보여주듯 IRA가 소셜 미디어에 행사하고 있는 광범한 영향력을 감안하면, 어떤 정부에게는 그러한 비용이 크루즈 미사일 한 대를 일 년 동안 유지하는 데 드는 비용보다 싸게 먹히는 셈이다.

처음에는 러시아가 영향을 미치고 있을지도 모른다는 사실이 억측에 불과했지만, 지금은 IRA가 2016년 미국 대통령 선거에 자신이 보유한 정보, 밈, 가짜 뉴스를 퍼뜨렸다는 확실한 증거가 있다. 옥스퍼드 대학교의 컴퓨테이셔널 프로파간다 리서치 프로젝트Computational Propaganda Research Project팀은 미국 의회의 위임을 받아 IRA 영향력에 관한 포괄적 연구를 수행했다.

IRA는 페이스북, 트위터, 인스타그램 같은 주요 소셜 미디어 네트워크에 정보를 퍼뜨리기 위해 매우 평범하고 일반적인 전술을 사용했다. 그들이 수천만 명의 미국인 사용자에게 접근해서 정보를 흘리자, 3천만 명 이상의 사용자가 IRA가 통제하는 페이지들에서 나온 콘텐츠를 공유했다. IRA는 수십 개의 웹 페이지를 관리했고, 미국 내 다양한 커뮤니티를 대표하는 인구집단, 이익집단을 표적으로 삼았다.

특히 그들은 서로 다른 집단을 겨냥하기 위해 서로 다른 유형의 페이지를 사용했는데, 이때 '애국심을 보여주세요Being Patriotic'(6백만 개 이상의 좋아요), '텍사스의 심장Heart of Texas'(5백만 개 이상), '흑인활동가Blacktivist'(4백 5십만 개 이상), '미 무슬림 협회United Muslims of America'(약 2백 5십만 개), 'LGBT여 단결하라LGBT United'(약 2백만 개), '브라운 파워Brown Power'(약 2백만 개) 같은 단체 명칭을 사용하기도 했다. 옥스퍼드 대학교의 연구에 따르면 IRA는 친트럼프 광고를 이용해서 우익 성향 단체를 겨냥하는 한편, 소수자와 좌익 성향 단체에는 제도에 대한 불신을 불러일으키도록 설계된 정보를 확산시키며 투표 기권을 부추겼다.

IRA가 오랜활동으로 직접 보여주듯이, 그들이 이용하는 콘텐츠 대다수는 정치적이지 않았다. 그들은 클릭유도clickbait, 유머, 밈을 이용해 참여를 고무하고, 더 많은 팔로워를 모으는 경향이 있었다. IRA를 관찰하다 얻은 재미있는 결론은 그들의 전술이 많은 점에서 소셜 미디어와 마케팅에서 우위를 점하려고 하는 상업 관행들과 비슷하다는 것이었다.

제품이나 브랜드 판촉을 위해 여러 플랫폼을 아우르는 다양한 모임을 만드는 것은 드문 일이 아니다. 특정 관심 집단을 표적으로 삼는 것도 확실히 마케팅의 전형적인 관례다(16장과 28장을 보라). IRA가 선량하거나 옳은 일을 했다고 말하는 것은 아니지만 그들이 불법적인 해커는 아니다. 즉 그들은 잘 조직되고 정보에 밝은 대규모 조직으로, 이미 잘 갖춰진 인프라에 편승했을 뿐이다.

IRA는 이미 광범위하게 사용되고 있던 많은 소셜 미디어 마케팅 전술을 기반으로 했다. 또 마케팅 교과서에 나올 법한 정당한 방식들(마이크로 타깃팅, 고객 세분화, 메시지 확산에 다중 매체 이용하기)을 사용했으며, 확실히 소셜 밈을 능숙하게 활용했다.

궁극적인 목표가 파괴적이긴 했지만, 사용된 전술 대부분은 테두리를 벗어나지 않는 평범한 인터넷 활동 안에서 이루어졌다.

소셜 미디어 마케팅 담당자를 위한 교훈

마케팅은 오랫동안 일종의 '어둠의 기술'을 사용한다고 비판받아 왔다. 사람들에게 영향을 미쳐서 제품을 사도록 만들고, 여론을 좌우하고, 특정 행동을 조장하는 것 모두가 비판의 소지가 있다.

이와 관련하여, 담배 광고 캠페인이 대표적인 예다. 초기의 겉만 번드르르한 광고들은 이 발암 혼합물의 흡입이 재미있고, 젊고, 섹시하며 건강한 행동이라고 그려내려 했고, 이는 매우 성공적이었다. 럭키 스트라이크Lucky Strike는 '염증과 기침으로부터 인후를 보호한다'라며 판매되었고 '의사들은 다른 담배보다 카멜Camel을 더 많이 피운다'거나 심지어 '당신의 담당 치과의사로서 바이스로이Viceroy(담배 제조 브랜드)를 추천합니다'라고 광고되었다.

IRA가 사용한 전술 대부분은 많은 마케팅 회사가 메시지를 퍼뜨리기 위해 사용하는 기본 기법과 동일하다.

▌잊히지 않고 공유할 수 있는 콘텐츠를 생산하라

기사, 사진, 동영상, 밈 등 어떤 것이건 강하고 즉각적인 인상을 주는 콘텐츠를 생산하라. 또 콘텐츠는 소셜 미디어에서 친구나 지인과 논의하고 공유하고 싶은 주제를 다루어야 한다.

▌화제가 되는 콘텐츠를 생산하라

현재 유행하는 콘텐츠를 생산하면 더 많은 사용자가 참여하도록 할 수 있다. 즉 더 많은 관심을 유발해서 더 많은 사람을 논의 속으로 끌어들일 수 있다.

▌대중적인 콘텐츠를 목적과 용도에 맞게 고쳐 쓰라

가장 대중적인 콘텐츠를 여러 방식으로 혹은 여러 채널에 맞게 바꿔서 재활용하라. 다양한 청중에 맞게 다양한 방식으로 포장을 새로 해서 '늘 생생한' 콘텐츠로 개조하라.

■ **청중의 참여를 유도하라**

활발하게 게시물을 올려 사람들이 좋아요를 누르고, 댓글을 달고 공유하도록 고무하라. 그러면 더 많은 청중의 관심을 끌 수 있을 것이다. 소셜 미디어 사이트는 큰 관심을 불러일으키고 있는 콘텐츠일수록 등급을 올리고 부각시킨다.

■ **인플루언서와 함께 작업하라**

유명한 사용자나 채널과 협업을 하면 콘텐츠와 여러 인플루언서 간의 연관성이나 관계 자체로 사람들의 이목을 끌 수 있다.

소셜 미디어는 아무 데도 쓸모없는 제품부터 유해한 이데올로기까지 모든 것을 파는데 이용될 수 있다. 기술이 비윤리적으로 사용되거나 악의적인 의도를 가질 수 있다고 해서, 모든 기술이 나쁘다는 의미는 아니다. 이는 그저 기술을 윤리적으로 사용하기 위해 노력해야 한다는 것을 의미할 뿐이다.

우리가 러시아의 IRA 사례를 사용한 이유는 개인이나 기업에 겁을 줘서 소셜 미디어를 멀리하게 하려는 것이 아니라 소셜 미디어가 기본적으로 어둡거나 부정적일 수 있다는 사실을 이해시키기 위해서이다. 또 IRA가 국제적으로 긍정적인 평판을 구축하려고 노력하는 조직이 아니라는 이유도 있었다. IRA는 고객의 마음을 사로잡으려 하지도 않고, 좋은 느낌을 불러일으키려고 하지도 않는다. 정반대 사례는 유용하다. 무엇보다 IRA는, 다른 나라에서 부정적인 평가를 얻는 것에 특별히 염려하지 않는 듯 보이는 조직의 대표적인 예이기 때문이다.

만약 기업, 조직, 개인이 소셜 미디어에서 다른 집단, 커뮤니티, 개인과 긍정적인 상호작용을 하고 좋은 평판을 구축하고 싶다면, 그러한 목적을 달성하기 위해 어둡거나 파괴적인 방법을 써서는 안 된다. 이 부분의 교훈은 결국 진실은 드러난다는 것이다. 이런 종류의 비윤리적 활동은 민주주의 국가의 어느 기업에도 엄청난 손해로 돌아올 것이다.

소셜 미디어를 사용하는 기업은 자신의 활동이 강력하고 윤리적인 가이드라인에 부합하는지 항상 확인해야 한다.

윤리적 가이드라인: 어둠의 기술 방지하기

당신이 어둠의 기술을 사용하고 있는 것은 아닌지 확인하려면, 다음에 제시된 소셜 미디어 활동을 위한 윤리적 가이드라인을 참고하라. 이 가이드라인은 내셔널 소셜 마케팅 센터National Social

Marketing Centre가 발간한 가이드라인을 수정한 것이다.

▌특정 집단에 대한 차별 대우 하지 않기

특정 집단을 고의로 배제해서는 안 된다. 또 이들 집단에 해가 되는 고정 관념이나 편견을 이용해서도 안 된다.

▌잠재적 위험 최소화하기

사람들의 신념에 영향을 미치거나 사람들이 행동에 나서도록 만들 생각이라면, 신중해야 한다. 이와 관련하여 소셜 미디어에서 흔하게 시도되는 것으로는 위협과 폭력 조장을 들 수 있다. 이런 종류의 활동은 비윤리적일 뿐 아니라 종종 불법적이기도 하다.

▌사전고지와 자발적 동의

당신이 어떤 활동을 하고 있는지, 회사가 수집하는 모든 데이터가 어떻게 사용될 것인지, 사용자 상호작용의 결과가 무엇인지를 확실하고 투명하게 하라. 유럽연합에서 시행하고 있는 일반 개인 정보 보호법 General Data Protection Regulations, GDPR에 반드시 지켜야 하는 책임 사항이 명기되어 있으니 참고하라.

▌사생활 존중과 비밀유지

이 항목은 사전고지, 자발적 동의와 밀접한 관계가 있다. 조직의 소셜 미디어에 참여하는 사람들은 조직이 어떤 데이터를 공유하고 있는지 그리고 그 데이터를 어떻게 사용할 것인지를 명확히 고지받아야 한다. 조직이 소셜 미디어에서 불만 처리나 고객 의견의 활용과 같은 활동에 참여하는 경우, 사생활 존중과 비밀유지는 반드시 보장되어야 한다.

▌정직하기와 기만하지 않기

사업의 일환으로 소셜 미디어를 사용하는 조직이라면 자신이 어떤 활동을 하고 그 일을 왜 하는지에 대해 솔직하고 정직해야 하며, 소셜 미디어를 이용해서 거짓말을 하거나 거짓 정보를 흘려서는 안 된다. 잘못이 발생하는 경우 그것을 밝히거나 바로잡을 수 있는 장치를 갖춰야 한다.

▌이익갈등 피하기(혹은 분명히 하기)

이 항목은 특히 마케팅 콘텐츠와 관계가 있다. 인플루언서의 계정 안에는 일반적인 콘텐츠와 제3자가 금액을 지불한 콘텐츠가 섞여 있다. 이해관계를 분명히 하는 문제는 단순하다. 콘텐츠와 관련된 제3자 모두에 대해 분명하고 정직하면 된다.

이 가이드라인은 유용한 틀의 역할을 할 수 있다. 하지만 소셜 미디어 전략을 갖춘 기업이라면 자신만의 소셜 미디어 사용 정책을 개발해야 한다. 비즈니스 활동이 다르면 요구되는 사항도 다를 수 있다. 대부분의 직업 협회는, 각 직업에서 반드시 지켜야 할 사항들에 대해 조언을 아끼지 않을 것이다.

내셔널 소셜 마케팅 센터는 유용한 틀을 제시할 뿐 아니라 저마다의 윤리적 가이드라인을 개발하는 데 참고할 수 있는 상세한 안내서도 함께 제공한다.

SNS, 이렇게 생각하라!

소셜 미디어는 좋게 쓰일 수도 있고 나쁘게 쓰일 수도 있다. 또 소셜 미디어에는 좋은 행위자도 넘쳐나고 나쁜 행위자도 넘쳐난다. 특정 기술을 나쁜 의도를 가지고 사용하는 사람은 앞으로도 계속 존재할 것이다. 그렇다고 해서 그 기술 자체가 나쁘다고 말하는 것은 아니다. 소셜 미디어를 사용하는 기업, 조직, 인플루언서는 윤리적 기준을 준수해야 한다. 법률이나 규정, 직업 가이드라인에서 시작하는 것이 유용할 것이다.

하지만 기술의 적응 속도와 변화 속도는 그 어떤 규제 장치나 직업 기준도 따라잡을 수 없을 정도로 빠르다는 점을 지적해야 할 것 같다. 따라서 윤리적 권고 사항을 지속적으로 갱신하는 것이 무엇보다 중요하다. 소셜 미디어 사용자는 자신의 소셜 미디어 가이드라인이 기업의 비전, 전략, 기업 고유의 윤리적 가치를 반영하는지 확인해야 한다.

#8
여덟 번째 생각

정보를 지나치게 공유하는 것은 좋지 않다

소셜 미디어 플랫폼의 짧고 한정된 형식은 기술을 연마하고 메시지를 명확하게 하는 데 실제로 도움이 될 수 있다. 또 제한적인 형식 탓에 콘텐츠를 간결하고 함축적으로 구성할 수밖에 없다.

오해와 진실

소셜 미디어 게시 글 작성을 위한 가이드라인을 찾으면 온갖 제안과 추천을 발견할 것이다. 예컨대 얼마나 많이, 얼마나 자주, 하루에 몇 번 공유해야 하는지 혹은 어떤 종류의 이미지, 비디오, 인포그래픽infographic, 매체를 사용하는 것이 메시지를 전달하는 데 유용한지와 같은 다양한 정보를 얻을 수 있다. 이 제안들은 매우 유용할 수 있지만, 절대적인 규칙이 아니라 가이드라인일 뿐이라는 점을 기억해야 한다.

일반적으로 소셜 미디어 사용은 월요일부터 금요일까지 정규 근무 시간대에 가장 활발하다. 금요일부터 토요일 저녁 사이에는 대부분 활동량이 줄어들며, 한밤중(대략 오후 10시에서 오전 4시)의 온라인 접속자는 최소가 된다. 하지만 밤의 유흥생활과 관련된 제품을 판촉하려는 기업이 있다면, 금요일과 토요일 밤이 활동하기에 더 적절할 것이다. 숙취 제품을 판매하는 경우라면, 토요일과 일요일 아침이 상품을 광고하기에 가장 좋은 시간대일 것이다. 또한, 온라인 카지노를 광고하려 한다면 고객이 한창 활동하는 시간인 오후 10시부터 오전 4시까지가 아마도 최적의 시간대일 것이다.

콘텐츠를 지나치게 많이 공유하거나 공급하는 사용자는 이상적이지 않다. 그러나 활동이 없는 사용자도 좋지 않기는 마찬가지다. 어떤 회사가 10년 전에 소셜 미디어 프로필을 등록하고 그 즈음에 수십 개의 게시물을 올렸지만 지난 몇 년간 아무런 활동도 하지 않고 있다면 곤란할 것이다. 소셜 미디어를 완전히 방치하거나 무시하느니 차라리 소셜 미디어 프로필을 만들지 않는 것이 더 낫다.

지나치게 많이 공유하는 문제를 살펴보도록 하자. 과잉공유 Oversharing란 지나치게 빈번히 게시하거나, 인터넷의 낯선 사람들이 듣고 싶어 하는 것보다 훨씬 많은 정보를 상세하게 공유하는 것을 말한다. 과잉공유는 읽는 이에게 사소한 불편 정도로 끝날 수도 있다. 하지만 간혹 어떤 이는 디지털 재앙 수준으로 공유를 하기도 한다. 이들은 불필요하거나 이해할 수 없는 정보를 지나치게 많이 게시해서 정작 필요한 정보를 찾을 수 없게 만든다.

개인 정보 과잉 공유

채용 매니저의 시선으로 보면 과잉공유자는 매우 유용한 사람이다. 만약 누군가가 자신의 습관이나 삶에 대한 온갖 상세 정보와 타인과의 소셜 상호작용 이력을 모두가 볼 수 있는 온라인에 올린다면, 그러한 정보는 채용 결정을 내려야 하는 사람에게는 굴러들어온 쉬운 먹잇감과 같을 것이다.

어떤 사람이 오랫동안 공공연하게 싸움을 벌이고, 논쟁을 일으키고 부추기며, 친구와 낯선 이들에게 지속적으로 공격적인 태도(또는 수동적 공격 성향)를 보여 온 이력이 있다면, 그 사람은 미래의 직장에서도 똑같이 행동하리라고 예측해도 무방할 것이다. 소셜 미디어에서 판단과 충동 조절에 심각한 문제를 보이는 사람이 있다면, 채용 담당자의 입장에는 그의 행동이 회사에 적합하지 않다고 결론을 내리는 것이 타당할 것이다.

우리는 22장과 23장에서 어떤 종류의 정보가 남 좋은 일을 시키게 되는지 살펴볼 것이다. 경험상, 자신의 정보를 공개한다는 것은 다른 사람이 그 정보를 볼 수 있다는 말이다. 고용주가 이 정보에 접근할 수 있도록 허용하고 이를 근거로 고용주가 고용 결정을 내릴 수 있는지는 국가, 지역별 고용 및 데이터 보호 법규 혹은 업무의 성격에 따라 달라질 수 있는 문제이다.

소셜 미디어는 양날의 검이 될 수 있다. 해리스 여론 조사Harris Poll에 따르면, 인사담당자의 54퍼센트가 입사 지원자의 소셜 미디어 프로필에서 파악한 정보를 근거로 채용을 거부한 적이 있다고 응답했다. 하지만 너무 빈약한 정보도 넘치는 정보만큼이나 나쁠 수 있다. 절반 이상(57퍼센트)이 온라인에서 정보를 발견할 수 없는 지원자와 채용 인터뷰를 진행할 가능성은 낮다고 응답했으며, 44퍼센트는 소셜 미디어에서 발견한 정보 덕에 채용을 결정했다고 말했기 때문이다.

    개인이 자신의 개인 정보를 공유한 경우라면, 그 결과는 자신이 책임져야 한다. 그러나 회사나 고객의 정보를 과잉 공유한 경우라면 어떻게 되는가? 이러한 행동은 모두를 위험에 빠뜨릴 수도 있다.

입이 가벼우면 화를 부른다

    직원들은 개인 정보나 회사의 기밀 정보를 소셜 미디어에 얼마나 자주 공유하는가? 답은, 언제나 항상 공유하는 중이라는 것이다. 하지만 이런 식의 정보 공유는 사무실에서 험담하거나 술집에서 가벼운 말장난을 하는 것보다 훨씬 더 나쁘다. 일단 소셜 미디어에 게시되는 순간 삭제는 매우 어렵거나 불가능하기 때문이다. 2013년, 어이없으면서도 교훈적인 일이 발생했다. 당시에 판매량 감소로 고군분투 중이었던 영국 음반 판매사 에이치엠브이HMV는 대량 해고를 검토하고 있었다. 불만을 품은 직원 하나가 해고 전 과정을 트위터로 생중계했고, 트위터와 스크린 숏 덕분에 이 소셜 미디어 사건은 오늘까지도 여전히 온라인상을 떠돌고 있다.

트윗은 오전 9시경에 시작되었다. 해고 과정을 회사 내부에서 선정적이고 상세하게 묘사하는 트윗이 생중계되었다. "지금 인사과에서 트윗 하는 중. 인사과가 우리 모두를 해고하는 중임!! 엄청남!!" 연이어 "보통 때라면 이런 엄청난 일은 감히 생각도 못했을 텐데 말이야. 하지만 사랑하는 회사가 파산하는 중이니…"

해고당한 사람들이 얼마나 화가 났는지를 자세하게 묘사하는 매우 편파적이고 매우 노골적인 트윗이 줄을 이었다. 또 해고의 과정뿐 아니라 관련자에 대해서도 상세한 설명이 이어졌다. "우리 마케팅 팀장(여러분, 그는 안 잘려요)이 지금 하는 말을 우연히 들었는데, '내가 어떻게 트위터를 멈추게 하겠습니까?'라고 하더라고."

트윗이 올라왔다 사라지기를 종일 반복했다. 회사에 남게 될 직원과 해고당하게 될 직원 사이에 회사 트위터 계정을 장악하려는 설전이 벌어지며 다양한 말들이 쏟아졌다. 게시물 대부분은 트위터에서 삭제되었다. 그러나 다음과 같은 마지막 트윗과 함께 그날의 사건 기록은 앞으로도 계속 인터넷에 남아있을 것이다. "오늘 많은 사람이 직장을 잃었지만, 우리 매장은 무사합니다. 아직 영업합니다. 계속 관심 가져주셔서 고맙습니다. #hmv를 지키자." HMV는 살아남았다. 하지만 이미 고통 속에 몸부림치고 있는 기업을 위한 홍보로는 매우 부적절했다.

실수하기는 쉽다. 때로는 영리하고 호의적인 사람도 소셜 미디어에서 실수를 범한다. 2014년에 트위터의 재무 담당 이사는 회사 매입과 관련된 매우 민감한 세부사항을 우연히 개인 메시지가 아닌 공개 메시지로 내보내는 실수를 저질렀다. "난 아직도 우리가 그 회사들을 매입하는 게 옳다고 봅니다. 일정상으로 12월 15일이나 16일에 그와 만나면 될 것 같으니, 그때 그에게 되파는 게 좋겠습니다."

이런 종류의 실수는 어렵지 않게 일어나지만, 엄청난 결과를 초래할 수 있다.

따라서 직장에 소셜 미디어 사용을 위한 현명한 정책과 명확하고 실용적인 가이드라인을 확립하는 것이 중요하다. 유럽연합에서 시행 중인 일반 개인 정보 보호법GDPR은 개별 직장 내 가이드라인의 확립을 더욱더 중요할 일로 만들고 있다. GDPR로 데이터의 기록, 접근, 안전한 저장에 대한 기업 책임이 강화되고 있기 때문이다. 이 부분에 대해서는 24장에서 보다 상세하게 다룰 것이다.

일반 개인 정보 보호법 General Data Protection Regulation, GDPR

유럽의 모든 기업은 데이터를 처리하거나 다룰 때 특정 규제사항을 반드시 준수해야 한다. 즉 매우 엄격한 법안이 존재하기 때문에, 기업이나 직원이 누군가의 개인 정보를 소셜 미디어에 공유한다면 개인 정보 보호법에 저촉될 수도 있다. GDPR 중에서 몇 가지만 짧게 정리하면 다음과 같다.

- 기업이 개인과 관련하여 보유하고 있는 모든 데이터(고객과 직원을 포함하여)를 '개인 정보'로 간주한다.
- 기업은 개인 정보에 영향을 주는 일체의 위반이나 문제에 책임을 져야 한다. 여기에는 데이터 유실뿐 아니라 훼손, 해킹, 도용 등이 포함된다 (동의 없이 소셜 미디어에 공유하는 것을 포함함).
- 일반적으로, 반드시 정보 수집에 대한 동의를 받아야 하고 정보가 어떻게 활용될 것인지에 대해 알려야 한다.
- 개인은 기업이 보유하고 있는 자신의 정보에 언제든 접근할 수 있어야 한다. 여기에는 어떤 종류의 정보(혹은 정확히 어떤 정보)가 어디에 활용되었는지 누구에게 공유되었는지에 관한 사항도 포함된다. 누군가의 개인 정보를 소셜 미디어에 공유하거나 게시하면 매우 난처해질 뿐 아니라 법률 위반이 된다.
- GDPR을 위반하는 경우, 기업은 최고 1000만 유로(한화로 약 135억 5,120만 원) 혹은 기업 전체 매출의 2퍼센트에 달하는 벌금에 처해질 수 있다(어느 쪽이든 벌금 액수가 큰 쪽에 따른다).
- GDPR 시행 첫해에, 유럽 전역에서 2만 건의 불만이 접수되고 5600만 유로(한화로 약 758억 8,672만 원)의 벌금이 부과되었다(이 벌금의 90퍼센트 이상이 구글 계정들에 부과되었다).

브랜드 과잉 공유

　기업 역시 소셜 미디어에 지나치게 많은 정보를 공유할 수 있다. 소셜 미디어에서 활발하게 활동하며 고객과 직접 소통하고 높은 호응도를 보인다는 것은 칭찬할 만한 일이다. 그러나 사람들에게 끊임없이 콘텐츠를 흘려보내서 정보에 허우적대게 하고 얼을 빼놓아서는 안 된다. 물론 이 주의사항이 소셜 미디어에만 국한되는 것은 아니다. 이전에도 소비자들에게 하찮으면서 지나치게 감성적인 콘텐츠를 끝도 없이 퍼부어온 회사들은 존재했기 때문이다.

　기업이 먼저 소셜 미디어의 상식적이고 교양 있는 소비자이자 사용자가 되어야 한다. 또 온라인에서 과거에 범한 실수를 반복하지 않는 것이 중요하다. 만약 사람들에게 값싼 콘텐츠를 무제한으로 공급하기를 원한다면, 소셜 미디어가 확실히 제격이다. 하지만 그러한 방법으로는 브랜드에 대한 사람들의 관심을 끌거나 감탄을 자아낼 수 없다.

　소셜 미디어 플랫폼의 짧고 한정된 형식은 기술을 연마하고 메시지를 명확하게 하는 데 실제로 도움이 될 수 있다. 또 제한적인 형식 탓에 콘텐츠를 간결하고 함축적으로 구성할 수밖에 없다. 연속적인 트윗 14개를 하나로 연결해야 겨우 메시지 하나를 전달할 수 있다면, 메시지를 상당히 많이 다듬어야 할 것이다(아니면, 플랫폼을 바꿔야 할 것이다).

▪ 소셜 미디어 관리자가 저지르는 실수

우선은, 소셜 미디어 관리자가 지나치게 빠르고 부주의하게 게시물을 올릴 때 발생할 수 있는 문제 몇 가지를 짧게 살펴보자. 그런 다음 얼마나 많이 공유해야 지나치게 많이 공유하는 것인지를 이야기해 보도록 하겠다.

- 잘못된 계정에 공유하기

  많은 사람이 개인 계정을 비롯하여 회사 계정, 다른 조직이나 프로젝트 계정 등 여러 개의 소셜 미디어 계정(이따금 완전히 다른 목적을 가진)을 가지고 있다. 예를 들어, 회사의 소셜 미디어 관리자는 자신의 기술을 자선 단체의 프로필 관리에 재능 기부하고 있을 수도 있다. 어쩌면 그는 자신의 개인적인 페이지 말고도 자신이 키우는 애완동물 페이지, 프로젝트 페이지, 정치적 견해를 모아둔 페이지를 관리하고 있을지도 모른다. 간혹 너무 빠르게 포스팅하다 보면 다른 곳에 올릴 내용을 엉뚱한 계정에 올리는 일도 있을 것이다. 빈번하게 일어나는 실수지만, 사소한 것부터 심각한 것까지 다양한 결과를 초래할 수 있다.

- **개인적인 다이렉트 메시지와 공개 게시물 혼동하기**

  이것 역시 늘 일어나는 실수다. 앞에서 예로 들었듯이, 트위터의 재무 담당 이사는 회사 매입 건을 다이렉트 메시지가 아니라 공개 게시판에 올리는 실수를 범했다. 매우 쉽게 범하는 실수다. 따라서 회사의 소셜 미디어 계정과 다른 계정들이 섞이지 않도록 확실하게 분리되어 있는지 확인할 필요가 있다.

- **검색어 공유하기**

  소셜 미디어에 검색 중인 단어를 포스팅한 경험이 있는가? 검색창에 검색어를 넣고 엔터키를 치는 대신에 질문을 공개적으로 게시하는 바람에 모두가 보게 되는 상황이 벌어지기도 한다. 영국에서는 #edballsday라는 검색어가 4월 28일 트위터에 잘못 올라와 모두를 실소하게 만든 이래로, 매년 4월 28일을 에드 볼스 데이 Ed Balls Day로 정해 이러한 실수를 기념하는 재미난 축제를 벌인다.

- **위치 공유하기**

  대부분의 소셜 미디어 플랫폼은 위치 기반 기능이 있어 당신이 있는 장소를 당신 뒤에 태그 할 수 있다. 많은 경우에 이 장소는 위치 기능을 끄지 않는 이상 자동으로 공유된다. 보통은 무해하고 흥미로운 기능이지만, 누군가의 위치가 대단히 많은 정보를 줄 수 있는 때도 있다. 트위터 재무 담당 이사의 우발적인 트윗이 매입 가능성에 대한 정보를 누설했듯이 누군가의 위치도 그와 비슷한 정보를 암시할 수 있다.

18장에서는 회사 술자리에서 지나치게 기분이 좋아진 나머지 그 기분 그대로 소셜 미디어에 세상에 대한 자기 생각을 공유하게 되면 생길 수 있는 위험에 대해 살펴볼 것이다. 취하면 판단을 그르치게 되고, 취하지 않았다면 결코 하지 않을 말도 하게 되는 법이다. 안전 운전을 할 수 없는 정신 상태라면, 지금 꼭 소셜 미디어 계정을 가동해야 하는지 신중하게 생각해 볼 필요가 있다.

과잉공유가 항상 의도한 상태에서만 일어나는 것은 아니다. 소셜 미디어 회사는 늘 많은 양의 데이터를 수집하고 공유할 준비가 되어있다. 그리고 때로는 그러한 데이터가 회사나 소셜 미디어 관리자가 공개하고 싶지 않은 정보를 누설할 수도 있다.

SNS, 이렇게 생각하라!

소셜 미디어는 기업 메시지를 홍보할 수 있는 훌륭한 장소다. 또 콘텐츠와 정보를 공유하고 당신의 제품이나 서비스에 관심을 보이는 사람들과 대화를 나눌 수 있는 수많은 기회와 방법을 제공한다. 너무 열중하다 보면 너무 많이, 너무 자주 공유하고 싶은 유혹에 빠질 수 있다.

  사이버 공간에 어떤 것이든 올릴 수 있다고 해서 실제로 그렇게 한다면 현명한 행동이라고 할 수 없을 것이다. 기업이 소셜 미디어에 기업 메시지를 올리려 한다면 모든 관련 콘텐츠가 확실하고 일관성이 있어야 한다는 점을 기억해야 한다.

#9
아홉 번째 생각

기업 내부에서만 SNS를 관리할 수 있는 것은 아니다

전문가를 필요할 때만 생산에 참여시키는 협업 노동, 이것이야말로 미래학자와 이론가들이 '미래의 노동'이라고 부르는 방식이다.

오해와 진실

　소셜 미디어가 주류가 되면서 기업은 계정과 프로필을 만드는 일뿐 아니라 소셜 미디어 활동을 관리하는 데 필요한 인적 자본에도 투자해 왔다. 이제 기업은 콘텐츠, 독창적인 캠페인 개발, 소셜 리스닝, 소셜 데이터 분석과 이해, 일상적인 커뮤니티 관리 등 소셜 미디어 활동 대부분을 점차 내부 인력으로 해결하고 있다.

　기업 유형과 구조에 따라 소셜 미디어 활동은 소셜 미디어 전담팀 소관이 되기도 하고 마케팅 부서와 같은 보다 큰 사업 단위에서 총괄하기도 한다.

　소셜 채널 활동이 기업에 더욱 중요해짐에 따라(시장 조사, 고객 서비스, 브랜드 평판, 브랜드 인지, 고객 구매 행동을 지원한다) 소셜 채널을 효과적으로 활용할 수 있는 전문 인력을 구하는 문제도 중요해지고 있다. 아마도 이제는 과거에 그랬듯 소셜 미디어 계정 관리를 의욕 넘치는 적극적인 인턴에게 떠넘길 수는 없게 된 것 같다.

　비교적 짧은 기간에 소셜 미디어 관리는 전문가의 영역이 되었다. 몇 년 전만 해도 '소셜 미디어 전략가'라든지 '소셜 미디어 관리자'와 같은 직업은 존재하지도 않았다. 하지만 이제는 경영대학과 마케팅 기관에서 소셜 미디어 관련 전문 자격증을 발급한다.

이러한 상황 변화로 많은 기업, 마케팅 총괄 책임자, 부서장들은 소셜 미디어를 가장 잘 관리할 수 있는 방법이 무엇인지, 즉 회사 내부에서 관리하는 것이 좋은지 아니면 전문 대행사에 외주를 주는 것이 좋은지를 고민하고 있다.

이 장에서 우리는 이 두 가지 선택지의 장·단점을 정리하고, 기업이 소셜 미디어 관리 방법을 선택할 때 반드시 고려해야 할 사항들을 살펴볼 것이다.

기업 내부에서 관리할 것인가 외부에 맡길 것인가?

소셜 미디어 활동이 그저 '게시물 내용을 채우고' 게시 일정을 관리하는 데서 끝나는 것은 아니다. 소셜 미디어는 전략적 사고, 브랜드 메시지, 독창적인 광고 캠페인 등 기업의 모든 업무를 지원하는 필수 조력자다. 이런 관점에서 본다면, 소셜 미디어에서 이루어지는 모든 상호작용과 모든 트윗, 응답, 이미지, 동영상, 광고는 브랜드와 고객이 만나는 접점이다. 소셜 채널이 가진 특성 덕분에, 소셜 미디어로 다음과 같은 활동을 수행할 수 있다.

- 브랜드 메시지 공유하기

- 제품이나 서비스 판촉하기
- 고객의 질문, 평가, 댓글에 응답하기
- 대화를 추적하고 브랜드 평판, 감성, 멘션mention, @ 관리하기
- 동종 업계의 다른 행위자(주요 협력 업체, 경쟁 기업, 고객, 인플루언서 등) 활동 모니터하기
- 소셜 광고 캠페인과 소비자 참여, 대화 관리하기
- 사업 개발 채널과 네트워킹을 이용한 소셜 판매 진행하기
- 직원 모집과 기업 브랜드 메시지 홍보하기

소셜 미디어 활동을 관리할 수 있는 가장 좋은 방법이 무엇인지를 결정하려면, 우선은 어떤 활동을 관리하고 싶은지를 고려해야 한다. 위 목록에서 볼 수 있듯이(이것이 소셜 미디어 활동의 전부는 아니다), 소셜 미디어로 여러 다양한 프로젝트를 진행할 수 있다. 이 프로젝트 중에는 일의 성격에 따라 사내에서 관리될 수 있는 것도 있고 외부에 위탁 관리될 수 있는 것도 있다. 이를테면 일상적인 브랜드 판촉과 커뮤니티 관리는 내부에서 하지만, 유료 소셜 광고 캠페인은 외부 대행사에 위탁할 수도 있다.

기업이 달성하려는 목표가 무엇인지, 시작하려는 활동이 장기적인지 아니면 단기적인지를 확실히 한다면 결정에 도움이 될 것이다. 외주로 전환할 건지 아닌지, 전환한다면 어떤 일을 전환할 것인지를 판단하기 위해서는 다음 사항을 고려할 필요가 있다.

- 소셜 미디어 관리에 얼마나 많은 시간을 할애해야 하는가?
- 기업 내부에 전문성을 갖춘 인력이 있는가?
- 특별히 외부 대행사를 통해 달성하고 싶은 목표가 있는가? 예를 들어 독창적인 콘텐츠 전략을 개발하거나, 소셜 미디어 전략과 계획을 수립하고 싶다든지 아니면 데이터와 관련하여 기록하고 분석하는 일을 하고 싶은가? 또한, 이에 관한 명확한 외주 업무 지침서가 있는가?
- 필요한 것이 한 분야에 특화된 전문가specialist인가 아니면 여러 분야를 통섭하는 전문가generalist인가? 예컨대 하려는 일이 소셜 미디어 유료 광고인가 아니면 데이터와 소셜 미디어 평판 분석인가?
- 예산 규모가 얼마인가? 현행 소셜 미디어 전담팀을 훈련하거나 인원을 충원하는 데 예산을 운용할 여지가 있는가?
- 필요한 기술을 소셜 미디어 전담팀 내에서 개발할 의사가 있는가?
- 계획하고 있는 일을 얼마나 빨리 시작해야 하는가? 예상되는 소요 기간은 얼마인가?
- 소셜 미디어 활동 관리를 내부에서 할지 아니면 외주로 전환할지와 관련하여 장단점을 충분히 고민해 보았는가?

시간은 기업이 소셜 미디어 관리를 외주에 의존하는 가장 큰 이유 중 하나다. 기업이 고객과 소셜 미디어로 소통하려면 하루 24시간, 일주일 내내 노력을 기울여야 한다. 고객 눈앞에 브랜드를 선보이겠다는 것은 지속적으로 콘텐츠와 메시지를 흘려보내며 고객에게 끊임없이 반응하겠다는 말과 같다. 고객은 언제든 자신이 편한 시간에 참여한다. 하지만 앞 장에 언급한 바와 같이, 기업은 언제나 고객의 참여에 신속하게 반응해주기를 바란다.

☞ 기업 기풍과 분위기

CEO나 리더가 신뢰를 구축하겠다고 기업 고유의 기풍을 외주화할 수 없듯이(12장을 보라), 기업 정신과 기풍은 브랜드와 조직 수준에서 반드시 주의를 기울여야 할 문제다.

소셜 미디어를 관리하기 위해 기업 내부 팀을 훈련하든지 외부 대행사나 프리랜서에게 의뢰하든지 간에, 반드시 잊지 말아야 할 사항은 기업 기풍과 스타일을 철저하게 숙지시켜야 한다는 것이다. 신입사원이 회사에 첫발을 내디딜 때와 마찬가지로, 외부 대행사는 기업의 브랜드 지침이나 할 수 있는 말과 하면 안 되는 말, 해야 할 일과 해서는 안 되는 일, 기업이 사용하는 논조를 익혀야 한다. 모든 인지 과정이 그렇듯, 여기에는 시간이 걸리며 멘토링을 통해 필요한 사항이 제대로 전달되고 인지되었는지를 확인해야 한다.

일단 소셜 미디어 관리 방법이 결정되면, 소셜 플랫폼에서 오가는 말에 귀 기울여야 한다. 학습과 신뢰는 한꺼번에 이루어지지 않는다. 커뮤니티 관리자 탓을 하는 것으로는 한계가 있다.

미국 패스트푸드 체인 웬디스Wendy's의 경험이 좋은 예다. 2016년에 웬디스는 개구리 페페Pepe the Frog 사진을 트위터에 게시했다. 문제는 개구리 페페가 백인 우월주의를 상징하는 소셜 밈으로 사용되어 오고 있었다는 것이다. 웬디스는 옳은 소리도 잘하고 트위터도 재치 있게 사용하는 것으로 유명하다. 하지만 이 트윗으로 엄청난 반발을 불러일으켰다. 웬디스는 사과했고, 커뮤니티 관리자가 '해당 소셜 밈의 함축된 의미를 이해하지 못해' 벌어진 일이었다고 말하며 트윗을 삭제했다.

⤴ 의미 점검과 승인

웬디스 사례가 주는 또 다른 교훈은 소셜 미디어에 게시하기 전에 신속한 의미 점검을 시행하거나, 아니면 보다 공식적인 확인과 승인 절차를 밟을 필요가 있다는 것이다.

훗스위트, 버퍼, 스프라우트 소셜, 코스케줄CoSchedule 같은 기업용 소셜 미디어 대시보드 툴(2장에서 언급한)을 이용하면 대행사나 기업 내 전담팀이 게시하려는 메시지를 관리 승인자와 쉽게 공유할 수 있다. 그러면 승인자가 용어 및 브랜드 메시지와 관련해 사전에 검토하고 편집하여 제안할 기회를 얻을 수 있다.

시간이 지나서 메시지 관리자가 기업의 논조나 허용되는 것과 허용되지 않는 것에 익숙해지면, 처음의 승인과정에 좀 더 여유가 생기면서 주기적인 의미 점검 정도만 시행해도 괜찮을 것이다. 즉, 이것은 커뮤니티 관리자(내부 팀이든 대행사든)가 스카이프나 왓츠앱으로 신속하게 메시지를 전송해서 게시 전에 어조 점검을 받는 형식을 취한다. 웬디스에 이러한 절차만 있었어도, 페페가 세상에 대대적으로 풀리는 일은 없었을 것이다.

물론 재앙이 일어나도 언제든 '삭제' 버튼을 누르면 된다. 그러나 재차 말하지만, 삭제가 효과를 발휘하기 위해서는 커뮤니케이션 라인과 대응 체계가 신속하게 작동해야 한다.

⮕ 협업 관리

외부 전문지식이 특정 활동에만 필요할 수도 있다. 이를테면 현재의 소셜 미디어 활동 상황을 점검하고, 더욱 포괄적인 소셜 미디어 전략을 개발하거나 내부 역량으로는 수행할 수 없는 캠페인을 진행하기 위해 도움이 필요할 수 있다.

협업을 통해 내부 팀원들을 훈련하여 역량을 갖추게 할 수도 있고, 특정 캠페인이나 프로젝트에 한시적으로 외부 대행사와 제휴할 수도 있다. 어떤 방식이든 협업 모델은 내부 팀원들에게 지식을 전달하는 데 매우 유용하다.

⇗ 장점과 단점

협업이든 내부 관리든 외주 관리든 간에, 관리 방법의 선택은 전적으로 기업의 규모와 구조, 예산, 원하는 결과에 달려 있다. 각 방법의 장점과 단점을 간략하게 정리해보자.

내부 관리의 장점

- 직원들은 브랜드 메시지, 가치, 해야 할 일과 하지 말아야 할 일을 명확히 알고 있다. 즉 직원들은 매일 브랜드와 호흡하며 함께 살아간다.
- 실시간으로 변경하고 반응할 수 있다.
- 기업 내부의 최신 뉴스와 개발 정보를 기반으로 새로운 콘텐츠를 개발할 수 있다.
- 직원들은 고객에 대해 잘 알고 있다. 또 고객에게 어떻게 반응해야 하는지도 이미 잘 인지하고 있다.

내부 관리의 단점

- 기존 직원들은 시간, 인력 혹은 전문성이 부족할 수 있다.
- 직원들은 시야가 좁기 때문에 새로운 사고를 하지 못하고 활동을 창조적인 시선에서 보지 못할 수 있다.
- 직원들은 내부 정치의 제약을 받을 수 있다.
- 소셜 미디어 관리 대시보드, 분석, 소셜 리스닝, 감성 분석용

도구 등 기업용 기술 프로그램에 추가로 투자해야 한다.

외주 관리의 장점

- 대행사는 다양한 캠페인, 계정, 산업에서 무엇이 효과가 있고 무엇이 효과가 없는지를 보다 광범위하게 파악하고 있다.
- 기업이 이용할 수 있는 전문가를 보유하고 있다. 그리고 소셜 미디어 산업의 최신 변화와 발전을 숙지하고 있다.
- 예산과 진행하려는 캠페인의 필요에 따라 서비스를 융통성 있게 구매할 수 있다.
- 대행사는 더욱 창조적이고 '틀에 갇히지 않은' 콘텐츠 아이디어를 찾아낼 수 있다.
- 효과적인 관리, 통찰, 기록에 필요한 툴과 대시보드를 이미 보유하고 있다.

외주 관리의 단점

- 외부 대행사나 프리랜서에게 브랜드 메시지, 가치, 해야 할 일과 하면 안 되는 일을 가르쳐야 한다.
- 대행사가 회사 내부 팀을 연장한 것처럼 되어야 효과를 발휘할 수 있다. 한배를 타기 위해서는 '서로 알아가는' 시간이 필요하다.
- 고객과 대행사를 왔다 갔다 우왕좌왕하느라 뭔가를 실시간

으로 변경하거나 응답할 수 없다(이 문제를 근절하려면 즉시 연락을 취할 수 있는 과정을 정립해야 한다).
- 기업 내 누군가는 협력사 연락 담당자의 연락을 해야 한다. 즉 대행사와 최신 스토리 뉴스, 콘텐츠, 최신 정보를 공유하고 활동을 주도할 사람이 필요하다.

SNS, 이렇게 생각하라!

회사 안에 소셜 미디어 전담팀이 있고 관리에 필요한 자원, 전문성, 시간이 확보되어 있다면, 소셜 미디어는 기업 내부에서 가장 잘 관리될 수 있다. 이 모든 것이 갖추어진 경우라면 기업의 '진정한 색깔'도 내부에서 관리될 때 훨씬 잘 표현될 것이다.

반면에 소셜 미디어 활동을 관리할 준비가 되어있지 않고 내부 팀을 만들 의사도 자원도 없을 수 있다. 그런 경우에는 외주든 내부와 외주 협업이든 대행사와 함께 작업하는 것이 효과적이고, 때로는 비용적인 면에서 가장 효율적인 해결책일 것이다.

우리는 협업 관리가 소셜 미디어 관리에 가장 적합한 방법이라고 생각한다. 소셜 기술을 사용하여 협업하게 되면 원활한 소통이 가능하고 기업의 주도성이 보장된다. 또 중요하게는, 명확하게 구분된 커뮤니케이션 라인이 개방됨으로써 반응 속도가 빨라지고 지속적인 학습이 가능해진다.

전문가를 필요할 때만 생산에 참여시키는 협업 노동, 이것이야말로 미래학자와 이론가들이 '미래의 노동'이라고 부르는 방식이다. 《기술 노동의 미래 Future of Work in Technology》에서 저자들은 변화의 힘이 노동의 중요한 세 가지 차원 즉 노동 자체, 누가 일하는가, 어디에서 노동이 수행되는가에 영향을 미치게 될 것을 예측한다.

우리는 6장과 12장에서 소셜 미디어가 어떻게 기업 내 부서 간 경계를 허물어 커뮤니케이션의 양을 늘리고 소통 속도를 빠르게 하는지를 살펴본다. 더 나아가 이 결과를 통해 소셜 기술의 사용으로 소셜 협업을 이루면 내부와 외주 패러다임의 경계가 파괴될 수 있음을 보여줄 것이다.

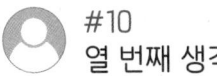

#10
열 번째 생각

SNS, 홍보용으로만 사용하는가

소셜 채널은 청중에게 접속해서 그들이 실제 세계에서 나누는 대화를 있는 그대로 들을 수 있는 기회를 제공한다. 우리는 소셜 채널을 통해 고객이 좋아하는 것과 싫어하는 것, 느낌, 고민, 꿈과 이상을 알 수 있다.

오해와 진실

많은 사람, 브랜드, 기업이 소셜 미디어를 그저 '홍보용'으로만 사용한다.

트위터, 링크드인 또는 페이스북에서 기업 계정들을 임의로 선정해서 살펴보면, 대체로 일방적인 판촉 광고 게시물이 홍수를 이루고 있음을 알게 될 것이다. 시종일관 그렇다! 반면에 교감이 이루어지는 경우는 없거나 아주 적다.

소셜 미디어로 청중과 소통하기는커녕 이 숱한 기업 계정들의 목적은 확실히 오직 광고뿐이다. 실제로, 광고에 초점을 맞추다 보면 진정으로 소통할 수 있는 기회를 점점 무시하게 된다. 때로는 댓글, 공유, 리트윗을 비롯한 여러 소통 신호들이 통째로 무시되기도 한다. 어디에도 모니터링 업무를 맡은 사람이나 응답을 준비하는 사람은 없다. '소셜'의 특징인 양방향 대화는 결코 이들의 소관 업무가 아니다.

우리는 이 근시안적 관행을 '광고 맹목broadcasting blindness'이라 부른다. 순전히 일방적인 태도 자체가 문제다. 푸시 커뮤니케이션이나 기관총 난사하듯 쏟아붓는 마케팅을 연속으로 구사하는 것은 눈가리개를 쓰고 스파게티를 벽에 던지면서 면이 벽에 달라붙기를 기대하는 것과 같다. 그럼에도 불구하고 소통에 개의치 않는 일방적인 관행이 지속되고 있다.

80 대 20

우리 몸에 비유해 보자. 우리는 눈 두 개, 귀 두 개, 입 한 개를 가지고 있다. 이 숫자를 광고에 적용해보면, 대략 80퍼센트의 듣기와 20퍼센트의 말하기가 이루어져야 하는 것과 같다. 즉 시간의 80퍼센트를 응답하고, 공들이고, 베풀고, 즐겁게 하고, 교육하는 데 쓰고 나머지 20퍼센트를 판촉과 직접적으로 관련된 일에 써야 한다.

하지만 현실은 이론대로 되지 않는다. 스프라우트 소셜의 2016년 연구에 따르면 브랜드들은 고객에게 답변 메시지 하나를 보내는 동안 23개의 판촉 메시지를 공유했다. 이 비율로 전체 소셜 미디어 활동을 추산해보면, 소셜 활동의 4퍼센트만이 고객 응대에 할애되고 96퍼센트는 판촉에 집중되어 있음을 알 수 있다. 실제로 이 수치와 80 대 20이라는 이론적 균형 비율 사이에는 엄청난 간극이 존재한다.

이러한 근시안적 관행이 생겨난 이유를 알기는 어렵지 않다. 일방적인 선전은 1930년대에 광고가 붐을 이루기 시작한 이후부터 계속되고 있다. 텔레비전 광고, 신문 광고, 업계지 광고, 잡지 사설, 게시판 광고, 광고용 우편물, 심지어 라디오를 이용한 판촉 방법은 모두 한결같이 메시지를 내보내는 데에 초점을 맞춘다. 여기에 청중이나 소비자의 요구가 들어갈 곳은 없다.

소셜 채널은 처음 등장했을 때 그저 시장에 새로운 광고 채널이 하나 더 추가된 것으로 보였다. 따라서 대부분 마케팅 부서에 의해 채택되었고 마케팅 채널의 하나로 관리되었으며 광고 캠페인 메시지를 광범위하게 확산시키는 데 이용되었다. 여전히 기업 중 상당수는 소셜 채널을 마케팅 수단으로 인식한다.

전통적인 판촉 광고가 오랫동안 단선적인 커뮤니케이션에 집중해 왔다면, 소셜 미디어는 그물망 엮듯 대화를 연결할 수 있다. 일 대 일, 일 대 다수, 다수 대 다수의 대화가 가능해지면서 동료, 동업자, 친구, 낯선 사람, 인플루언서, 이론가, 저자, 제품 개발자, 심지어 세계적인 지도자도 광범위하게 다양한 방식으로 대화할 수 있게 되었다. 이를테면, 소셜 미디어는 대화와 대화로 연결된 일종의 벌집을 만들어냈다.

광고를 넘어

　소셜 채널을 판촉 메시지 푸시에만 사용하는 것은 근시안적이며, 소셜 미디어가 제공하는 무수한 이점을 무시하는 것이다. 지난 십 년 동안 소셜 미디어 채널이 기업과 브랜드에게 일종의 포커스 그룹 focus group 같은 대규모 마케팅 집단을 제공해왔다는 사실을 부정할 수는 없을 것이다. 2013년 크림슨 헥사곤은 디지털 마케팅 전문가를 대상으로 조사를 실시했다. 조사에 따르면, 거의 3/4(72퍼센트)이 소셜 미디어를 통한 여론 모니터링이 전통적인 포커스 그룹 조사만큼(더 낫지는 않지만) 유용하다고 답했다. 멜트워터의 2017년 조사도 비슷한 결과를 제시했다. "페이스북을 활발하게 쓰고 있는 사용자 20억 명이 한 달 동안 자신의 의견을 주겠다고 대기하며 기다리는 게 아니라면, 포커스 그룹으로서의 가치는 떨어진다."

　소셜 네트워크는 15년이나 20년 전이라면 입을 떡 벌어지게 만들 정도로 광범위한 고객 통찰력을 제공해준다. 소셜 미디어에 참여하고 귀 기울인다면 기업은 엄청난 기회를 얻게 될 것이다. 하지만 판촉 메시지를 내보내는 일에 집착하는 한, 고객과의 소통 기회는 사라질 것이다.

　고객에게 귀 기울이는 양방향 대화방식을 개발한다면 다음의 영역들에서 더 나은 활동을 기대할 수 있을 것이다.

고객 서비스

기업과 브랜드가 소셜 미디어 채널을 통해 고객의 질문과 불만을 처리하는 모습은 어디서나 흔하게 볼 수 있다. 슈퍼마켓부터 대중교통 서비스, 경찰 서비스, 병원 서비스, 진료, 학교에 이르기까지 그리고 대기업부터 영세 사업장까지 그 범위도 다양하다. 많은 기업이 고객 서비스 전용계정을 사용해서 핵심적인 브랜드 계정과 섞이지 않도록 분리하는 경향이 있다. 즉 전용계정을 두어 고객 서비스 업무만을 처리하게 한다.

앞서 언급한 스프라우트 소셜의 보고서는 응답자의 1/3이 고객 서비스와 관련하여 기업과 연락을 취할 일이 있을 때 전화보다는 웹 사이트를 방문하거나 실시간 채팅 등 소셜 미디어를 선호한다고 말한다. 하지만 고객이 기업 웹 사이트에 남기는 메시지의 89퍼센트가 완전히 무시된다는 다소 당혹스러운 결과도 함께 지적한다!

기업은 자신의 고객에게 응대하기 위해 소셜 미디어 채널을 마련한다. 그러나 진심으로 집중하여 듣고 응대하는 경우는 거의 없는 것이 현실이다. 스콧 스트래튼Scott Stratten과 앨리슨 크레이머Alison Kramer는 《마케팅 시대의 종말UnMarketing》에서 이러한 상황을 다음과 같이 간결하게 표현한다. "그것은 귀마개를 하고 네트워킹 행사에 나타나는 것과 같다."

↗ 브랜드와 관계 구축

고객의 질문에 답하지 않는 것은 고객 서비스의 필요성을 무시하고 긍정적인 브랜드 가치 확립을 포기하는 것이다. 이뿐만 아니라 고객과의 관계를 만들고 강화할 기회를 놓치는 것이다. 하지만 이는 사업 성공의 기본 요건이다. 만약 브랜드나 기업에 의견을 제시하거나 질문을 했는데 아무런 반응이 없다면, 어떤 인상을 받겠는가?

타인과 소통할 수 있는 가장 좋은 방법은 무엇인가? 아마도 당신이 그의 말에 귀 기울이고 있으며 그의 관점, 문제, 고민, 통찰력을 중요하게 생각한다는 사실을 알게 해주는 것일 것이다. 우리는 모두 자신이 하는 말을 누군가가 들어주기를 바란다(그리고 이러한 기대는 점차 커지는 추세다). 이는 개인 간의 상호존중을 위해서도 필요하지만, 기업에도 꼭 필요한 일이다.

헬프스카우트Helpscout가 수집한 고객 서비스 통계는 긍정적이거나 부정적인 브랜드 경험이 어떤 영향을 미치는지 잘 보여준다. 부정적인 영향으로는,

- 소비자의 88퍼센트가 자신의 불만에 응답하지 않은 기업의 제품은 구매하지 않을 것 같다고 응답했다.

- 나쁜 경험 하나를 없애려면 12번의 좋은 경험이 필요하다.
- 좋지 않은 경험을 한 고객은 대략 9명에서 15명에게 이에 대한 입소문을 낸다.
- 소셜 미디어에서 브랜드로부터 무시당한 경험이 있는 고객의 30퍼센트는 경쟁사 제품으로 바꿀 가능성이 더 크다.

긍정적인 영향으로는,
- 어떤 기업에 대해 소셜 미디어 소통이 원활하다고 느끼는 고객은 다른 고객에 비해 그 기업의 제품을 40퍼센트 더 많이 구매한다.
- 소비자의 81퍼센트가 좋은 서비스를 경험하고 나면 다시 그 회사의 제품을 구매하게 될 것 같다고 응답했다.

이 통계만 보더라도(이 외에도 많은 통계가 있다), 소셜 모니터링을 통해 고객에게 충분히 호응하는 것이 기업에게 무엇보다 중요한 과제임을 알 수 있다.

소셜 리스닝은 금이다

아래와 같이 소셜 플랫폼을 통해 하루에도 수십억 개의 메시지가 공유되고 있다.

- 인스타그램 게시 글에 42억 개의 좋아요가 달린다.
- 5억 개의 트윗이 올라온다.
- 페이스북과 왓츠앱을 통해 600억 개의 메시지가 전송된다.
- 링크드인에 3만 개의 장문 게시 글이 올라온다.

공유되는 데이터와 실시간 대화의 양은 경이로울 정도로 어마어마하며, 엄청난 양의 통찰력과 감성을 제공한다. 연구팀, 대행사, 기업은 바로 이 데이터를 분석해서 기업에 유용한 정보를 끌어낸다.

정교한 수준에서든 기본적인 수준에서든 소셜 리스닝은 언제 어디서나 이뤄질 수 있다. 2장에서 살펴본 것처럼, 브랜드워치, 멜트워터, 훗스위트 같은 정교한 기업용 솔루션이나 기본 키워드 추적 툴(예를 들어, 구글 알리미 혹은 소셜 미디어 플랫폼에서 기본으로 제공하는 상세 검색 기능)을 사용하면 감성을 읽고 경쟁자를 분석하는 데 도움을 받을 수 있다.

소셜 리스닝을 통해 다음과 같은 매우 실용적인 통찰들을 얻을 수 있다.

▌고객 감성

당신의 고객은 브랜드에 대해 어떤 것을 느끼고 이야기하며, 언제 어디서 소셜 미디어를 이용하는가.

▌기업 메시지 전달

고객 감성에 귀 기울이면서 적절하게 반응하고 있는가, 메시지 전달을 통해 브랜드 정신을 잘 대변하고 있는가, 청중에게 리더십을 보여주고 있는가, 브랜드가 직면할 수 있는 잠재적인 위험을 완화하고 있는가, 또 청중이 공감하는 주제로 그들의 마음을 사로잡고 있는가.

▌경쟁자 관찰

경쟁사는 어떤 발언을 하고 청중에게 어떻게 반응하는가(청중을 얻을 기회를 포착하는 데 유용하다), 경쟁사의 매체 점유율은 우리와 비교하면 어느 정도인가. 이 책의 저자 중 한 명이 진행한 티모바일 유에스TMobile US의 CEO 존 레저John Legere와의 인터뷰에서, 그는 경쟁사를 주의 깊게 관찰하고 청중이 그들과 나누는 대화를 경청하는 일이 신제품 개발 및 혁신 추진에 어떠한 도움이 되는지를 설명했다.

▌브랜드 인지와 매체 점유율

시장 순위에 대한 일반적인 정보 획득.

▌브랜드 감성

일반 소비자들은 당신의 브랜드에 대해 어떻게 생각하는가.

▌제품 개발

사람들은 당신의 제품이나 서비스가 어떤지에 대해 이런저런 이야기를 하고 있을 수도 있다. 혁신과 개발을 위한 아이디어는 제품을 실제로 사용하는 사람들로부터 직접 하나씩 찾아낼 수 있다. 고객의 도움을 받아 사용자의 경험이 제품 개선에 반영되게 하라. 이미 사용해 보고 나서 제품에 관해 이야기하는 사람들보다 더 나은 통찰력 지닌 사람이 어디에 있겠는가?

▌인플루언서와의 관계

소셜 리스닝을 하다 보면 당신의 네트워크 안에서 영향력을 발휘하고 있는 사람들을 발견할 수 있다. 즉, 계속해서 당신의 제품을 공유하고 장점을 부각하는 사람, 그래서 당신의 브랜드와 브랜드 인지를 여러모로 확장하는 데 도움이 되는 사람이 있을 것이다. 그러한 인플루언서를 확인하고 감사를 전하고 관계를 발전시키라. 그러면 브랜드의 영향력과 범위를 확실하게 최적화할 수 있는 영리한 방법을 얻을 수 있을 것이다.

대부분의 소셜 미디어 리스닝이 브랜드 멘션에 초점을 맞추고 있다. 즉 사용자가 브랜드나 기업에 태그를 붙인 사례를 추적한다. 하지만 브랜드나 기업 이름의 철자를 잘못 썼거나 태그를 붙이지 않은 사례 또한 추적할 필요가 있다.

⚲ 기업 내부의 소셜 리스닝

기업형 소셜 네트워크 체계를 사용하든 아니면 자기 회사만의 독자적인 소셜 네트워크를 만들든 간에, 점점 더 많은 기업이 소셜 기술을 내부 커뮤니케이션 플랫폼으로 활용하고 있다(이 부분에 대해서는 13장에서 보다 면밀하게 살펴볼 것이다). 여기에도 같은 소셜 리스닝 원리가 적용된다.

소비자의 경우에서처럼 기업이 소셜 네트워크를 단순히 기업 커뮤니케이션 플랫폼으로만 생각하고 내부 청중에게 판촉 메시지를 단선적으로 선전하고 쏟아낸다면, 네트워크로 연결된 소셜 대화의 취지를 놓치게 된다. 또한, 공개 게시판에 아이디어를 공유하기를 꺼리며 의사 표현을 불편해하는 팀원들로 인해 제대로 된 커뮤니케이션을 시도할 수 없으며, 직원과 부서 간 협업을 이끌지 못하는 실패를 겪게 될 것이다.

기업은 직원의 이야기와 감성을 들을 수 있는 과정과 구조를 확립해야 한다. 또한, 적시에 건설적으로 반응하여 진정한 참여를 계속해서 고무하고 관계를 발전시켜 어느 일에서나 성공할 수 있도록 도와야 한다. 2018년에 스위스 제약 회사 노바르티스 Novartis가 발견한 바에 따르면, 소셜 미디어를 도입하여 직원의 참여와 간부와의 소통이 늘어나자 직원 만족도도 12퍼센트 증가했다고 한다.

스타벅스와 로레알의 사례를 조명한 연구도 있다. 스타벅스는 직원의 참여가 가장 높은 브랜드 가운데 하나로 유명한데, 직원 참여 수준이 올라가면서 주가도 올라간 사례로 주목받았다. 로레알은 사내 팀들을 내부 캠페인에 포함시켰고, 이후 직원 참여와 고객 호감도가 급상승했다고 말한다.

SNS, 이렇게 생각하라!

소셜 채널은 새로운 청중에게 다가가고, 브랜드를 구축하고, 메시지를 공유하는 데 매우 실용적이다. 하지만 소셜 채널이 네트워크라는 사실을 잊어서는 안 된다. 소셜 채널은 일방적인 광고 채널이 아니라, 대화를 연결하고 촉진하는 수단이다.

이에 리스닝의 중요성을 간과해서는 안 된다. 듣는 행위는 인간의 기본 기능이자 생존을 돕는 주된 감각이다. 그것은 똑같이 기업의 생존에도 관여한다. 귀 기울여 듣는 것은 당신이 광고하는 것을 알리는 데도 도움이 된다. 귀 기울여 들을수록 당신의 커뮤니케이션과 콘텐츠는 더 유용해지고 확고해지며, 더 많은 청중의 참여를 유도할 수 있다.

들어주고, 발언권을 주고, 특히 인정하고 반응한다면 당신의 청중은(기업 내부의 청중이든 외부의 청중이든) 당신이 자신들에게 충분히 마음을 쓰고 있다고 생각하게 될 것이다. 이러한 인정은 강력한 효과를 발휘한다. 반대로 누군가가 당신에게 이야기하는 데도 그를 무시한다면, 그는 결국 말하기를 포기하고 자신의 이야기에 관심을 보이는 다른 기업을 찾게 될 것이다.

소셜 미디어 기술 덕분에 우리는 고객과 소통하고, 청중을 확대하고, 보통의 경우라면 알 기회조차 얻지 못했을 사람들에게 손을 내밀 수 있다. 또 여러 관계를 구축하고 강화하며 지식과 통찰을 얻을 수 있다.

소셜 미디어에 오직 기업의 메시지를 홍보하는 기능만 있다는 생각은 사실과 다르다. 너무나 당연하게, 금이 있는 곳을 파는 것이 이상적인 행동일 것이다. 그리고 소셜 미디어에서 금은 리스닝에 있다. 소셜 채널은 청중에게 접속해서 그들이 실제 세계에서 나누는 대화를 있는 그대로 들을 수 있는 기회를 제공한다. 우리는 소셜 채널을 통해 고객이 좋아하는 것과 싫어하는 것, 느낌, 고민, 꿈과 이상을 알 수 있다.

물론 소셜 미디어 활동은 플랫폼마다 다르다(우리는 3장에서 이와 관련된 통념을 이미 깨뜨렸다). 사람들은 다양한 목적에 맞추어 여러 소셜 채널을 사용한다. 언제 어떤 소셜 네트워크를 어떻게 사용하는지를 이해한다면 어디에서 무엇을 들어야 하는지 알 수 있다.

경청함으로써 사람들의 관심을 얻는 동시에 청중을 늘리고, 제품 및 서비스를 개발하고 판매하는 법을 터득할 수 있다. 아무도 참여하지 않는 허공에다 과장된 말들을 쏟아붓느니 의미 있는 답변 하나를 다는 것이 더 낫다.

매우 간단하다. 소셜 미디어를 당신의 이야기로 채우지 말고 그들의 이야기로 채워라.

#11
열한 번째 생각

SNS는 현실의 소통을 완벽히 대체할 수 없다

소셜 네트워킹은 대면 네트워킹을 결코 대체하지 못하며, 대신 이끌고 도와주는 역할을 한다. 소셜 네트워킹은 관계를 시작하고 관계를 심화시키는 데 도움이 된다.

오해와 진실

소셜 미디어와 현실 소통의 관계를 제대로 평가하려면 소셜 미디어가 처음 생겨난 바로 그 시점으로 되돌아갈 필요가 있다.

소셜 미디어가 탄생한 20여 년 전으로 돌아가 보자. 링크드인은 2002년, 페이스북은 2004년, 트위터는 2006년에 시작되었다. 당시에 각 플랫폼은 '소셜 네트워킹social networking' 플랫폼이라 불렸다. 그리고 그들은 여전히 소셜 네트워킹으로 살아남아 존재하고 있다.

처음에는 주로 친구, 가족, 사회적 네트워킹에 접속하는 데 초점이 맞춰져 있었다. 디지털 세상에서 새로운 관계를 맺기도 했지만, 실제로는 과거의 오래된 네트워킹이 온라인에서 재현되었다.

시간이 지나면서 '소셜 미디어'라는 용어는 앞선 선구적인 플랫폼들과 이후 합류한 인스타그램(2010), 스냅챗(2011) 같은 소셜 네트워크에서 우리가 하는 모든 것과 동의어가 되었다.

소셜 미디어 플랫폼들은 자신만의 네트워킹을 구축하며 계속 진화했고 정교한 광고 기법을 개발하는 데 이르렀다. 즉 핵심 타깃 청중의 손바닥 안에 콘텐츠와 광고를 적시에 공급하는 능력을 갖추게 되었다. 또한, 유료 소셜 미디어가 소셜 미디어 활동의 중요한 부분을 차지하게 되면서, 전자상거래의 잠재력을 지니게 되었을 뿐 아니라 브랜드와 기업의 영향력을 최적화하는 데 일조하고 있다. 하지만 브랜드와 기업은 더 이상 메시지 전달을 극대화하기 위해 기존 네트워크에서 이루어지는 팔로워들 간의 대화, 추천, 공유에만 전적으로 의지하지 않는다. 이제는 다양한 광고 방식을 활용해 청중을 직접 겨냥할 수 있기 때문이다.

이 장에서 우리는 전통적인 네트워킹의 가치를 살펴볼 것이다. 또 소셜 네트워킹이 전통적인 네트워킹을 대체하는지 아니면 완벽하게 보완하는 파트너인지를 둘러싸고 지속되고 있는 논쟁을 검토할 것이다.

온라인 상호작용 대 오프라인 상호작용

소셜 네트워킹 웹 사이트가 대면 상호작용을 대체할 수 있는가라는 문제를 둘러싼 논쟁이 계속되고 있다. 흥미롭게도 이 논쟁은 전적으로 온라인의 한 사이트 디베이트Debate.org에서 벌어지고 있다. 사이트에 들어가 보면 글이 작성되던 시점에 '노우(소셜 플랫폼은 대면 상호작용을 대체하지 못한다)' 응답은 55퍼센트였고 '예스(대체한다)' 응답은 45퍼센트였다. 현재 논쟁은 종결된 상태지만 여전히 찬반 양쪽의 장·단점을 두고 많은 글이 게시되고 있다.

'대체한다' 투표자의 의견 몇 가지를 요약하면, 소셜 미디어 덕분에 아래와 같은 이점을 누릴 수 있다고 주장한다.

- 보통은 남들 앞에서 수줍어 말하기를 피하는 사람도 자신의 견해를 밝힐 수 있다.
- 대개는 접근하기 힘든 다양한 커뮤니티에 접속할 수 있다.
- 지리적 제약 없이 다방면의 견해에 접근하고 탐색할 수 있다.
- 더 많은 여론과 전문지식을 얻고, 도움과 조언을 구할 수 있다.
- 시간을 보다 효율적으로 사용할 수 있으며, 평상시라면 시간을 맞추기 힘든 사람들과도 함께 할 수 있다.

만약 사이트를 방문한다면, '대체한다' 투표자들도 대면 만남이 일반적으로는 더 낫다는 데에 동의한다는 사실을 발견할 수 있을 것이다. 하지만 이들 대부분은, 대면 만남이 항상 가능하지는 않기 때문에 소셜 네트워크가 그러한 공백을 메우는 데에 도움이 된다고 생각한다. 소셜 네트워크 덕분에 과거라면 멀리 있어서 커뮤니케이션 자체가 불가능했을 상황에서도 소통과 협업이 가능하다.

'대체하지 못한다' 투표자 대부분은 소셜 네트워크가 현실의 물리적 네트워크를 대체할 수 없다는 견해를 가지고 있다. 하지만 소셜 미디어의 역할에 대해서는 일관되게 긍정적으로 평가했다. 이들은 소셜 네트워크가 친구나 가족과 연락을 취하고 최신 정보를 얻는 데에 매우 유용하다고 여긴다. 그럼에도 불구하고 소셜 미디어가 사람들과의 물리적 상호작용을 대체하지 못하며 대체해서도 안 된다고 본다.

'대체하지 못한다' 입장의 의견 몇 가지를 요약하면 다음과 같다.

- 사람들은 소셜 미디어에서 자신을 있는 그대로 드러내지 못하고 자신의 진짜 고민을 말하지도 못한다. 그저 좋은 점만 보여주려 할 뿐이다. 따라서 소셜 미디어로는 진정한 자신을 표현할 수 없다.
- 소통의 맥락이 사라지기 쉽다. 예를 들어, 미소 같은 물리적 연결 고리도 없고 말투를 들을 기회도 없다.
- 가상 세계에 빠져 현실 세계를 소홀히 할 수 있다.
- 사람들은 대면 만남에 더 많은 공을 들인다.

이 주장들은 모두 타당하다. 하지만 '대체하지 못한다' 입장에서도 소셜 네트워크가 관계를 보완하는 역할을 한다고 긍정적으로 평가하는 사람들이 있었다. 그렇다면 온라인 관계의 장점은 무엇인가? 온라인에서 시작되는 관계는 대면 관계보다 단점이 많은가?

온라인 관계와 오프라인 관계

2017년 《엠아이티 테크놀로지 리뷰MIT Technology Review》에 발표된 논문에 따르면, 온라인에서 시작된 개인적 관계가 오프라인에서 시작된 관계보다 유리할 수 있다고 한다. 이 결론은 50년간 소셜 네트워크 개념을 연구해 온 조사들을 분석해서 나온 결과이다. 실제 사회적 네트워크에서 사람들은 가까이 있는 소규모 집단과는 긴밀한 관계를 맺지만, 멀리 있는 사람일수록 느슨한 관계를 맺는 경향이 있다(우리는 이것을 가족, 친구, 지인에 비유한다).

논문은 이 '느슨한 관계'가 매우 중요하다고 지적한다. 가까운 친구와 다른 집단 사이에서 가교 역할을 함으로써, 우리가 다양한 커뮤니티와 폭넓은 관계를 형성할 수 있게 하기 때문이다.

개인 간 관계라는 측면에서 보면, 우리가 파트너를 만날 때 전통적으로 가장 중요한 역할을 해 온 것이 바로 이 느슨한 관계다. 일반적으로 사람들이 자신의 가장 친한 친구들 중 하나와 데이트할 가능성은 낮은데 비해 친구의 친구를 만나 데이트할 가능성은 높다. 네트워크 이론을 빌어 표현하자면, 데이트 파트너는 다른 사람의 네트워크 속에 존재한다.

논문은 온라인 네트워크로 눈을 돌린다면, 온라인 데이트가 네트워크 이론을 어떻게 완전히(더 나은 방향으로) 바꾸어버렸는지를 알 수 있다고 말한다. 온라인에서 만나는 사람들은 서로 전혀 모르는 경우가 대부분이다. 따라서 사람들이 이러한 방식으로 만난다면, 그러한 만남으로 이전에는 없던 사회적 관계가 만들어진다. 이 새로운 사회적 관계가 형성되면서 많은 이점이 생겨나고 있다. 예컨대 우리는 자신의 협소한 지역 네트워크가 지닌 잠재적 한계를 깰 수 있는 보다 많은 기회를 얻게 되었다.

논문에는, 온라인에서 만나 결혼한 부부가 비교적 전통적인 방식으로 만나 결혼한 부부에 비해 이혼율이 낮다는 흥미로운 결과도 실려 있다. 이는 아마도 소셜 네트워크 내부의 파트너 선발 기준이 존재하기에 같은 가치를 공유할 가능성이 더 높기 때문일 것이다.

비즈니스 네트워킹

우리는 비즈니스 부문에서 이와 비슷한 연구를 발견할 수 없었다. 하지만 비즈니스 관계 역시 인간의 속성과 관계 발달의 측면에서 살펴볼 수 있을 것이다. 소셜 네트워크는 데이트 세계에서 평상시라면 불가능했을 새로운 사회적 관계를 촉진하고 있는 것처럼 비즈니스 세계에서도 새로운 관계를 촉진하고 있다. 예를 들어 코파운더스 랩CoFounders Lab같은 플랫폼들은 비즈니스 파트너를 구하는 사람들이 사십만 명이 넘는 잠재적 파트너들에 접근할 수 있도록 돕는다.

금융 솔루션 업체 펀데라Fundera의 2018년 보고서에 실린 한 기사에 따르면, 블록비트 캐피탈Blockbits Capital의 공동설립자 데이비드 마타David Mata는 자신의 사업 파트너를 페이스북을 통해 만났다고 한다. 기사에는 공동설립자인 자신들의 성격, 사고방식, 가치관, 관심사가 얼마나 비슷한지를 표현하는 데이비드의 말이 직접 인용되어 있다. 이는 비즈니스 관계에서도 온라인 데이트 연구와 비슷한 결과가 나타난다는 것을 보여준다. 온라인 만남으로 성공적인 비즈니스 파트너 관계가 형성되고 있으며, 이 관계를 시장 가치로 따지면 약 441억 7,500만 원에 달한다.

네트워킹은 비즈니스 개발에서 항상 중요한 역할을 해 왔다. 링크드인은 아마도 온라인 비즈니스 네트워킹에 가장 부합하는 소셜 네트워크일 것이다. 링크드인은 사람들이 비즈니스와 관련해서 직업 네트워크를 형성, 확장하고 강화하는 일을 돕는 데 플랫폼 전체를 집중시키고 있다.

링크드인은 인맥을 1촌, 2촌, 3촌에 따라 단계별로 관리한다. 1촌은 당신의 네트워크에 포함되어 당신과 직접적인 관계를 맺고 있는 사람들을 말한다. 여기에는 동료, 정기적으로 거래를 이어나가는 사람들이나 만난 적이 있는 사람들, 또는 대화를 이어나가고 미래의 기회를 얻기 위해 인맥을 쌓을 필요가 있다고 판단한 사람들이 포함될 수 있다. 2촌은 당신의 1촌 네트워크에 속한 사람들과 1촌 관계에 있는 사람들을 가리키며, 3촌은 아직은 관계를 맺고 있지 않지만 당신이 보유한 네트워크를 통해 언제든 접촉 가능한 사람들을 말한다.

링크드인은 사람들이 당신의 네트워크 어디쯤에 위치하는지를 시각적으로 명확하게 보여 준다. 예컨대 당신이 비즈니스 행사에 참여해서 누군가를 만나고 있다고 가정해보자. 당신은 링크드인에서 그와 인맥을 형성해야겠다고 결심하고 그를 플랫폼에서 검색한다. 그러다 그가 당신의 세일즈 담당자와 이미 1촌 관계이므로 당신과는 2촌 관계에 있다는 사실을 알게 된다. 그 즉시 당신은 관계의 전후 맥락과 이점에 대해 그와 대화를 개시할 기회를 얻는다.

링크드인의 인맥 기능은 네트워크상의 인맥이 단계를 거쳐 간접적으로 맺어지게 함으로써 원하지 않는데도 관계가 형성되는 상황을 차단하는 데 유용할 수 있다. 비슷한 예를 들기 위해 다시 위의 상황으로 돌아가 보자. 당신은 비즈니스 행사에서 누군가가 연설하는 모습을 보게 되고, 그가 사업 개발에 중요한 인맥이 될 거라는 판단이 든다. 당신은 그를 알지 못하며, 그와 이야기 해본 적도 없다. 하지만 링크드인에서 검색해보니 당신의 세일즈 담당자와 인맥이 있다는 사실을 알게 된다. 당신은 오프라인에서 사람을 소개받듯 세일즈 담당자에게 소개를 부탁할 수도 있다.

소셜 셀링

온라인상의 인맥이 어떻게 소셜 네트워크를 통해 사업 확장에 필요한 새로운 관계 구축을 가능하게 하는지를 알기는 어렵지 않다. 일반적으로 이러한 과정을 '소셜 셀링social selling'이라 부른다. 즉, 소셜 셀링이란 소셜 네트워크 인맥을 이용해서 적절한 잠재 고객을 발견하고 신뢰 관계를 확립하며, 궁극적으로는 그러한 관계를 활용해 사업 목표와 세일즈 목표액을 달성하는 일련의 과정을 말한다.

소셜 셀링은 과거의 비즈니스 네트워킹과 신뢰 구축 방식에서 좋은 점만 뽑아 온라인에 옮겨놓은 것이라고 이해하면 된다. 소셜 네트워크를 이용하면 기업은 거리라는 장애물 없이 클라이언트, 파트너, 잠재 고객과 정기적으로 접촉할 수 있고, 어색한 안부 전화를 하지 않아도 된다.

링크드인의 2018년 《스테이트 오브 세일즈State of Sales》 보고서에 따르면 최고의 판매 성과를 기록하고 있는 사람들의 90퍼센트가 현재 판매 전략의 일환으로 소셜 미디어를 사용한다. 또 소셜 미디어에 투자하는 영업사원의 64퍼센트가 자신의 할당량을 달성하는 데 비해 소셜 미디어를 사용하지 않는 영업사원은 49퍼센트밖에 되지 않는다.

소셜 미디어상의 새로운 관계는 네트워크를 형성하는 데 몇 주, 몇 달, 때로는 몇 년이 걸리기도 한다. 하지만 그처럼 느슨한 관계가 강화된다면 새로운 주제나 관심사를 중심으로 더 강력하고 더 의미 있는 네트워크를 구축할 수 있다.

책을 쓰면서 우리는 트위터에 #socialceo라는 해시태그를 달고 소셜 미디어를 주제로 대화를 이어왔다. 덕분에 온라인에서 맺은 관계를 오프라인의 인터뷰, 만남, 협업으로 발전시킬 수 있었다. 우리의 사례는 같은 주제로 이야기를 나누던 느슨한 관계가 강화되면 단순한 트윗의 집합을 넘어 유의미하고 중요한 관계로 변화될 수 있음을 보여준다.

온라인에서 만난 로맨틱한 파트너가 결혼 생활을 더욱 길고 단단하게 유지할 수 있는 사람이기도 하다는 점이 증명되고 있다. 마찬가지로 온라인에서 만난 마음 맞는 사람들이 좀 더 성공적이고 목적에 충실한 비즈니스 네트워크를 형성하는 것도 가능하다.

2018년에 인터넷 소사이어 Internet Society는 25세 이하의 젊은이가 시작한 온라인 커뮤니티 네트워크 중에서 '25세 이하의 주목할 만한 온라인 커뮤니티 25 25 under 25'를 선정하여 수상자를 발표했다. 이를 계기로 뜻을 같이하는 사람들의 커뮤니티가 전 세계적으로 활발하게 구성되고 있다. 수상 목록에 오른 네트워크들은 매우 고무적이었으며, 농민과 판매자를 연결하는 일부터 건강 교육, 사이버 폭력, 디지털 행동주의, 크라우드소싱, IT 기술 배우기까지 커뮤니티도 매우 다양했다.

온라인에서 오프라인으로

대면 네트워킹을 좋아하는 사람도 있다. 이들은 가능한 많은 인맥을 만들겠다는 목적을 가지고 즐겁게 행사에 참여한다. 하지만 행사에는 참여했으나 '네트워크 형성'에 적합한 쉬는 시간만 되면 어쩔 줄 몰라 하며 머리를 스마트폰에 박고 있거나 화장실에서 필요 이상으로 긴 시간을 보내는 사람도 있다.

온라인 네트워킹을 오프라인 네트워킹으로 변화시키는 경우, 온라인에서 대화를 나눠오던 누군가를 만난다는 건 대부분 그렇게 거북한 일은 아니다. 이미 '서로를 알고' 있다는 느낌을 공유하고 있기 때문에 어색함을 깨는 말이 오가며 쉽게 깊이 있는 이야기로 넘어갈 수 있다.

리서치 인 사이언스 데일리Research in Science Daily도, 이제는 온라인 세계가 점차 오프라인 세계의 새로운 관계를 촉진하고 있다는 조사 결과를 보여주며 이 생각을 지지한다.

이 지점에서 당신 자신의 온·오프라인 네트워킹 전환 활용법과 현황을 곰곰이 생각해본다면 여러모로 도움이 될 것이다. 어쩌면 당신은 온라인에 수백 혹은 수천의 인맥을 가지고 있을지도 모른다. 하지만 언제가 되었건 당신이 정기적으로 만나는 사람은 아주 소수일 가능성이 크다.

일반적으로 온라인상의 대화와 관계는 비슷한 관심사와 주제를 공유하는 사람들 사이에서 이루어진다. 만약 당신이 비슷한 관심이나 주제를 공유하는 사람들과의 대화에 참여하고 있다면, 지금 당신은 새로운 '사회적 관계'를 맺고 있는 것일지도 모른다. 아마 당신은 우연히 모였는데 너무 똑같은 사고방식을 가졌다거나 아주 사소한 견해 차이만 있다는 사실에 놀랄 것이다. 하지만 실은 그렇기에 관계가 형성된 것이다. 온라인에서 시작된 관계가 의미 있고 오래가는 공고한 관계로 발전할 수도 있다. 또는 블록비트 캐피탈이나 다른 많은 사례에서처럼 새로운 비즈니스 모험을 시작하게 될지도 모를 일이다.

SNS, 이렇게 생각하라!

소셜 네트워킹은 대면 네트워킹을 결코 대체하지 못하며, 대신 이끌고 도와주는 역할을 한다. 소셜 네트워킹은 지속적인 대화와 계획의 공유(온라인에서든 오프라인에서든)를 통해 대면 모임으로 옮겨가게 하거나 협업 프로젝트를 가능하게 함으로써 관계를 시작하고 심화시키는 데 도움이 된다.

데이트 알선업체가 공감대가 맞는지를 검토하기 위해 가치와 성격을 '맞춰보는' 것과 마찬가지로 온라인 소셜 네트워크가 당신에게 '딱 맞는' 가치, 아이디어, 기회를 찾아준다는 사실을 부정하기는 힘들다. 비즈니스의 관점에서 본다면, 소셜 네트워크는 당신이 파트너, 고객, 잠재 고객과 지속적인 소통 및 협력을 할 수 있도록 한다. 결과적으로 소셜 네트워크는 대면 네트워킹 활동을 보완해서 당신에게 중요한 모든 관계를 심화하고 강화할 것이다.

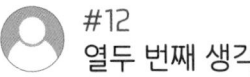
#12
열두 번째 생각

SNS로 24시간 소통할 수는 없다

브랜드 평판을 관리하는 동시에 고객과의 관계를 구축하고, 고객 서비스로 순이익을 증가시키기 위해서는 고객에게 민감하게 반응하고 이에 걸리는 시간을 의식하는 것이 관건이다.

오해와 진실

기업이 소셜 미디어에서 고객에게 응답하는 데 몇 시간을 할애해야 하는지를 결정하기 위해서는 다음 몇 가지 요소를 고려해야 한다.

- 어떤 소셜 미디어 채널을 이용해야 하는가? 이 질문은 당신의 청중이나 고객이 어느 채널을 이용하는지 그리고 어떤 커뮤니케이션 툴을 사용하는지를 분석하고 이해하는 문제로 귀결된다.
- 당신의 청중이 그러한 채널들을 이용하는 방식, 채널에 소비하는 시간, 채널에서 주로 하는 활동을 이해해야 한다.
- 기본적으로 당신이 그 채널에 참여하고 싶은 이유, 다시 말해 그 채널에 참여하려는 목적을 이해해야 한다. 아마도 이것이 가장 중요하게 고려해야 하는 사항일 것이다.

당신이 '왜 소셜 미디어에 참여하기를 원하는가'라는 질문에 단순히 '모든 사람이 그렇게 하니까'라고 답해서는 안 된다. 물론 오늘날 어떤 방식으로든 소셜 미디어에 참여하지 않는 기업을 발견하기란 어렵다. 하지만 참여를 할지 말지, 그리고 참여한다면 어떻게 참여할지를 결정하는 문제는 기업의 전략적 방향, 효과적인 자원 조달에 달려 있다.

반드시 소셜 미디어에 참여해야 하는 것은 아니라는 사실을 기억하자. 무엇이 사업에 효과적인지 그리고 무엇이 사업의 계속적인 성공을 보장하는지를 이해하는 것이 관건이다. 만약 당신의 고객과 핵심 청중이 이 채널들을 매일 커뮤니케이션 수단으로 선호하며 사용하는 중이라면, 그 채널들에 참여하고 싶지 않을 이유가 있겠는가? 무엇보다 참여를 긍정적으로 고려하고 있는 경우라면 말이다.

이 장에서 우리는 사람들이 소셜 미디어 채널을 사용하는 방식, 바뀌고 있는 고객 기대 수준, 고객에게 예상 응답 시간을 확실하게 제시했을 때 얻게 되는 기회를 살펴볼 것이다. 또 진화하고 있는 자동화 기술, 툴, 자원에 대한 통찰을 공유하여 청중이 언제든 기업에 접근할 수 있게 하는 실용적인 관리 방안을 안내할 것이다. 그럼으로써 기업이 하루 24시간, 일주일에 7일 내내 언제든 소셜 미디어에서 자리를 지켜야 한다는 입장에 대해 숙고할 기회를 제공할 것이다.

당신의 청중이 소셜 미디어를 사용하는 법

이 책 전반에 걸쳐 강조했듯이 소셜 미디어는 우리의 일상생활과 밀접하게 관련되어 있다. 우리는 2장에서 소셜 미디어 접속 현황을 보여주는 통계들과 일반적인 사용법들에 대해 살펴보았다. 반복하자면, 31억 9천 6백만 명이 매일 소셜 미디어 네트워크를 활발하게 사용하는 중이다. 영국의 방송 통신 규제기관 오프콤 Ofcom이 발표한 최신 통계치는 사람들의 온라인 사용시간이 매년 7퍼센트가량 증가하고 있음을 보여준다. 2018년 영국 성인의 하루 평균 온라인 사용시간은 2017년보다 11분 늘어난 3시간 15분이었다. 이를 연 단위로 환산하면 인터넷에 매년 1,192시간, 약 50일을 소비하는 것과 같다.

전 세계적으로 보면 현재 소셜 미디어 사용자는 소셜 플랫폼에 매일 2시간 16분을 소비한다고 한다. 이 수치는 2018년보다 1분 증가한 것으로, 전체 인터넷사용 시간의 1/3, 깨어있는 시간의 1/7과 맞먹는다.

소셜 미디어를 사용하는 시간은 문화마다 상당한 차이를 보인다. 예를 들어 일본의 인터넷 사용자가 소셜 미디어에 매일 평균 36분을 쓴다면, 필리핀 사용자는 4시간 12분을 쓴다.

구체적으로 어떤 특정 채널이 우세한지는 국가마다 다르지만,

고객이 참여하는 채널목록에서 적어도 페이스북, 페이스북 메신저, 유튜브, 왓츠앱, 인스타그램, 트위터, 스냅챗, 링크드인이 빠지지는 않을 것이다.

테크주리TechJury는 2019년 보고서에서 2018년 사용자 자료를 토대로 채널 별 평균 소비시간을 다음과 같이 분석했다.

- 페이스북 – 하루에 58분(모바일 페이스북 앱 기준)
- 유튜브 – 하루에 1시간(모바일 장치 기준)
- 페이스북 메신저 – 하루에 9.36분
- 왓츠앱 – 하루에 28.4분
- 인스타그램 – 하루에 5분
- 트위터 – 하루에 2.7분
- 링크드인 – 한 달에 17분
- 스냅챗 – 하루에 34.5분

이 통계치는 평균 사용시간을 보여준다. 따라서 타깃 고객에 대한 정확한 정보를 얻으려면 자신만의 분석을 추가해야 할 것이다. 우리가 검토한 바에 따르면 이 분야의 조사 결과들은 매우 다른 모습을 보이는 경우가 많았다. 이는 어떤 변수를 보려고 하는지에 따라 결과가 달라지기 때문이다. 예를 들어 인구통계에서 연령대가 적은 사람일수록 연령대가 많은 사람보다 소셜 미디어 플랫폼을 장시간 사용한다고 알려져 있다.

다양한 기술의 도움을 받는다면 고객의 생각이나 플랫폼 선호도와 같은 정보들을 더욱 많이 얻을 수 있다. 버즈레이더BuzzRadar, 브랜드워치, 멜트워터를 비롯한 많은 분석 도구들이 좀 더 심층적이고 정교한 통찰을 제공하고 있다. 소셜 플랫폼들이 자체적으로 제공하는 기본 분석 정보들을 이용할 수도 있다. 이를테면 당신의 웹 사이트에 각 플랫폼이 요구하는 추적 픽셀이 설치되어 있기만 하다면, 페이스북 인사이트Facebook's Insights 도구를 통해 매우 유용한 정보를 얻을 수도 있고 링크드인을 통해 타깃 인사이트를 제공받을 수도 있다.

고객은 무엇을 원하는가?

그렇다면, 기업이 소셜 미디어를 통한 고객의 접근 가능성을 열어둘 때 고객은 무엇을 기대하는가?

소셜 플랫폼은 처음부터 고객 지원 및 서비스와 밀접한 관계를 가져왔다. 초창기와 비교하면 엄청난 변화와 발전이 이루어졌지만, 여전히 고객 서비스가 기업 소셜 미디어 활동의 중요한 부분을 차지한다. 실제로 많은 기업이 페이스북과 트위터를 통해 고객 서비스 센터의 문의 응답으로 바로 넘어가도록 조치하고 있다. 이러한 방식에 대해서는 6장에서 보다 상세하게 논의된다.

무선통신사 티모바일TMobile처럼 불만 사항을 처리하기 위해 대체로 높은 수준의 고객 서비스 상호작용이 요구되는 브랜드나 기업이 있다고 가정해보자. 이들의 소셜 플랫폼을 살펴보면 이들이 고객과 직접 접속하고 소통하기 위해 페이스북(페이스북 메신저 챗봇 서비스)과 트위터(전용계정 @TMobileHelp)를 이용한다는 사실을 알 수 있다.

이제는 고객을 직접 상대하는 단체 중에 소셜 미디어 채널을 이용하지 않는 곳을 발견하기란 어려운 일이 되었다. 슈퍼마켓, 운송 회사, 소매 브랜드, 공공 서비스, 정부, 상품, 서비스 솔루션뿐 아니라 소셜 플랫폼에 전용 지원서비스 창구가 마련되어 있지 않은 경우에도, 고객들은 문제를 제기하기 위해 조건반사적으로 소셜 채널들을 이용한다.

2018년 《하버드 비즈니스 리뷰Harvard Business Review》에는 소셜 미디어를 통한 고객 응대가 이익 증가에 미치는 영향을 조명하는 논문이 한 편 실렸다. 연구팀은 트위터 자료를 사용하여 소셜 미디어에서 긍정적인 상호작용을 경험하는 고객은 해당 브랜드에 대한 충성심이 올라가며, 고가의 상품이나 서비스도 구매할 것이라는 가정을 검증하는 작업에 착수했다.

조사연구는 상호작용의 횟수가 상당한 것으로 알려진 2개의 서비스 산업 부문, 즉 항공사와 무선통신사를 대상으로 이루어졌다. 연구팀은 불만, 질문, 논평을 제기하는 고객 서비스 관련 트윗 40만 개를 표본으로 뽑아 처리 과정을 추적 관찰했다. 그런 다음 고객들이 여러 회사에 트윗을 달고 6개월이 지났을 때 그들에게 간략한 설문 조사에 응답해 달라고 요청했다.

연구결과는 다음과 같았다.

- 브랜드 고객 서비스 상담직원과 트위터로 상호작용을 주고받은 고객은 해당 브랜드를 추가로 구매하거나 이전보다 자주 구매할 가능성이 유의미하게 증가하였다.
- 어떤 형태든 응답을 받은 고객은 이전보다 더 많이, 더 비싼 물건에 기꺼이 지갑을 열었다.
- 순수 추천고객 지수 net promoter scores 가 개선되었다.

흥미롭게도 고객들은 어떤 형태건 응답을 받으면 그것에 다시 반응을 보여줬다. 이는 심지어 응답이 문제를 해결하지 못하고 그저 문제를 인정하는 데 그치더라도 브랜드 관계를 개선하는 데 일조했다는 것을 의미한다.

응답에 걸리는 시간도 중요하다

《하버드 비즈니스 리뷰》는 응답 시간이라는 매우 중요한 수치도 측정했다. 연구는 빠른 서비스가 좋은 서비스라는 사실을 발견했다. 즉, 응답이 5분 내 이루어질 때 고객은 기꺼이 더 많은 상품을 구매했다.

예상 응답 시간을 5분으로 설정하는 것은 비현실적으로 보일지도 모른다. 하지만 이러한 판단은 응답 수준에 달려 있다. 무엇보다 어떤 응답이건 무응답보다 낫다는 점을 기억할 필요가 있다. 따라서 처음에는 자동화된 감사 인사를 전하거나 질문을 던질 수도 있다.

고객의 67퍼센트가 소셜 미디어의 고객 서비스 수요조사를 통해 브랜드와 접촉하게 된다고 알려져 있다. 또 소셜 미디어는 핵심적인 고객 지원 커뮤니케이션 채널로 이용되고 있다. 그럼에도 불구하고 고객 서비스에 대한 기대치는 이러한 상황에 부합하지 못하는 것 같다. 나아가, 허브스팟HubSpot은 고객의 80퍼센트가 자신의 소셜 미디어 게시 글에 24시간 안에 응답해주기를 바라며, 고객의 50퍼센트는 자신이 소셜 미디어에 부정적으로 게시한 글에 아무런 응답도 하지 않는 회사와는 거래를 중단할 것이라고 주장했다고 말한다.

어떤 조직에서든 고객의 질문은 응답할 가치가 있는 사안이다. 부정적인 상황을 되도록 빨리 호전시켜 고객을 계속 유지하기 위해서 뿐 아니라 다른 사람들이 그러한 부정적 게시물에 영향을 받지 못하도록 차단하기 위해서라도 고객 응대를 소홀히 해서는 안 된다. 허브스팟 보고서는 고객의 62퍼센트가 브랜드와 관련하여 소셜 미디어에 올라오는 부정적 평가의 영향을 받으며, 그 영향력의 정도는 자신이 직접 부정적인 경험을 하지 않았더라도 브랜드 구매를 중단할 정도로 크다고 지적한다.

인공지능 도입하기

전통적인 방식을 통해 일반적으로 제공되는 응답 시간을 더욱 단축시킬 필요가 있다. 게다가 처리해야 하는 잠재적인 상호작용의 양 또한 고려해야 한다. 점점 더 많은 기업이 인공지능 챗봇을 사용하여 고객 서비스 센터에 접수되는 문의 사항에 응답하고 질문을 여과할 수 있게 되면서 인간 상담원이 고객 서비스 센터를 관리할 때보다 효율성은 개선되고 처리 속도는 빨라졌다.

페이스북 메신저 챗봇이 좋은 예다. 고객과 대화를 나누는 챗봇은 사용하기 쉽고 친근한 자동 메시지 소프트웨어다. 고객의 질문을 이해해서 답변을 제공하고, 웹 페이지를 로딩하며 회선을 바꿔 전화를 연결한다. 이와 동시에 다운로드용 파일을 공유하는 등의 업무를 수행하도록 프로그램될 수 있다. 또한, 고객에게 빠르게 응답하고 자동으로 정보를 수집하며 자질구레한 일들을 처리함으로써 고객 서비스 담당자들이 좀 더 복잡한 문제들에 집중할 수 있도록 시간을 벌어준다.

또 다른 좋은 해결책으로는 스코틀랜드 왕립은행의 정보처리 챗봇 코라Cora를 들 수 있다. 코라는 고객이 원하는 200개 이상의 과제를 처리하도록 프로그램되어 있으며 천 개가 넘는 반응을 보일 수 있다. 어림잡아 하루 5천 개의 질문에 답변하고 '그녀 자신이' 인간 상담원에게 언제 고객을 인도해야 하는지를 정확하게 알고 있으며 그때까지의 대화를 기록으로 남겨 상담원이 이해할 수 있도록 하기 때문에 보다 빠른 업무 처리에 도움이 된다.

고객 응답 시간 설정하기

물론 소셜 미디어에 참여한다는 것은 24시간 내내 언제든 참여할 수 있도록 온라인상에 대기하는 것을 의미한다고 생각할 수도 있다. 하지만 브랜드와 조직들은 플랫폼에 직원이 상주하는 시간을 제시함으로써 고객의 기대를 관리할 수도 있다. 예를 들어, 막스 앤 스펜서Marks and Spencer 상점의 트위터 계정 @marksandspencer은 소개 글 맨 위에 자신들의 소셜 미디어 계정 이용 시간을 다음과 같이 게시해 놓고 있다.

'막스 앤 스펜서의 공식 트위터 페이지에 오신 것을 환영합니다. 우리를 팔로우하여 새로운 식자재와 최신 패션에 관한 뉴스, 집 꾸미기에 대한 영감을 얻어 가십시오. 매일 오전 8시에서 오후 10시까지 함께 합니다.'

이렇게 시간을 명시해 놓으면 고객이 밤 11시에 메시지를 보낼 경우, 적어도 아침까지는 누구도 응답하지 않을 것이라는 사실을 알게 된다.

SNS, 이렇게 생각하라!

하루 24시간, 일주일에 7일 내내 고객을 응대할 준비가 되어있어야 한다는 통념을 완벽하게 깨기란 불가능하다. 수십억의 사람들이 매일 점점 더 긴 시간 동안 소셜 미디어 채널에 접속하고 있으며, 기업이 고객 서비스 운영 절차대로 제한된 시간에만 응답을 처리한대도 고객은 언제든 기업에 접속할 수 있다. 따라서 마음으로라도 항시 대기해야 하는 것이 현실이다.

단, 소셜 채널 접속을 통해 브랜드 평판을 관리하는 동시에 고객과의 관계를 구축하고, 고객 서비스로 순이익을 증가시키기 위해서는 고객에게 민감하게 반응하고 이에 걸리는 시간을 의식하는 것이 관건이다.

브랜드와 고객에 맞춰 24시간 7일 내내 소셜 미디어 채널을 통한 고객 서비스를 최우선으로 제공하는 기업들도 있다. 아메리칸 에어라인American Airlines이 대표적인데, 이 세계에서 가장 큰 항공사의 공식 트위터 계정에는 '24시간 7일 내내 여러분 곁에 있습니다. 칭찬이든 여행 불편 사항이든 언제나 #AATTeam을 찾아주세요. 회사의 공식 응답을 원하시면…'라고 게시되어 있다.

다른 기업의 경우에는 대부분 응답이 가능한 시간과 그렇지 않은 시간을 명시해 놓았다. 우리는 이 장에서 상담 직원 숫자와 상담 시간의 물리적 제약에서 벗어나 고객 응대를 관리하는 방법으로 자동화 응답 도구에 대해서도 살펴보았다. 현실에서, 소셜 미디어 채널을 통한 고객 서비스 관리는 고객에게 서비스를 제공하는 중요한 방법 중 하나이다. 고객에게 호의를 가지고 제공 가능한 서비스를 정확하게 제시하며 지능형 도구를 적절히 활용한다면, 소셜 미디어에서 이루어지는 고객 서비스 활동을 기업의 운영 방식과 조건에 맞추어 관리할 수 있다.

#13
열세 번째 생각

SNS를 회사 내부의 소통에도 활용할 수 있다

소셜 네트워크는 원래 사람들이 외부와 소통하고 선전할 수 있도록 개발되었다. 하지만 기업은 소셜 네트워크의 이점을 내부 협업과 네트워킹을 발전시키는 데도 이용하고 있다.

오해와 진실

앞에서 살펴보았듯이, 소셜 미디어는 대부분 마케팅 부서나 고객 서비스 부서에 소속되어 있다. 즉 여전히 많은 기업에 있어 소셜 미디어는 마케팅과 고객 서비스라는 중요한 영역을 위해 존재하는 수단이다.

소셜 테크놀로지가 발전하고 소셜 플랫폼 사용이 증가하면서, 내부 커뮤니케이션을 촉진하기 위해 소셜 미디어를 사용하는 기업이 점차 많아지고 있다.

소셜 테크놀로지는 기업을 보다 협력적이고 독창적이며 유대감 있게 만드는 일에 일조하면서 기업의 내부 자원으로 빠르게 자리를 잡아가고 있다. 이를 보여주는 증거들이 늘어나고 있으며, 우리도 이 장 전반에 걸쳐 그러한 증거들을 참고할 것이다. 내부 소셜 네트워크의 증가로 직원들 사이에 소속감과 공동체 의식이 강화되고, 그에 따라 업무 몰입도나 생산성, 혁신이 눈에 띄게 개선되면서 결과적으로 기업의 수익성이 올라가고 있다.

우리는 이 장을 통해 기업 내부에서 소셜 미디어가 어떻게 사용되고 있는지를 살펴볼 것이다. 구체적으로는 기업이 소셜 미디어 기술을 기업 내부에 활용함으로써 어떻게 조직과 업무의 경계가 허물어지고 혁신이 촉진되는지, 그리고 소셜 미디어 기술이 시간을 절약하고 직원과 팀원이 더욱 효율적으로 협업을 이루는 데 어떤 도움이 되고 있는지를 살펴볼 것이다.

소셜 미디어의 잠재적 이익

직원의 생산성과 효율성을 개선하는 일은 비즈니스가 시작된 이래로 언제나 최대의 관심사였다.

과거 어느 때보다 더 많은 커뮤니케이션 채널을 바로 우리 손 끝에 보유하고 있는 시대에, 우리는 낮은 생산성과 낮은 업무 몰입도라는 문제에 직면하고 있다. 갤럽 보고서에 따르면 영국인과 서유럽 노동자의 10퍼센트만이 업무 몰입도를 보이는 것에 반해, 미국에서는 33퍼센트가 업무에 몰입한다. 그러나 이를 아무리 좋게 해석해도 평균적으로 노동력의 70퍼센트 정도가 업무에 몰입하지 않는다는 것을 의미한다.

갤럽 보고서는 몰입도와 생산성이 낮은 이유가 대부분 불필요한 관리 절차와 불충분한 커뮤니케이션 때문일 수 있다고 말한다.

- 평균적인 노동자는 이메일을 보는 데만 1주일에 13시간을 쓴다. 이것은 주당 근무 시간의 28퍼센트를 이메일 관리에 빼

앗기고 있다는 의미다.
- 기업 임원, 직원, 교육담당자의 86퍼센트가 비효과적인 커뮤니케이션이 직장에서 이루어지는 다양한 실패의 가장 큰 원인이라고 말한다.
- 58퍼센트는 열악한 관리 절차가 생산성의 가장 큰 걸림돌이라고 말한다.

그렇다면 많은 기업에서 직원들을 보다 효과적으로 연결하기 위해 소셜 미디어 테크놀로지의 전환을 하고 있다는 것은 사실 매우 고무적인 일이다.

현재 프랑스에 본사를 둔 IT 기업 아토스 오리진Atos Origin의 CEO이자 한때 하버드 비즈니스 스쿨 교수였던 티에리 브르통Thierry Breton은 직장에 내부 소셜 네트워크를 도입한 이후 조직 전체의 이메일 사용량이 60퍼센트가량 줄어들었다고 말한다. 그의 목표는 40개국에 7만 명 이상의 직원을 거느린 아토스를 이메일 없는 회사로 바꾸는 것이다.

소셜 테크놀로지의 도입으로 기업 내부의 지식 공유가 개선되었고 주제별 전문가를 발견하기가 더 쉬워졌으며, 더 중요하게는 보다 효율적인 협업이 가능하게 되었다고 보고된다.

맥킨지 글로벌 인스티튜트는 소셜 미디어 테크놀로지를 사용하고 나서 커뮤니케이션, 지식 공유, 협업이 증가하고 직원 생산성이 20-25퍼센트 올라갔다고 보고한다.

생산성이 증가할 뿐 아니라, 기업 안의 인재와 지식을 발굴할 기회가 늘어나면서 혁신을 추진할 수 있게 된다. ACAS(영국의 노사 분쟁 조정·중재 기관, Advisory Conciliation and Arbitration Service)는 사우스 이스턴 레일웨이South Eastern Railway의 사례를 기반으로 한 조사 논문을 발간했다. 사우스 이스턴 레일웨이는 소셜 테크놀로지를 이용하여 곳곳에 흩어져 있는 약 4천 명의 직원들과 소통할 수 있었다. 그들은 기업 맞춤형 소셜 네트워크를 개발해서 직원들을 한곳에 모아 업무 쟁점을 논의하게 하고, 직원에게 '발언권'을 주어 더욱 쉽게 목소리를 낼 수 있게 했으며 서로에게 문제를 알려주고 해결책을 제시하며 답을 구하도록 했다.

내부 소셜 네트워크에 대한 선호가 증가하자, 기존 소셜 네트워크의 다양한 내부 솔루션에 대한 수요도 따라서 증가했다. 2018년에 페이스북은 직원들이 업무와 관련해서 자발적으로 접속하고 소통하여 협업할 수 있는 기업 전용 페이스북 워크플레이스Facebook Workplace를 출시했다.

워크플레이스는 이미 광범위하게 사용되고 있는 페이스북을 기반으로 하고 있기 때문에, 메신저, 실시간 스트리밍 동영상, 트렌딩 스토리 같은 친숙한 기능과 특징들을 모두 이용할 수 있다. 페이스북 소비자 플랫폼과 기업 플랫폼의 유일한 차이는 사용자가 별도의 계정을 만들어야 하고 페이스북 워크플레이스의 모든 콘텐츠가 페이스북이 아닌 기업주의 소유라는 점뿐이다. 폭스바겐Volkswagen을 비롯한 3만 개 이상의 기업이 효율성은 올라가고 이메일 사용은 감소했다고 보고하면서, 도입하기 쉽다는 장점을 앞세운 페이스북 워크플레이스는 대중적인 솔루션이자 페이스북의 효자상품이 되고 있다.

하이네켄Heineken 역시 페이스북 워크플레이스를 사용하며 다음과 같이 말한다. '그것은 매우 직관적이다. 사람들은 이미 페이스북 사용법에 매우 친숙한 상태다. 따라서 따로 특별히 교육해야 할 필요가 없다.' 스코틀랜드 왕립은행 역시 직원들에게 페이스북 워크플레이스 플랫폼 사용을 독려하고 있다. '그것은 이메일 같은 수단이 절대 흉내 낼 수 없을 정도로 빠르고 효율적으로 문제를 논의하고 해결할 수 있게 한다.'

레이첼 밀러Rachel Miller의 에버그린 블로그를 방문하면 페이스북 워크플레이스 사례를 포함해 400개 이상의 내부 소셜 미디어 활용 사례를 만날 수 있다. 레이첼은 전 세계 기업을 대상으로 다양한 프로그램의 활용 사례를 수집했다. 몇 가지만 언급하면 마이크로소프트 팀Microsoft Teams 같은 내부 소셜 미디어 플랫폼부터 스카이프Skype와 슬랙Slack같은 메시지 커뮤니케이션 서비스와 야머Yammer, 자이브Jive, 조슬Jostle, 세일즈포스 채터Salesforce's Chatter 같은 업무용 네트워크까지 그 범위도 다양하다.

하지만 내부 소셜 네트워크로 직원들을 연결해서 더 협력적으로 일할 수 있도록 돕겠다는 타당한 취지에도 불구하고, 아직까지 내부 소셜 미디어를 사용하는 경우는 그리 많지 않다.

ACAS 조사로 다시 돌아가 보자. ACAS에 따르면 많은 고용주가 소셜 미디어를 이용하여 외부 이미지를 관리하고 자신의 상품과 서비스를 판촉하는 데는 열심이지만 소셜 미디어를 자신의 직원에게 적용하는 데에는 그다지 관심이 없다.

내부 소셜 미디어의 문제

많은 기업이 내부 소셜 미디어 채택을 꺼리는 이유는 기업이 새로운 기술을 도입할 때 경험하게 되는 문제들과 관계가 있다. 새로운 일 처리 방식을 도입하는 데 요구되는 훈련과 행동 변화는 마찰을 일으킬 수 있고 상당한 인력이 필요하다.

그저 남들이 하는 대로 따라가기 위해 신기술 도입에 투자하는 것은 의미 없는 일이다. 따라서 내부 소셜 네트워크의 도입으로 달성하고 싶은 바가 무엇인지 명확한 목표를 가지는 것이 중요하다. 또한, 현재의 업무 관행에 비추어 볼 때 어떤 네트워크가 조직 맥락에 적합할 것인지를 명확하게 이해해야 한다.

새로운 자원을 발견하고 개발하는 데 직원들의 의견을 반영하는 등 처음부터 사회적으로 접근하는 것이 무엇보다 중요하다. 그렇게만 한다면 직원과 기업이 솔루션을 함께 만들어간다는 의식을 형성할 수 있을 것이다.

리더십의 역할

또 다른 문제는 리더십과 관계가 있다. 직원들이 강한 유대감을 가지고 협력적으로 일하기 위해서는 기업문화와 조직 운영 방식이 변해야 한다. 이러한 조직과 인사 관리 요소들은 단순히 팀을 효과적으로 선택하고 훈련할 수 있는 소셜 미디어를 결정하는 것보다 훨씬 더 중요하다. 변화는 조직 상층에서부터 시작되어야 한다. 따라서 리더십이 어떤 중요한 역할을 하는지 탐구할 필요가 있다.

드러커Drucker 경영대학 조직 미래 센터장 롤런드 다이저Roland Deiser는 최근 한 팟캐스트를 통해 저자들과 가진 인터뷰에서 소셜 테크놀로지를 '계층 파괴자hierarchy busters'라고 불렀다. 내부 소셜 테크놀로지의 혜택을 보려면, 기업은 내부조직과 운영 방식을 보다 개방적이고 평등하며 계급에서 벗어난 형태로 변화시켜 신뢰 문화를 형성해야 한다.

애슈리지 리더십 에듀케이션Ashridge Leadership Education과 헐트 인터내셔널 비즈니스 스쿨Hult International Business School은 최근 공동 연구를 통해 소셜 미디어가 제공하는 이점을 조명했다. 기업은 소셜 미디어를 활용하여 문제에 빠르게 대처하는 능력이나 상호작용, 콘텐츠 공유, 지식, 협업을 개선할 수 있다. 또 커뮤니케이션의 명확성과 투명성을 강화함으로써 리더십의 효과를 개선할 수도 있다. 즉 커뮤니케이션 속도를 높이고, 범위를 확장하며 특히 친밀성을 강화하여 리더와 직원의 관계를 개선한다.

나아가 애슈리지 연구는 내부 소셜 미디어를 통한 커뮤니케이션이 기업 전략을 명확하게 만드는 계기를 제공한다고 말하면서, 이 점이 무엇보다 중요하다고 지적한다. 이는 애슈리지 연구소의 책임 연구원 패트리시아 하인즈Patricia Hinds 교수가 함께한 저자들의 팟캐스트 인터뷰에서 상세하게 논의되었다. 그녀는 기업 내에서 소셜 미디어를 사용하다 보면 기업 전략을 더욱 명확하게 해야 할 필요성이 제기된다고 말했다. 즉 내부 소셜 미디어는, 리더를 비롯해서 조직 전반에 전략과 목표를 전달해야 할 과제를 부여받은 사람들이 커뮤니케이션 통로를 일관되고 선명하게 만드는 데 도움이 된다.

하바스 그룹Havas Group의 전임 CEO 폴 프램프턴 칼레로Paul Frampton Calero 또한 우리에게 수많은 사례를 제시하면서 소셜 테크놀로지가 자신과 세계 곳곳의 직원들을 연결하는 데 얼마나 핵심적인 역할을 했는지를 보여주었다. 소셜 테크놀로지 덕분에 지리적 거리와 상관없이 직원들과 연락을 취하며 정기적으로 그들의 생각을 들을 수 있었을 뿐 아니라 보통 때라면 만나지 못했을 직원들, 그리고 무엇보다 사람들이 실제로 모인 자리였다면 공개적으로 말할 자신감을 가지지 못했을 직원들의 목소리를 들을 수 있었다고 말한다.

내부 소셜 미디어 도입을 위한 실천 지침

급속한 기술 발전과 디지털 변화는 사회와 기업에도 지속적인 영향을 미친다. 우리는 주류 소셜 네트워크의 사용 비율에 관해 이야기해 왔고, 우리가 외부와 접속하고 커뮤니케이션하기 위해 선택하는 도구들이 어떻게 우리의 노동 환경에 적용될 수 있는지도 살펴보았다.

결론적으로, 소셜 네트워크가 기업에게 기업 외부에 손을 내밀고 귀 기울이고 외부와 자신의 목소리를 공유할 기회를 제공하는 것과 마찬가지로, 내부 소셜 네트워크는 직원뿐 아니라 리더와 CEO에게도 같은 기회를 제공한다.

우리가 이 장과 이 책 전반에서 살펴보고 있는 연구들이 입증하듯이, 이러한 기회를 살려서 점차 그 중요성이 커지고 있는 민첩성과 협업을 확대하는 것이 기업 성공의 관건이다. 이는 결과적으로 내부 소셜 네트워크가 사실상 가까운 미래에 주류가 되어 일상의 한 부분으로 자리 잡게 될 것을 의미한다.

내부 소셜 네트워크를 도입하고 실행하기 위해서는 다음의 몇 가지 실용적인 부분들을 고려해야 한다.

- 위에서 주도하라. 임원을 비롯한 조직 구성원들이 더욱 사회적인(즉, 개방적이고 평등하며 위계적이지 않은) 커뮤니케이션 방법을 받아들이고 참여할 수 있게 하라.
- 내부 소셜 네트워크로 해결 혹은 개선하기를 바라는 문제와 관련해서 확실한 목표를 정하라. 그리고 그 구체적인 목표에서부터 시작하라. 만약 내부 소셜 채널을 사용해야 할 특별한 이유가 없다면, 사용하지 마라.
- 직원과 팀이 어떤 채널에 익숙한지, 내부 소셜 네트워크가 조직 문화에 어떤 변화를 가져오게 될 것인지 조사하라. 예를 들어 직원의 99퍼센트가 사교 활동에 페이스북을 사용하고 있다면, 페이스북의 워크플레이스 플랫폼을 선택하는 것이 적절할 것이다. 직원들이 처음부터 익숙함을 느낄 수 있도록 사용자의 관점에서 바라보는 것이 좋다.

몰입하는 직원들

직원에게 있어 몰입이란 팀원으로서 전력을 다하고, 확실한 목표에 집중하며 신뢰와 권한을 부여받는 것이다. 또한, 규칙적이고 건설적인 피드백을 받고, 새로운 기술을 발전시키고, 성과에 대해 감사와 인정을 받는 것 역시 포함될 수 있다.

샬럿 퀸즈 대학교queens university of charlotte의 조사에 따르면, 밀레니엄 세대(18-29세)의 80퍼센트는 전통적인 방식의 성과 평가보다는 실시간 피드백을 선호한다. 또한, 89퍼센트는 직장 커뮤니케이션 수단으로 소셜 네트워크를 사용하며, 심지어 이들 중 40퍼센트는 효율성을 높이기 위해 직장용 소셜 툴을 유료로 구매하는 것으로 나타났다.

현재 최고의 성과를 보이는 기업들은 커뮤니티를 구축해서 지위 고하를 막론하고 모든 직원에게 한 공동체에 소속되어 있다는 공동체 의식을 불러일으키려고 애쓰는 중이다. 이들은 새로운 최신 미디어 기술을 사용하여 소셜 상호작용을 위한 기회를 창출하고 있다. 또 소셜 상호작용이 확산되면서 생산성 수준이 올라가고 재무성과가 개선되었다고 말한다.

결과적으로 고용주에게 몰입이란 기업에 긍정적인 태도를 뿌리내리게 하고 직원의 지식과 기술을 활용하여 개선을 이루며 더 나은 커뮤니케이션을 확립하는 것, 따라서 기업의 가치가 안정적이고 높이 평가받도록 보장하는 것을 의미한다.

SNS, 이렇게 생각하라!

　페이스북, 트위터, 인스타그램, 유튜브, 링크드인 같은 소셜 네트워크는 원래 사람들이 외부와 소통하고 선전할 수 있도록 개발되었다. 하지만 그러한 기능을 조직 내부에도 활용할 수 있도록 기존 네트워크와 동일한 형식의 전용 툴이 개발되면서 기업 내부 협업과 네트워킹에도 일조하고 있다.
　우리가 우리 개인의 일상적인 생활을 영위하기 위해 사용하는 소셜 플랫폼과 직장 생활에서 사용하는 도구 사이의 경계가 계속 모호해지면서, 소셜 네트워킹 기술을 활용하여 기업 내부와 전반에 걸쳐 보다 자연스러운 소통과 연결의 문화를 창출하려는 시도가 일어나고 있다는 것은 어찌 보면 너무도 당연한 일이다.

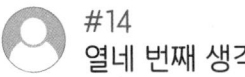
#14
열네 번째 생각

SNS는
#가짜 뉴스로
가득하다?

오보, 패러디, 풍자는 늘 그래왔듯이 다양한 매체 속에 다양한 형식으로 존재한다. 플랫폼에 상관없이, 신뢰받는 출처를 사용하고 비판적으로 사고하는 신중한 미디어 소비자가 될 필요가 있다.

오해와 진실

'가짜 뉴스fake news'는 2017년 딕셔너리닷컴Dictionary.com에 처음 등장했지만, 새로운 개념은 아니다. 미디어에 오보가 실리는 것을 걱정하고, 정치인과 공인들이 미디어에 보도되는 것을 싫어하는 것은 새로운 현상이 아니다. 미국 대통령이 "언론은 100년 전보다 지난 10년 사이에 더 많은 오보를 쏟아내고 있다."라고 했던 말을 생각해보자. 이것은 1798년 존 애덤스John Adams가 한 말이다.

가짜 뉴스와 오보가 소셜 미디어에 널리 퍼져 있을 수 있다. 하지만 과거와 어디가 다른지, 혹은 과거보다 더 치명적이고 유해한지 알기는 어렵다. 2018년 레이저Lazer와 동료들의 조사연구가 《사이언스Science》에 실렸다. 연구자들은 가짜 뉴스의 규모와 효과 연구를 비롯하여 이에 대한 이해가 아직은 부족하다고 지적했다. 또 가짜 뉴스가 실제로 얼마나 많은지, 사람들에게 실제로 어떤 영향을 미치는지, 개인과 소셜 미디어 플랫폼이 어떻게 정보를 거르는지를 이해하기 위해서는 여전히 엄밀한 조사가 필요하다고 주장했다.

> **가짜 뉴스**
>
> 선정적인 거짓 뉴스 스토리. 이득을 창출하거나 특정 공인, 정치 운동, 기업 등을 홍보하고 때로는 평판을 떨어뜨릴 목적으로 만들어져 광범위하게 공유되거나 배포된다.
>
> Dictionary.com

소셜 미디어상의 정보가 왜곡되고, 편견에 사로잡혀 있거나 조작되어 있다는 비난은 확실히 사실이다. 신문, 책, 팸플릿 등 정보를 전달하려는 목적으로 이용되는 모든 다른 매체도 비슷한 비난을 들어왔다. 17세기 영국 국왕 찰스 2세Charles II는 '거짓 뉴스 확산 금지령'을 발표했다. 찰스 2세는 '선량한 영국 백성의 마음에 광범한 시기와 불평을 조장하는데' 일조하고 있는 정보를 우려했다. 하지만 올리버 크롬웰(1649년 찰스 1세를 처형하고 귀족원을 폐지함으로써 공화국을 수립하였으나 추후 찰스 2세 왕정 하에 부관참시 당했다)을 삐뚤어진 크롬웰Crooked Cromwell이라 부르며 비난하는 것은 막지 않았다. 이 얼마나 부당한가!

다양한 가짜 뉴스의 유형

소셜 미디어에 올라온 뉴스와 정보의 진상을 살펴볼 때, 아마도 애매한 회색지대가 있다는 사실을 알게 될 것이다. 이것이 우리가 소셜 미디어에서 보게 되는 정보를 다음과 같이 4가지로 범주화하고 정의 내리는 이유이다. 객관적으로 입증될 수 있는 진실, 특정 개인에게만 타당한 진술, 명백한 거짓말, 과장된 거짓말의 구체적인 예를 들어보자.

- 벤 네비스Ben Nevis는 영국에서 가장 높은 산이다.
- 스노든산Mount Snowdon은 내가 영국에 본 것 중 가장 높은 산이다!
- 스노든산은 엄청나게 크다. 영국에서 가장 큰 산인 것이 틀림없다.
- 스노든산은 세계에서 가장 높은 산이다!

첫 번째 문장은 객관적으로 진실이며 쉽게 입증할 수 있다. 두 번째는 한 명 혹은 다수의 사람에게는 확실히 맞는 진술일 수 있다. 그러다 이 문장은 세 번째 네 번째 진술로 슬그머니 미끄러져 들어가면 거짓이 된다. 따라서 객관적 사실, 사람들의 관찰 결과,

노골적인 거짓말을 구별하는 것은 매우 유용하다.

탠독Tandoc, 림Lim, 링Ling 세 사람은 뉴스와 가짜 뉴스에 대해 매우 유용한 조사를 했다. 그들은 목적, 맥락, 청중이 매우 상이한 가짜 뉴스의 다양한 유형을 알아보았는데, 가장 먼저 풍자, 패러디, 거짓말의 세 가지 유형을 말한다. 우리는 이 세 가지를 바로 다음에서 상세하게 논할 것이다. 이것들이 '가짜 뉴스'라는 용어의 일반적인 용법에 가장 가깝기 때문이다. 마지막 세 가지 유형인 사진 조작, 홍보, 선전은 일반적인 용법과는 다소 거리가 있어서 조금 간략하게 다룰 것이다.

뉴스 풍자

뉴스 풍자News satire는 조사 문헌에서 가장 흔하게 지적되는 '가짜 뉴스'의 한 가지 유형이다. 뉴스 풍자는 전형적인 뉴스 방송의 형식을 빌려 정보를 익살스럽고 때로는 과장되게 전달하는 접근법을 사용하는데, 오랜 역사를 지녔으며 이에 많은 사례가 있다. 영국의 〈목 더 위크Mock the Week〉, 〈해브 아이 갓 뉴스 포 유Have I Got News For You〉와 미국의 〈새터데이 나이트 라이브스 위켄드 업데이트Saturday Night Live's Weedend Update〉, 〈더 레이트 쇼 위드 스티븐 콜베어The Late Show with Stephen Colbert〉가 대표적이다. 뉴스 풍자는 뉴스를 희극적인 목적으로 일부러 왜곡해서 전달한다. 이따금 거짓 스토리를 사실처럼 보이도록 제시하기도 한다.

뉴스 풍자는 주류 미디어의 한 부분으로 정착하는 추세에 있다. 주류 미디어가 비판을 제기할 수 있는 한 가지 방법으로 여겨지면서 정치여론을 형성하고 담론에 영향을 미치며 불가피하게 소셜 미디어로 침투하고 있다. 뉴스 풍자가 전혀 새로운 현상은 아니다. 고대 그리스인들은 이웃 도시 국가들의 정부 형태를 풍자하는 희곡을 썼다. 그리고 1729년에 조나단 스위프트Jonathan Swift는 『겸손한 제안A Modest Proposal』에서 아이들을 고기로 시장에 내다 파는 것이 어떻게 아일랜드 기근에 대한 해결책이 될 수 있는가를 풍자적으로(공들여서) 설명하기도 했다. 일반적으로 뉴스 풍자는 사람들과 공명하는 효과적인 수사적 표현의 하나다.

⤴ 뉴스 조작

뉴스 조작News fabrication은 거짓 정보를 만들어서 사실인 것처럼 제시하는 유형이다. 일부러 사실을 조작해서 청중에게 잘못된 정보를 전하도록 설계되어 있기에, 보다 치명적이고 해롭다. 패러디나 뉴스 풍자와는 근본적으로 다르다. 정보 전달자와 독자 혹은 시청자 간의 관계가 완전히 다르기 때문이다. 익살스러운 패러디나 뉴스 풍자의 경우에는 소비자가 정보를 정말로 진지하게 받아들이지는 않을 것이라는 암묵적인 합의 같은 것이 존재한다.

탠독과 동료들은 논문에서 뉴스 조작이 진실을 부분적으로 이용해서 사실을 고의적으로 오인하게 하고 청중의 편견을 끌어들여 사실처럼 보이는 이야기를 만들어낸다고 설명한다. 때때로 뉴스 조작으로 만들어진 이야기들 속에는 정치적 스펙트럼의 양 진영에서 나온 정치적 편견이 담겨있다. 미국의 극우 사이트 브라이트바트Breitbart나 영국의 좌익 사이트 카나리Canary가 정치적 편견을 뉴스 조작에 이용하는 대표적인 경우다. 뉴스 조작은 오인을 만들어내기 위해 사실을 보도하는(또는 적어도 그럴듯해 보이는) 다양한 정보 출처들을 이용한다. 이러한 사이트들 상당수는 그럴듯한 스토리와 '가짜' 뉴스를 뒤섞는다. 따라서 이따금 신뢰할 만한 정보 출처가 포함된 경우라 하더라도, 그들이 생산하는 뉴스는 반드시 의심할 필요가 있다.

뉴스 패러디

주류 뉴스 형식의 하나인 뉴스 패러디News parody도 정보를 익살스럽게 재해석한다. 희극적 효과를 만들어내려고 일부러 거짓 정보를 사용하는 경우도 많다. 온라인에서 많이 볼 수 있으며, 온라인 뉴스 생산자인 어니언Onion이나 비버튼Beaverton의 기사들이 대표적이다. 거짓 스토리를 뉴스 형식으로 제시하여 터무니없다거나 놀랍다는 느낌을 일부러 자아내려 한다. 이런 유형의 정보는, 우리끼리는 사실이 아니라는 것을 알고 있다는 무언의 신호를 이면에 깔고 있다. 따라서 정보가 아무리 심각하고 진지하게 표현되더라도, 독자는 그 내용이 희극적 목적으로 완전히 날조된 것이라는 사실을 알고 있다고 여겨진다.

뉴스 패러디와 뉴스 조작을 항상 분명하게 구별할 수 있는 것은 아니다. 또 확산하고 있는 내용이 가짜 뉴스인지 확실하지 않을 때도 많다. 진위나 출처를 확인하지 않은 채 이 풍자적인 스토리들을 일반 뉴스 기사로 내보내는 경우가 많은데, 이로 인해 패러디와 풍자의 경계가 모호해지는 결과가 빚어진다. 예컨대 뉴스 패러디 웹 사이트 〈월드 데일리 뉴스 리포트World Daily News Report〉는 여장 남자인 루폴RuPaul이 1990년대에 도널드 트럼프에게 성추행당했다고 보도했다. 이 스토리는 완벽하게 꾸며낸 이야기였지만 타블로이드 신문과 소셜 미디어를 통해 빠르게 확산되었다.

다음 세 가지 범주는 사실을 조작하거나 정보를 왜곡하는 보다 친숙한 방법들이다.

⌲ 사진 조작

이 유형은 문자 정보가 아니라 시각 정보를 허위로 전달하는 방식이다. 영상에 손을 대서 바꾸고 편집하고 수정해서 원본과 다르게 만드는 일은 잘 알려져 있을 뿐 아니라 흔하게 행해진다. 사진 조작은 뉴스 조작보다 더 광범위하게 일어난다. 예를 들어

진짜처럼 보이도록 조작하기 위해 영상을 합성하고 수정하고 편집한 다음 뉴스 웹 사이트 로고를 삽입할 수도 있다.

↗ 광고와 홍보

가짜 뉴스라는 맥락에서 보면, 이 유형은 경제적 이득을 얻기 위해 판촉물을 뉴스처럼 보이게 만들어 배포하는 것에 해당한다. 광고를 뉴스 기사처럼 제시한다든지 보도자료를 뉴스로 공개할 때 일어난다. 정보의 왜곡은 전형적으로 '홍보 전문가들이 언론인의 모습과 행동을 빌려 마케팅을 비롯한 설득용 메시지를 뉴스 미디어에 끼워 넣을 때' 발생한다.

이러한 식의 왜곡은 온라인에서 매우 광범위하게 일어난다. 이를테면 유료 마케팅 콘텐츠는 독자에게 그것이 광고라는 사실을 알 수 있는 어떤 암시도 하지 않는 경우가 대부분이다.

↗ 선전

선전은 새로운 현상이 아니지만, 정치적 목적으로 정보를 왜곡시키는 현상에 관한 관심이 증가하면서 다시 주목받고 있다. 선전 내용은 일반적으로 사실과 다르다. 하지만 뉴스처럼 제시되며 특정 정치 지도자, 단체, 조직에 이익이 되도록 설계된다. 예를 들어 러시아의 채널원Channel One에 대한 연구는 방송사가 뉴스 제공을 표방하면서도 사실이나 증거와 거의 무관한 '전략적 이야기'를 배포하고 정치적 담론을 형성하는 등 정치적이고 정부 편향적인 방송 패턴을 오랫동안 보여왔다고 지적한다.

마지막으로 언급할 가짜 뉴스 정의는 도널드 트럼프가 이 용어를 개인적인 의미로 전유하면서 흥미를 불러일으켰다. 2018년에 작성한 한 트윗에서, 트럼프는 "나에 대한 네트워크 뉴스의 91퍼센트가 부정적(가짜)이다"라고 말했다.

여기서 미국 대통령이 사용한 '가짜 뉴스'라는 말은 앞에서 살펴본 6가지 범주 중 어떤 것과도 정확히 맞아떨어지지 않는다. 트윗 문장은 가짜 뉴스라는 말을 독특하게 사용하고 있음을 보여준다. 이 맥락에서 가짜 뉴스의 기준은 정보의 진실 유무가 아니라 정보와 정보 대상 간의 관계이다. 즉 여기서 '가짜'란 정보 대상이 보기에 정보가 탐탁지 않고 불쾌하다는 의미다. 따라서 정보 대상의 긍정적인 측면을 부각하지 않는 뉴스라면 모두 '가짜 뉴스'로 치부된다(비판이 곧 거짓이 된다).

도널드 트럼프의 변호사 루돌프 줄리아니Rudy Giuliani는 트럼프의 입장을 "진실이 다 진실은 아니다"라는 말로 설명했다. 즉, 우리는 모두 우리가 보고 싶은 대로 세상을 본다. 거기에 객관적인 사실이란 없다. 이 말은 결과적으로 사실과 의견의 구분이라는 쟁점을 제기한다. 사실과 의견 둘 다 거짓 없고 타당할 수 있다. 하지만 사실과 의견은 명확히 분리되어야 한다. 좋은 뉴스란 뉴스와 논평을 명확하게 구분함으로써 사실과 의견을 분리하는 뉴스다. 소셜 미디어에서 사실과 의견의 경계는 모호한 경향이 있다. 따라서 사실, 조작, 의견을 구분해야 할 책임은 독자의 몫이다.

기업과 정보

성공한 좋은 기업은 정확한 정보를 기반으로 움직인다. 모든 기업은 기업의 일과 직원에 대해 정확히 알고 있어야 한다. 시장과 경쟁사에 대한 정보는 사업 성공의 기본이다. 기업을 유지하고 운영하려면 법과 규제 정책을 반드시 이해하고 있어야 한다. 고객과 클라이언트에 대한 정확한 정보는 기업이 제품이나 서비스를 공급하는 데 필수적인 요소다.

기업은 정확하고 타당한 정보를 사용할 때 효과적인 의사 결정을 내릴 수 있다. 상품 시장과 노동 시장 예측, 소비자 수요, 시장 조사와 규제 환경 모두 기업 성과에 영향을 미친다. 회사, 부서, 팀의 리더는 가장 정확한 정보와 최고의 예측치를 기반으로 결정을 내려야 한다.

영국에서 콜센터를 짓기 위해 새로운 부지를 찾고 있었던 한 회사를 예로 들어보자. 회사는 비교적 많은 수의 유동적 인력이 필요한 상황이었다. 그래서 단기간 훈련으로 근무에 투입하고 나서 추후 기술교육을 이어 나갈 계획이었다.

기업은 부지로 선정된 지역에서 가용한 노동자 수와 관련해 두 가지 정보원을 발견했다. 첫째, 공장소유주에서 지역 정치인으로 변신해 실업률 감소 캠페인을 벌였던 사람. 이 정치인은 소셜미디어 계정을 운영하며 공장 홍보사진과 함께 텅 빈 구직 센터 사진들을 게시했다. 그가 소셜 미디어를 통해서 하고 싶었던 말은 그 지역의 실업률이 급격하게 감소했다는 것이었다. 둘째, 영국통계청Office of National Statistics, ONS. 정부 통계는 그 지역의 실업률이 상대적으로 높으며 많은 사람이 직장을 구하고 있다는 사실을 보여주었다.

둘 모두 자신의 주장을 설명하는 데서 비교적 정확했다고 가정해보자. 첫 번째 정치인은 일하는 사람들과 텅 빈 구직 센터를 보여주는 진짜 사진들을 제시했다. 두 번째 정부 통계는 해당 지역의 전반적인 실업률 수치를 정확하게 제시했다. 누구 말을 믿어야 하는가? 이 경우 기업에게 가장 좋은 정보원은 누구인가?

이 질문에 반드시 옳은 답은 없다. 영국통계청처럼 국가를 대표하는 대규모 연구기관에서 엄밀한 방법을 동원해서 수행한 연구 결과들은 논리적 모순이 없고 신뢰성이 높다. 일반적으로 영국통계청의 통계 수치들은 처음 평가하는 시점이라면 다른 무엇보다 신뢰할 만하다.

하지만 사업 관련 정보를 효과적으로 판단하기 위해서는 정보 출처와 함께 각각의 신뢰성을 주의 깊게 비교해야 한다. 소셜 미디어는 해당 지역 사람들에게 다가가 보다 많은 정보를 얻을 수 있는 좋은 출발점일 수 있다. 통계 수치를 검토한 후 지역을 직접 방문할 수도 있다. 택시 운전사와 지역의 사업 상황에 관해 이야기를 나누고, 지역 상점과 구직 센터를 조사하고, 상공회의소와 산업 관련 주요 협회를 방문할 수도 있다. 소셜 미디어는 여러 의견을 헤아려 볼 수 있는 훌륭한 방법이다. 하지만 직접 발로 뛰어 얻은 조사 결과들을 보조할 뿐 대체할 수는 없다는 점을 잊어서는 안 된다.

가짜뉴스가 기업에 발생시킬 수 있는 문제

가짜 뉴스를 기초로 사업하기

가짜 뉴스로 사업이나 직원에 대한 잘못된 정보가 퍼져서 기업이 해를 입을 수도 있다. 반사적으로 소셜 미디어의 뉴스나 정보가 모두 거짓이라고 생각해서는 안 된다. 하지만 편집자의 통제나 조치를 전혀 받고 있지 않은 정보라면 일단 의심부터 해봐야 할 것이다.

가짜 뉴스가 사업계획에서 첫 번째 정보원으로 이용된다면 심각할 문제가 발생할 수도 있다. 잘못된 경제 데이터와 노동 시장 정보, 여론의 곡해는 어디서든 쉽게 입수할 수 있다. 만약 틀린 데이터를 기초로 사업을 계획한다면, 잘해야 실망이고 못하면 파산이다.

▨ 가짜 뉴스의 이용과 확산이 가져오는 결과

가짜 뉴스에 연루되면 평판에 심각하고 장기적인 손상을 입을 수 있다. 많은 홍보 부서가 정보를 살짝 비트는 스핀PR spin 기법에 친숙하다. 하지만 데이터를 고의로 왜곡하거나 조작하는 일은 위험할 뿐 아니라 사기다.

고의로 거짓말을 했을 때 개인이나 기업이 어떤 손해를 입을 수 있는지를 알기 위해 멀리까지 갈 필요도 없다. 약 20년 전 엔론Enron은 거짓말 때문에 파산했다. 또 2017년에 있었던 파이어 페스티벌Fyre Festival 사건은 가장 악명 높은 사기극 중 하나였다. 가짜 뉴스에 대한 연구에서 가장 확실하고 가장 일관된 결과는 가짜 뉴스가 급속하게 퍼질 수 있으며, 정확한 정보보다 훨씬 더 빠르게 확산하는 경향이 있다는 사실이다.

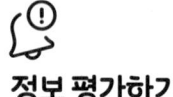

정보 평가하기

수잔 놀런Susan Nolan은 미국 심리학회American Psychological Association에 가짜 뉴스를 판단하는 법에 대해 기고했다. 정보의 진위를 판단할 수 있는 이 단순하고 효과적인 방법은 앞글자만 따서 CRAAP 테스트라고 부른다.

CRAAP 테스트는 정보와 정보 출처를 평가하기 위해 5가지 범주를 이용한다. 각 범주에는 독자가 정보의 신뢰성을 평가하기 위해 반드시 고려해야 하는 정보 출처 관련 질문들이 포함되어 있다.

1. 시의성

정보의 시기 적절성. 최신 정보인가? 보다 최신 정보가 있지는 않은가, 혹은 지난 정보의 출처들이 계속 운영되는가?

2. 관련성

당신에게 정보가 가진 중요성. 당신의 요청사항을 충족시킬 정도로 명쾌하고 앞선 정보인가? 정보의 관련성을 살피기 위해서 다른 출처를 찾아보았는가? 이 정보 출처를 쉽게 이용할 수 있는가?

3. 권위

정보의 출처. 신뢰할 수 있는가? 누가 정보를 발표했는지 알 수 있는가? 실존 개인이나 기관에서 나온 정보인가? 연락 정보가 있는가 아니면 익명인가?

4. 정확성

정보의 신뢰성. 타당한 증거가 있는 정보인가? 어떤 증거가 있는가? 다른 신뢰할 수 있는 출처를 사용해 정보의 신뢰도를 검증할 수 있는가? 사용하는 언어에 편견과 실수가 없는가?

5. 목적

정보가 만들어진 이유. 정보의 목적은 무엇인가? 논쟁, 교육, 판매, 오락, 설득이 목적인가 아니면 행동을 촉구하는가? 목적이 분명한가? 정보가 사실, 의견에 기초하는가 아니면 광고, 선전에 기초하는가?

튼튼하고 건강한 기업은 타당한 조사, 신뢰할 수 있는 정보를 기초로 운영된다. 기업은 증거를 기반으로 한 결정을 내려야 한다. 또 의사 결정이나 사업계획에 활용될 수 있는 정보를 평가할 때는 매우 신중해야 한다. 기업과 광고에서 소셜 미디어를 이용할 수 있는 상세한 방법을 알고 싶다면, 10장을 보기 바란다.

SNS, 이렇게 생각하라!

오보, 패러디, 풍자는 늘 그래왔듯이 다양한 매체 속에 다양한 형식으로 존재한다. 플랫폼에 상관없이, 신뢰받는 출처를 사용하고 비판적으로 사고하는 신중한 미디어 소비자가 될 필요가 있다.

마찬가지로, 기업과 기업 내 구성원이 회사 보고서, 재무제표, 언론 보도자료, 내부 문건을 준비할 때 책임 있는 정보 소비자의 태도를 지니는 것도 중요하다. 부정확한 정보는 잘못된 판단과 잘못된 의사 결정을 초래한다. 증거의 타당성을 평가할 수 있는 능력을 갖춘다면, 기업의 경쟁적 우위도 함께 점할 수 있을 것이다.

#15
열다섯 번째 생각

SNS에서 제기되는 비판을 역이용하라

정당한 불만과 트러블 메이커를 구별하는 데는 상당한 노력이 든다. 하지만 소셜 미디어에 올라오는 불평이나 비난에 응답하는 일은, 제대로 처리되기만 한다면 그만한 노력을 들일 가치가 있다

오해와 진실

소셜 미디어 활동을 하는 기업이 직면하는 위험들 가운데 하나는 모든 상호작용이 반드시 호의적이지만은 않다는 것이다. 일류 기업도 때로는 실수를 범하며, 누구보다 착한 기업도 좋은 의도를 가진 사람만 만나는 것은 아니다.

소셜 미디어를 하지 않아도 온라인에서 비판받을 수 있다. 사람들은 자신이 싫어하거나 불만이 있는 기업에 대해 불평을 늘어놓기 위해 소셜 미디어에 호소한다. 설령 그 기업이 소셜 미디어 활동을 하지 않더라도 그렇게 한다. 소셜 미디어 활동에 참여하는 것의 이점은 자신의 온라인 평판을 관리하기 위해 더 적극적인 조치를 하고 사람들에게 더욱 민감하게 반응할 수 있다는 것이다.

비판을 꼭 부정적인 일로만 치부할 필요는 없다. 실제로 불평하거나 비난하는 사람 대부분은 해결책이 무엇인지도 알고 있다. 심리학에서 보면, '좌절'은 목표가 달성되지 않거나 방해받을 때 나타나는 부정적인 감정반응이다. 일반적으로 고객이나 클라이언트는 기업의 직접 대면이나 전화 통화 같은 전통적인 방법으로는 정당하고 타당한 문제 제기를 해결할 수 없다고 판단할 때, 소셜 미디어에 호소한다. 과거에 해결한 적이 있는 문제라면, 이것은 기업이 문제를 인지하고 처리하여 해결할 좋은 기회다. 실제로 사람들 대부분은 기업이 문제를 인정하고 자신이 문제를 해결하는 데 도움을 주는 것만으로도 충분히 만족한다.

물론 모든 사람이 온라인에서 좋은 의도를 가지고 행동하는 것은 아니다. 적은 숫자지만 그저 문제나 분란을 일으키고 다른 사람이나 기업을 괴롭히기를 좋아하는 사람도 있다. 이는 트러블메이커와 정당한 불만을 구별하는 데 많은 노력이 들 수 있다는 것을 의미한다. 하지만 소셜 미디어에 올라오는 불평이나 비난에 응답하는 일은, 제대로 처리되기만 한다면 그만한 노력을 들일 가치가 있다.

응답 시간

소셜 미디어 플랫폼에서 커뮤니케이션은 빠르게 진행된다. 좋든 싫든, 많은 사람이 소셜 미디어를 쉽고 빠르게 사용할 수 있으며 때로는 실시간으로 문제나 불만을 이야기하기도 한다. 12장에서 살펴봤듯이, 기업이 온라인에서 반드시 종일, 일주일 내내 대기할 필요는 없다. 하지만 소셜 미디어에서 상호작용이 가능한 정확한 응답 시간을 지정해야 한다.

빠르게 응답해서 고객의 흥분을 가라앉힌다면 문제가 더 나빠지는 것을 막고 고객에게 기업이 자신의 문제를 경청하고 진지하게 다루고 있음을 보여주는 데 도움이 될 수 있다. 또 고객이 첫 번째 게시물에서 어떤 말을 하고 있는지를 꼼꼼히 살펴야 한다. 만약 무언가 확실하고 구체적인 것을 처리해 달라고 요청하고 있다면, 그 즉시 응답해야 한다. 제품에 문제가 있다면 문제를 해결하기 위한 명확한 절차를 마련해야 한다. 만약 고객 서비스가 불만족스러운 경우라면 제대로 사과해야 한다. 기업이 제일 먼저 해야 할 일은 고객이 바라는 결과가 무엇인지(무엇이었는지)를 확인하는 것이다. 일반적으로 불만은 상대방이 당신과의 상호작용을 통해 원하는 바가 무엇인지를 알기만 한다면 비교적 간단하게, 그리고 만족스럽게 해결될 수 있다.

불만을 제기하고 있는 고객이 정말로 원하는 것이 무엇인지를 이해할 수 없다면 혹은 고객이 원하는 바를 말하지 않는다면, 아마도 사과 외에 할 수 있는 일은 없을 것이다. 이런 경우, 공개 게시판보다는 개인적이거나 직접적인 메시지를 이용해 좀 더 긴 대화를 이어나가는 것이 더 나을 수 있다.

↗ 공개 응답 대 비공개 응답

공개적으로 제기된 불만이라고 해서 모두 공개적으로 응답할 필요는 없다. 또 공개 게시판이 복잡한 문제를 해결하는 항상 가장 좋은 장소도 아니다. 쉽고 빠른 해결책이 존재하거나 간단한 사과로 충분하다면, 공개적인 응답은 좋은 선택지일 수 있다. 하지만 문제가 280자 내에서 해결될 수 없다면, 개인적인 비공개 대화가 훨씬 더 괜찮은 방법일 것이다.

많은 경우에 사람들은 상담원과 전화 통화를 할 수 없을 때 답변을 받기 위해 소셜 미디어에 호소한다. 기업 중에는 일부러 매우 복잡한 자동화 메시지 서비스를 만들어 고객이 회사 상담원과 직접 통화하지 못하도록 막는 경우도 꽤 있다. 페이스북과 우버Uber같은 기술회사들의 경우 상담원과 통화하는 것은 거의 불가능하다. 또 영국 국세청의 전화 연결시스템은 복잡한 미로 같은 선택 버튼을 계속해서 누르도록 요구하다가 끝에 가서는 거의 웹 사이트를 확인하라는 말과 함께 통화를 종료한다.

이러한 상황은 종종 좌절감을 가져온다. 이들 중에는 불평하거나 좌절감을 표출할 수 있는 다른 통로들이 막혀있다고 판단될 때 소셜 미디어에 호소하는 경우도 있을 것이다. 따라서 당신의 기업 모델에 고객이 당신과 연락하지 못하도록 일부러 차단하는 것이 포함되어 있지 않다면, 불만이 있는 고객에게 직접 메시지나 이메일을 보내고 전화 통화를 시도하는 것이 바람직한 해결책일 수 있다.

소셜 미디어의 공개적인 커뮤니케이션은 문제를 증폭시킬 가능성이 있다. 그러므로 고객에게 불만을 개인적으로 논의하자고 제안하는 것만으로도 상황이 나빠지는 것을 사전에 방지할 수 있다. 공개 게시판에 제기되는 불만들은 때때로 사람들의 이목을 집중시키려는 과시적인 행동으로 변질될 수 있다. 대결이 공개적인 양상을 띠면 양편 모두 체면을 살리거나 싸움의 승자처럼 보이기 위해 더 애쓸 것이기 때문이다. 결과적으로 이런 상황은 해결책에 도달하는 데 역효과를 가져올 수 있다. 구경꾼과 방관자가 없다면, 양편 모두 갈등을 줄이고 복잡한 문제를 해결하기 위해 노력하며 만족스러운 해결책에 도달하기가 더 쉬워진다.

↗ 갈등을 악화시키지 마라

불평이나 비난에 방어적으로 임하는 것은 자연스러운 반응이다. 회사에서 고객에게 가장 호의적인 직원이라도 실수를 범할 수 있다. 그리고 때로는 결코 기업 차원에서 통제할 수 없는 문제가 생기기도 한다. 진심으로 도와주려고 하는 사람에게 도가 지나친 공격이 가해질 수도 있다. 개인이든 조직이든 실수를 인정하면 문제가 복잡해질지도 모른다는 생각에 실수를 인정하고 싶어 하지 않을 수도 있다.

어찌 되었건, 대부분의 경우 문제를 해결하겠다는 약속과 사과는 문제 해결의 첫걸음이다. 가능하고 적절하기만 하다면, 사과는 그 자체로 문제의 해결책이 되거나 해결을 위한 구체적인 방안을 제공한다.

물론 고객 서비스 일을 해 본 사람이라면(저자들을 포함하여), 기업이 해결할 수 없는 불만을 제기하는 사람도 있다는 사실을 잘 알 것이다. 간혹, 싸움거리를 찾아다니며 상대와 관계없는 싸움을 거는 사람이 있다. 소수지만, 자신의 삶에 문제가 생겼을 때 그 문제와 무관한 주변인을 자신의 뒤틀린 마음의 희생자로 만드는 사람도 있다. 이런 문제를 피할 수는 없다. 하지만 아무런 해결책이 없는 것이 확실한 경우라 하더라도 상황을 악화시키지 않으면서 합리적이고 조용하게 요령껏 화를 누그러뜨린다면 문제 당사자를 떠나게 할 수 있다. 늘 하는 말이지만, 온라인의 악플러들에게 관심을 주지 마라.

고객의 요구가 잘못되었거나 일부러 장난을 치는 것이라면, 틀린 정보를 바로잡아 주고 근거를 제시할 필요가 있다. 하지만 그럴 때도, 똑같이 신랄한 어조로 짜증을 내며 등을 한 대 쳐주고 싶겠지만, 정중하게 행동해야 한다. 소셜 미디어에서 양측 모두 대화를 험악하게 이어간다면 사태는 바로 광기로 치달을 수도 있다. 당신이 미끼를 무는 순간 언쟁에 기름을 붓고, 모두를 만신창이로 만드는 일에 뛰어들겠다는 신호를 보내는 격이 될 수도 있다.

온라인에서 불만을 제기한 고객이 바라는 결과가 무엇인지를 이해하려고 했던 원점으로 돌아가라.

⤳ 약속에는 행동이 뒤따라야 한다

약속하는 것은 쉽다. 하지만 소셜 미디어에서 고객에게 한 말을 실천하기 위한 합리적 조치가 뒤따라야 한다는 사실을 잊어서는 안 된다. 문제를 해결하겠다거나 혹은 문제를 조사하겠다는 약속을 했다면 반드시 행동에 옮겨야 한다.

만약 문제가 복잡하거나 해결하는 데 시간이 걸린다면, 고객에게 진행 과정을 계속 업데이트하라. 불만을 잠재울 정도로 완벽하게 문제를 해결할 수 없을지도 모른다. 하지만 고객에게 당신이 문제를 해결하기 위해 적절한 모든 조치를 하고 있으며, 아니면 적어도 무엇이 잘못되었는지를 알아내서 설명하기 위해 최선을 다하고 있다는 사실을 알려 주어야 한다.

신속한 응답과 사과는 단기적으로는 도움이 된다. 하지만 문제를 해결하는 데 필요한 행동이 뒤따르지 않는다면 신속한 응답도 사과도 무용지물이 될 것이다.

고객층을 기억하라

지금까지 우리는 소셜 미디어에서 고객이 불만을 제기할 때 구체적으로 어떤 불만인지를 확인하는 것이 중요하다고 말했다. 또 소수기는 하지만, 해결하기 위해 불만을 표출하는 것이 아니라 그저 분란을 일으키기를 원하는 사람도 있다고 지적했다.

비판에 대응할 때 당신의 전반적인 고객층을 염두에 둔다면 도움이 될 것이다. 우리는 메시지를 구체화하고 타깃 시장을 정하는 것이 지니는 중요성과 소셜 미디어 접근법을 명확하게 규정할 필요성에 대해 폭넓게 논의해왔다(10장과 12장을 보라). 당신이 소셜 미디어에 접근하는 일반적인 방식과 온라인에서 사람들과 상호작용하는 방식 때문에 당신의 핵심 청중에 집중하지 못한다면 곤란에 처하게 될 거라는 점을 기억하라.

온라인에서 소동은 순식간에 일어나, 많은 사람을 그 안에 휩쓸리게 한다. 이에 당신의 비즈니스와 아무 관련도 없는 소셜 미디어 군중으로부터 비난받는 상황에 처할 수도 있다. 그럴 때는, 소셜 미디어의 신속성으로 인해 가끔은 문제가 실제보다 더 심각해 보일 수도 있다는 점을 명심하라.

실수에 대해서는 사과하고 정당한 불만은 인정하고 해결하는 것이 중요하다. 또 당신의 조직이나 조직의 이해당사자들과 직접적인 관계가 없는 논쟁에 휘말리지 않도록 보다 조심할 필요가 있다. 만약 어떤 집단이 당신의 회사에 대해 불만스러워한다면, 그러나 그 집단과 당신 회사는 아무 관계가 없고 그 집단이 결코 당신 회사의 고객이 될 일도 없을 것 같다면, 그들의 비판에 귀 기울일 필요는 없다.

소셜 미디어에서 모든 사람을 만족시킬 수는 없다. 그러니 쇠스랑을 휘두르는 군중을 달래기 위해 자신의 고객이나 직원을 희생시키고 배신하고 있지는 않은지 확인해야 한다.

직원 가이드라인

우리는 8장에서 소셜 미디어를 위한 직원 가이드라인을 논의했다. 따라서 자세하게 반복할 필요는 없을 것이다. 하지만 가이드라인에는 기업의 소셜 미디어 계정에 올라온 불만을 처리하는 방식이나 어느 경우에 직원이 기업을 대신하게 되는지에 대한 설명이 수록되어 있어야 한다.

소셜 미디어 계정을 관리하는 담당자를 위한 가이드라인에는 소셜 미디어에서 해서는 안 되는 행동 유형이 반드시 포함되어야 한다. 이 부분의 대부분이 고객의 불만과 고객의 문제를 해결하는 데 할애되어 있지만, 표면에 나서서 이러한 불만을 처리하는 직원들의 정신적 건강을 반드시 염두에 두어야 한다. 정당한 불만과 적절한 비판이 항상 예의 바르게 표출되지는 않는다. 따라서 직원들에게 가해지는 괴롭힘, 학대, 차별을 묵인해서는 안 된다.

두 가지 이유에서, 고객이 넘지 말아야 할 기준을 명확하게 설정할 필요가 있다. 첫째, 위에서 지적했듯이 직원이 학대당하거나 괴롭힘을 당해서는 안 된다. 둘째, 잘못된 행동을 하는 고객에게 어떠한 형태든 보상이 주어져서는 안 된다. 문제를 더 크게 만들 수 있기 때문이다. 선을 넘는 고객이 있는 경우에는 문제의 책임을 관리자나 매니저 같은 상급 직원에게 이관해야 한다.

SNS, 이렇게 생각하라!

사람들은 불만과 우려를 온라인에 풀어놓는다. 자신이 비난하는 대상이 소셜 채널을 운영하는지 아닌지는 문제가 되지 않는다. 기업은 이를 온라인상에서 제기되는 불만이나 비판에 대응하는 기회로 이용할 수 있다. 더욱이, 잘만 수행한다면 전반적인 고객 서비스 경험을 개선하는 데 도움이 된다.

물론 온라인상의 모든 비판이 건설적이지는 않다. 따라서 어떤 문제를 해결할 수 있고 어떤 문제를 해결할 수 없는지 반드시 확인할 필요가 있다. 문제 해결 방식은 기업의 전반적인 목표와 커뮤니케이션 전략에 맞춰 조율되어야 한다. 기업의 전반적인 커뮤니케이션 스타일과 전략에 부합하는 기본적인 방향을 설정하고 그 틀 안에서 고객과 정중하게 소통해야 한다는 점을 꼭 기억하라.

#16
열여섯 번째 생각

SNS로 고객의 마음을 사로잡는 방법

적절한 메시지를 그에 딱 맞는 채널에 올리는 것이 무엇보다 중요하다. 만약 당신이 요식업을 하고 있다면 음식 사진을 게시하는 것은 매우 적절한 소셜 미디어 전략일 수 있다.

오해와 진실

소셜 미디어에서 가장 흔하게 볼 수 있는 것은 사람들이 아침이나 점심으로 먹은 음식, 반려동물, 귀여운 동물이나 유명 여행지를 찍은 사진이다. 이런 사진만 올라온다는 것이 소셜 미디어에 대해 빈번하게 제기되는 비판들 가운데 하나다. 저널리스트 중에는 사람들이 소셜 미디어에 공유하는 사생활의 뒤를 캐는 데서 즐거움을 느끼는 것 같은 사람들도 있다. 《뉴욕타임스》의 "타인의 휴가 사진에 시달리다The tyranny of other people's vacation photos"라는 오락용 기사나 《바이스Vice》에 실린 "인스타그램이 당신을 괴롭게 만드는 법How Instagram makes you basic, boring, and completely deranged"이라는 제목의 기사가 대표적이다. 하지만 이 기사들은 글의 주제가 아니라 글쓴이에게 초점이 맞추어져 있다.

소셜 미디어의 장점(그리고 단점)은 내가 콘텐츠를 마음대로 구성할 수 있다는 것이다. 소셜 미디어가 사람들과 소통하는 훌륭한 방식이라고 말하는 사람도 있고, 갈등과 독설로 가득하다고 말하는 사람도 있다. 둘 다 맞는 말일 것이다. 소셜 미디어에서 자신의 소통 범위, 논의 주제, 광고 환경과 담론을 설계하는 사람은 바로 우리 자신이기 때문이다.

때때로 기업이 소셜 미디어 활동에 참여해야 하는지 자문을 하는 경우가 있는데, 이는 소셜 미디어 환경이 획일적이지 않고 다양하다는 사실을 알지 못하기 때문이다. 기업이 소셜 미디어에 참여한다고 해서 어디에 사는 사람이건 어떤 수준이건 간에 모든 사람과 모든 주제에 관해 소통해야 한다는 의미는 아니다. 초점을 맞추고 목적을 확실히 하기만 해도 원하는 바를 이루는 것에 도움이 된다.

 소셜 미디어의 장점은 이를 통해 개인이든 기업이든 자신이 원하는 것만 게시하고 공개할 수 있다는 것이다. 특정 주제 주변으로 사용자가 모여들고 커뮤니티가 형성된다. 대부분 이 집단을 중심으로 일상생활에 대한 사진, 이야기, 댓글이 공유된다. 이것이 보통의 모습이지만, 그렇다고 기업이 이러한 논의 모두에 관여해야 한다는 말은 아니다.

 소셜 미디어가 주제, 커뮤니티, 관심사에 따라 사람들을 불러 모은다는 것은 사용자에게 특정 커뮤니티나 관심 집단에 어울리도록 자신의 접근 방식과 콘텐츠를 수정할 기회가 주어진다는 것을 의미한다. 물론 이러한 장점이 필터 버블을 만드는 경향이 있지만, (28장에서 살펴보듯이) 필터 버블이 항상 나쁜 것만은 아니다.

타깃 고객에게 집중하기

아래의 사례 연구에서 살펴보겠지만, 소셜 미디어는 전달하려는 명확한 메시지와 목적을 염두에 두고 이를 가장 효율적으로 전달할 수 있는 스타일과 접근 방식을 택했을 때 가장 효과적이다. 누군가가 전혀 준비되지 않은 채 기자 회견장에 나타난다면 결국에는 그 자신도 듣는 사람도 당혹스럽고 혼란스럽게 만드는 말만 하다 끝날 가능성이 크다. 따라서 우선은 콘텐츠와 목적을 정하고 전달할 메시지를 구체화한 다음 그에 어울리는 소셜 채널과 스타일을 결정해야 한다.

이 부분이 소셜 미디어를 개인적인 목적으로 사용하는 경우와 비즈니스 목적으로 사용하는 경우가 선명하게 갈리는 지점이다. 사람들은 대부분 자신이 원하는 것을 공유하고, 논하고, 게시하기 위해 소셜 미디어 계정을 연다. 하지만 기업이 같은 방식으로 자신의 소셜 미디어 채널에 접근하는 것은 바람직하지 않다.

물론 비즈니스 관련 소셜 미디어 활동도 격식에 얽매이지 않고 즉흥적이며 재미있고 사적일 수 있다. 또 어느 정도는 예측 불가능할 수도 있다. 그러나 비즈니스가 목적이라면, 소셜 미디어 활동은 기업의 정체성과 하는 일, 기업이 어떤 메시지를 전달하려 하고 누구와 소통하는지와 같은 기업 전반을 관통하는 큰 틀에 부합해야 한다.

일반적으로 이 틀 속에는 상당량의 고객 관련 정보가 포함되어 있으며, 그 정보를 통해 다음과 같은 고객의 주요 특징들을 파악할 수 있다.

▩ 인구 통계적 요인

성별, 연령대, 직업, 혼인 상태 혹은 가족 구성과 같은 배경 특징을 말한다.

▩ 지리적 요인

거주하거나 방문하는 곳. 오프라인 매장을 가진 기업이라면 고객은 보통 물리적 장소와 가까운 곳에 있다. 따라서 온라인에서 타깃 고객을 정할 때 이 점을 참고해야 한다.

▩ 심리적 요인

개인의 의사 결정에 주요 영향을 미치는 동기, 성격, 가치 등은 사람마다 상당한 차이를 보일 수 있다.

▩ 경제적 요인

수입, 직업, 소비 패턴의 차이를 말한다.

적절한 채널 발견하기

만약 당신이 누가 당신의 고객인지를 알고 있다면(또는 당신의 고객이 어떤 특징을 가지고 있는지 이미 파악했다면), 그들이 어떤 사람이고 왜 당신의 사업에 흥미를 보이는지를 이해하기는 어렵지 않다. 게다가 그들이 어떤 소셜 채널을 사용하는 중인지, 그 채널에서 무엇에 흥미를 보이는지를 알아내는 건 훨씬 더 간단한 문제다.

간혹 소셜 미디어에 모두의 관심거리가 아닌 개인의 식사나 그 비슷한 내용의 사진을 게시했다는 이유로 비난을 받는 경우가 있다. 만약 당신이 거대 법률회사를 운영하거나 자동차 제조자라면, 직원의 아침 식사 사진은 이상적인 콘텐츠가 아닐 것이다. 하지만 당신이 최고급 무료 직원식당을 열었다면, 신규 채용 프로그램의 일환으로 직원 특혜사항을 홍보하는 중이라면, 식사 사진은 최고의 게시물이 될 것이다. 소셜 미디어 채널들을 구별하는 것은 여전히 유용할 수 있다. 채널 안에서 콘텐츠를 구분 지어 운영하는 회사도 있다. 예컨대 식사 사진을 올리는 '우리 회사에서 일하기Jobs at this Company' 페이지와 제품이나 서비스를 설명하는 페이지를 구분하는 것도 가능하다.

적절한 메시지를 그에 딱 맞는 채널에 올리는 것이 무엇보다 중요하다. 아래 사례에서 알 수 있듯이, 만약 당신이 요식업을 하고 있다면 음식 사진을 게시하는 것은 매우 적절한 소셜 미디어 전략일 것이다.

모범적인 소셜 미디어 운영 사례 – 돈코츠Tonkotsu

소셜 미디어를 모범적으로 운용한 구체적인 사례를 살펴보고 전문적인 통찰을 얻기 위해, 우리는 돈코츠 브랜드 매니저 애슐리 뮤어Ashleigh Muir와 이야기를 나누었다.

돈코츠는 버밍엄과 런던에 있는 라멘 전문점이다. 2012년 런던에 처음 문을 연 이후 큰 성공을 거두며 10개 지역으로 점포를 확대했다. 2019년 현재, 더 많은 점포를 열기 위한 투자 기금을 추가로 확보한 상태다.

돈코츠의 음식이 시각적으로 매우 훌륭하다는 점을 짚고 넘어가야 할 필요가 있다. 음식 평론가들은 감각적 묘사를 즐기니 그들의 말을 인용하는 것이 좋을 것 같다. "바로 그때, 깊고 감미로운 향을 풍기는 돈코츠 라멘이 나왔다. 비단처럼 부드러운 국수 위에 얇게 저민 삼겹살과 적절하게 간이 밴 반숙 계란이 반으로 잘려 올라가 있고, 맨 위에는 흑마늘 오일이 뿌려져 있었다." 하지만 시대가 변하면서, 온라인에 올라온 근사한 음식 사진이 《타임스》나 《가디언》의 맛있는 평론보다 훨씬 더 효과적인 홍보가 되었다.

돈코츠의 소셜 미디어 활동은 효과적이라고 알려져 있다. 무엇보다 그들은 음식을 보여주기 위해 시각 매체를 이용하는 데 탁월하다. 우리가 처음 돈코츠에 대해 알게 된 것은 소셜 미디어 페이지를 통해 돈코츠를 접한 사람들이 추천해준 덕분이었다. 돈코츠 소셜 채널에 올라온 음식 사진들에는 확실히 사람의 마음을 끌어당기는 매력이 있다. 이 책의 저자 중 한 명은 현장 조사를 위해 식당을 방문했지만 그러한 목적이 없어도 방문하고 싶을 만큼 근사하다.

인터뷰

돈코츠 브랜드 매니저 애슐리 뮤어는 돈코츠의 새로운 고객 중 약 40퍼센트가 소셜 미디어를 통해 돈코츠를 처음 알게 된다고 말한다. 그녀는 정확히 몇 명의 고객이 소셜 채널에서 돈코츠를 알게 되고 그로 인해 식당을 방문하는지를 계산하기는 어렵다고 했다. 하지만 돈코츠는 인스타그램 같은 채널을 통해 온라인상에서 관심이 어느 정도인지에 대한 감을 얻고 있으며, 여러 분석 도구를 활용해 얼마나 많은 사람이 그들의 게시물을 읽고 그 게시물을 다른 사람과 공유하는지 파악하고 있다. 그리고 당연한 말이지만, 사람들은 음식이 근사해 보일 때 방문하고 싶다고 생각하고 또 자신들의 식사 모습을 찍어 공유하고 싶어 한다.

뮤어는 돈코츠가 소셜 미디어를 대하는 전반적인 접근 방식에 대해 "유용한 정보를 느긋하고 편안하게"라는 말로 묘사한다. 돈코츠는 식당과 음식, 식당에서 음식을 먹는 사람들의 모습을 공유하기 위해 소셜 미디어를 이용하지만, 공격적인 마케팅 전술을 쓰지는 않는다. 식당이라는 공간에서 편안해하는 모습의 재미있는 사진들이 근사한 음식과 어우러질 때 음식 매출도 올라간다.

뮤어는 "우리는 우리 음식의 환상적인 이미지를 공유하기 위한 수단으로 소셜 미디어를 사용합니다. 이뿐 아니라 '여기를 누르시오, 저기를 누르시오'처럼 클릭을 유도하며 곳곳에 광고를 배치하는 대신에 소셜 미디어를 통해 팔로워들과 즐겁게 소통하려 노력합니다."라고 말한다.

뮤어는 돈코츠가 소셜 미디어를 항상 내부에서 관리해왔다고 한다. 처음에는 회사 설립자들이 소셜 채널들을 관리했지만, 회사가 커지자 브랜드 매니저가 된 그녀가 계정 관리를 담당하게 되었다. 현재는 그녀 혼자 회사의 소셜 미디어 활동을 총괄하고 있지만, 미래에 혹시 다른 직원들과 책임을 분담하게 되더라도 관리만큼은 항상 내부에서 할 계획이라고 말한다.

그녀는 회사가 성장하고 소셜 미디어가 발전하면서 자신들의 소셜 미디어 활동이 어떻게 변해왔는지 설명한다. "우리는 항상 소셜 미디어를 활용해왔습니다. 하지만 회사가 처음 문을 열었던 2012년과 비교해보면 지금 소셜 미디어에 의존하는 정도가 훨씬 더 큽니다. 우리에게 소셜 미디어는 팔로워 혹은 새로운 잠재 고객과 뉴스, 정보를 공유할 수 있는 가장 빠르고 가장 효율적인 방법입니다."

뮤어는 자신과 회사가 소셜 미디어의 진화 과정을 지켜봐 왔다고 하면서, 동영상 기반 채널들이 점점 더 많은 영향력을 행사하게 될 것 같다고 말한다. 그녀는 "틱톡TikTok과 라쏘Lasso 같은 앱이 대중화되면서 앞으로는 동영상이 대세가 될 겁니다."라고 지적한다. 나아가 업계가 이러한 트렌드들을 이해할 필요가 있으며 때로는 낡은 구식 플랫폼들을 버리고 새로운 플랫폼으로 전환하는 것에 개방적이어야 한다고 덧붙인다. "언제나 타깃 고객과 관계를 유지하려면 그들과 같은 플랫폼을 사용하는 것이 중요하기 때문에, 앞으로는 그에 맞춰 플랫폼을 찾아내거나 떠나야 할 수도 있습니다."

뮤어는 소셜 미디어 활동과 참여를 평가하기 위해 자신들이 사용하는 목표와 기준에 대해서도 밝힌다. 그녀에 따르면 돈코츠의 핵심 목표는 단순히 소셜 미디어가 아니라, 보다 광범위한 온라인상의 팔로잉과 참여다. "모든 일은 유기적으로 관련되어 있습니다." 이는 '편안하고 재밌게(사업 감각은 유지한 채)'라는 돈코츠의 일반적인 소셜 미디어 접근법과도 정확하게 맞는다.

친절하게도 뮤어는 이제 막 소셜 미디어 활동을 시작하려 하는 신생 기업에 한 마디 조언을 남긴다. "새로운 팔로워를 얻기 위해 사람들에게 돈을 쥐여주고 싶은 유혹에 빠져서는 안 됩니다." 그녀는 조금 느려도 신중하게 그리고 더 전략적으로 접근하라고 조언한다. 즉, 기업이 성장할수록 더 많은 사람의 관심을 얻도록 노력하고 좋은 제품을 생산해서 소셜 미디어에 입소문을 내라. "팔로잉과 참여를 동시에 늘리는 가장 좋은 방법은 사진이나 영상을 올릴 때 마음을 움직이는 문구와 함께 게시하는 겁니다. 소셜 미디어 계정 하나가 폐쇄된다고 해서 크게 마음 쓸 필요는 없습니다. 천천히 그리고 꾸준히 하다 보면 경주에서 이기는 법입니다."

끝으로 뮤어에게 소셜 미디어에서 고객들의 어떤 모습을 보고 싶은지 물었더니, 다음과 같은 답이 돌아왔다. "고객이 자신의 음식 스냅사진을 공유할 때나 우리 식당에서 즐거운 시간을 보내는 모습을 올릴 때가 제일 좋습니다. 그런 사진들은 대부분 퍼다가 우리 팔로워들과 공유합니다. 우리가 사용하는 소셜 채널들에(좋은 얘기든 나쁜 얘기든) 감상을 올려주는 것도 좋아합니다. 우리는 어떤 방식이든 고객이 가장 편한 방식으로 쉽게 연락할 수 있기를 바랍니다."

소셜 미디어 전략

몇 가지 핵심사항을 뽑아서 돈코츠의 소셜 미디어 전략을 요약하면 다음과 같다.

- 계정은 내부에서 관리한다.
- 시각 중심 게시물(인스타그램 형식을 참고하라), 즉 시각을 사로잡는 음식을 보여주는 것에 집중한다.
- 유료 마케팅이 아니라 여러 측면을 동시에 유기적으로 성장시키는 것이 중요하다.
- 재미있고 격식을 차리지 않는 스타일이 좋다.
- 일 주일에 최소 5번 이상, 새로운 게시물을 자주 올린다.
- 고객이 사진을 업로드하고 공유하도록 유도한다.

SNS, 이렇게 생각하라!

이 장에서 우리는 기업들에게 소셜 미디어에 적합하면서도 사용자의 마음을 사로잡는 전략을 세워야 한다고 조언했다. 하지만 우리 역시 구체적으로 어떤 소셜 미디어 채널을 사용해야 하는지, 혹은 정확히 어떤 유형의 콘텐츠가 성공을 거둘 것인지에 대해 유용하고 생산적인 조언을 하지는 못한다.

소셜 미디어는 여러 다양한 커뮤니케이션 플랫폼의 집합이다. 따라서 기업은 그들이 정확히 어떤 메시지를 누구에게 보내려고 하는지 답하는 것이 관건이다. 모든 기업 활동과 마찬가지로, 기업의 소셜 미디어 접근법은 기업 고유의 전략 그리고 목표와 조화를 이루어야 한다. 애석하게도 모든 곳에 적용 가능한 마법 같은 해결책은 존재하지 않는다.

소셜 미디어에 음식 사진을 올리는 것이 모두에게 맞는 방법은 아니다. 하지만 요식업계를 위한 좋은 사업전략인 것은 확실하다.

#17
열일곱 번째 생각

명확한 SNS 규정을 만들어라

기업이 성공하기 위해서는 데이터 보안, 영업 비밀, 신용이 반드시 지켜져야 한다. 기업은 기업을 보호할 수 있는 규정을 제대로 갖추고 있어야 하며, 직원은 지켜야 할 의무를 분명히 인지하고 있어야 한다.

오해와 진실

블로그, 포럼과 같은 소셜 네트워크 기술과 네트워크 플랫폼은 기업과 고객을 연결하는 강력한 수단으로 자리 잡았다. 또 13장에서 살펴보았듯이 점점 더 회사와 직원을 연결하는 효과적인 수단으로 여겨지고 있다.

전 세계 인구의 50퍼센트가 소셜 네트워크에 참여하게 되면서 소셜 네트워크는 점차 일상적인 활동 영역 중 하나가 되었다. 따라서 자신의 주된 비즈니스 활동 영역에서 소셜 네트워크를 완전히 제외하는 기업이 있다면 불리한 처지에 놓이게 되어 경쟁자들보다 뒤처질 가능성이 크다.

그러나 소셜 미디어 커뮤니케이션은 보통 자유분방하고 일상적이다. 따라서 신중한 사람들이 소셜 미디어상의 과도한 사생활 노출로 문제가 발생하고 위험이 야기될 수도 있다고 우려하는 데에는 합당한 이유가 있다. 너무나 허물없는 비공식성이 의도치 않게 영업 비밀의 누설로 이어져서 경쟁자를 비롯한 온갖 잡다한 사람이 알게 될 수도 있기 때문이다.

조직 내에서 소셜 미디어 사용 권한을 부여하고 공유하는 내용에 대해 주의를 기울이도록 직원들에게 권고하는 것은 언뜻 보기에 아주 쉬운 일인 것 같다. 즉, 조직이 관리하는 영역의 경계를 명확하게 밝히고, 그들 전체가 조직의 지침을 공유하며, 지켜야 할 행동수칙을 명확하게 제시하고, 직원용 안내서에 모든 사항이 반드시 빠짐없이 업데이트되도록 하면 끝나는 일인 것처럼 보인다.

인간의 의사소통 방식이 복잡한 이유는 우리 인간이 '사회적(소셜)' 존재이기 때문이다. 마찬가지로 소셜 미디어라는 이 다소 비공식적인 의사소통 수단 역시 관련된 위험을 관리하기에 복잡할 수밖에 없다.

이 책을 쓰고 있는 우리 두 사람은 비즈니스에 소셜 미디어를 적극적으로 활용해야 한다고 주장하는 쪽이다. 하지만 그렇다고 해서 기업이 소셜 미디어에 참여할 때 마주치게 되는 위험을 책에서 다루지 않는다는 건 매우 게으르고 무책임한 행동일 것이다. 따라서 이 장에서 우리는 지나친 사생활 노출이 가져올 수 있는 문제들을 살펴보고, 단순하지만 신뢰할 수 있는 커뮤니케이션 기준과 소셜 미디어 가이드라인을 검토할 것이다. 더불어 최근의 법률적 입장을 조사하고 현재 기업들이 위험을 줄이기 위해 실천하고 있는 방법들을 공유할 것이다.

목적과 마무리를 염두에 두고 시작하라

소셜 미디어 활동이 우리의 일상생활 속에 너무 깊게 스며들어 있다 보니, 걸핏하면 직업적 견해와 개인적 의견의 경계가 모호해지고 누가 무엇을 어떤 맥락에서 말하고 있는 것인지 알 수 없게 되고 만다. 물론 소셜 미디어의 이상은 정보 공유를 고무하는 것이다. 그리고 공유하는 행동은 자연스럽게 습관처럼 몸에 배었다. 하지만 직원이 공들여 개발 중인 신제품에 대해, 또는 이제 막 손에 넣은 새 클라이언트에 대해 거리낌 없이 이야기한다면 위험하거나 민감한 문제다.

이러한 상황은 기업이 소셜 미디어를 받아들일 때 훈련이 필요하다는 것을 보여준다. 또 소셜 미디어가 사업 과정과 업무 수행에서 어떤 도움을 줄 수 있는지를 신중하게 생각할 필요가 있다는 것을 보여준다.

소셜 미디어를 사용함으로써 얻을 수 있는 기회를 살리는 동시에 생겨날 수 있는 모든 위험을 막으려면, 모든 것을 하나하나 고려해야 하고 직원들과 쉽고 투명하게, 또한 분명하게 소통해야 한다.

사업 개발 매니저의 역할을 예로 들어보자. 그가 자신의 조직 내 업무 성과를 향상시키기 위해 자신의 개인적인 소셜 네트워크를 동원할 거라는 것은 매우 그럴듯한 예측이다. 따라서 개인의 소셜 네트워크 사용을 둘러싸고 소유와 통제의 경계선을 어디쯤 설정할 것인지를 고려하는 것은 중요한 일이며, 직원이 그만둘 때 생길 수 있는 문제도 미리 염두에 두어야 한다.

이러한 부분을 명확히 하더라도, 미국 스포츠 저널리스트 앤디 비터Andy Bitter의 사례에서 알 수 있듯이 소셜 미디어 계정의 소유주를 누구로 볼 것인가 하는 문제는 그리 확실치 않다. 2018년 앤디는 퇴사할 때 그가 사용하던 트위터 계정의 사용자 이름과 패스워드를 회사에 넘기지 않았다는 이유로 전 고용주로부터 고소당했다. 직원 안내서에는 회사의 모든 자산을 반드시 양도해야 한다고 적혀 있었다. 하지만 트위터 계정은 그의 개인 이름으로 되어있었고, 격분한 그의 팔로워들이 남긴 트윗은 팔로워들이 회사가 아니라 앤디 개인을 팔로우한다고 생각했음을 보여줬다.

복잡한 법정 다툼이 뒤따르는 가운데 앤디 비터도 고용주를 명예 훼손으로 고소했지만, 끝내 합의로 종결되었다. 처음부터 명확한 가이드라인과 교육, 확실한 예외규정이 있었다면 양쪽 모두에 엄청난 출혈을 가져왔던 이 사건도 좀 더 우호적으로 해결될 수 있었을 것이다.

직원들과 최신 정보를 공유하라

2018년에 우리는 다국적 회계컨설팅기업 프라이스워터하우스쿠퍼스Pricewaterhouse Coopers, PwC의 직원과 고객, 시장을 관리하는 담당자 케빈 버로우Kevin Burrowes를 인터뷰했다. 인터뷰에서 그는 PwC가 모든 직원을 대상으로 한 소셜 미디어 훈련과 연간 시험에 예산을 투자해야 한다고 주장했다. 직원들은 반드시 시험을 통과해야 하며, 교육받은 가이드라인이 지켜지지 않을 때는 확실한 제재가 가해져야 한다고도 했다.

그가 제안하는 모델에 따르면, 고용주는 직원에게 기대하는 바를 교육하고 훈련할 책임이 있을 뿐 아니라 주기적인 재교육을 통해 모든 사람이 최신 정보를 공유할 수 있도록 해야 한다. 즉, 조직 전반에 걸쳐 허용되는 행동과 허용되지 않는 행동을 지속적인 교육을 통해 명확하게 해야 한다.

이 책이 출판되는 2020년, 직원 안내서에 어떤 형태든 소셜 미디어 가이드라인을 수록하고 있지 않은 조직을 찾기란 힘들 것이다. 하지만 직원들이 가이드라인을 읽었기 때문에 공사 구분, 조직의 기대와 선호를 확실하게 이해하고 있을 거라고 가정해서는 안 된다. 실제로도 이해하고 있는지 아닌지는 정기적으로 점검해볼 문제다. 마찬가지로 가이드라인이 전달되는 방식을 살펴보고 점검하는 것도 현명한 행동이다. 직원들이 준법감시팀이 만든 복잡하고 난해한 법률용어로 가득한 수수께끼 같은 38쪽짜리 문서를 읽고 지킬 것 같지는 않다.

소셜 미디어 가이드라인을 만들 생각이라면, 우리는 직원들에게 상당한 재량권을 부여하는 베스트 바이Best Buy의 가이드라인을 참고하라고 추천하고 싶다. '스마트하게, 정중하게, 인간답게Be Smart, Be Respectful, Be Human'라는 제목의 베스트 바이 가이드라인은 직원들을 성숙한 인격체로 다루며 그들이 최선의 판단을 할 수 있도록 할 뿐만 아니라 매우 간결하고 분명하다. 실제로 필요한 정보를 모두 담는데 한 페이지면 충분하다.

데이터 보안

소셜 미디어 가이드라인에 따라 직원을 적절하게 훈련하더라도 문제는 발생할 수 있다. 기술의 발전으로 디지털 장치의 휴대성이 높아지고 탄력 근무와 BYOD 방식(Bring Your Own Device, 개인 소유 디지털 장치를 업무에 활용하는 것)을 도입하는 경우가 늘어나면서 소셜 미디어를 이용한 데이터 저장 및 고객, 거래처와의 접속이 증가하고 있다. 그리고 그에 따라 보안과 위험 관리의 문제도 커지고 있다. 영업 비밀에 관한 한 소셜 미디어에서 이루어지는 아무리 단순한 대화라도 고객 기밀 데이터의 누설로 이어질 수 있으며 비밀을 누설한 본인은 정작 그 사실을 알아차리지 못할 수도 있다.

데이터 보안 관련 법률은 매우 복잡해서 나라 혹은 사법 관할권에 따라 다르다. 하지만 소셜 미디어상의 개인 정보 보호는 직장에서 앞으로도 계속 문제가 될 가능성이 크다. 따라서 고용주가 데이터와 영업 비밀을 보호하도록 직원들을 교육할 때, 참고할 수 있는 지침들을 살펴보는 것이 유용할 것이다. 무엇보다 균형을 유지하는 것이 중요하다. 즉 직원들에게 대화하고, 공유하고, 서로 네트워킹을 형성할 수 있는 자율성을 부여하는 동시에 무엇이 허용되고 무엇이 허용되지 않는지를 보여주는 명확한 가이드라인을 함께 제시해야 한다.

우선은 위험성과 교육에 관련하여 현재의 상태를 파악하는 것이 관건이다. 그런 다음 커뮤니케이션 과정을 통해 모든 직원이 동의하고 이해할 수 있는 가이드라인을 마련하라.

먼저 현황 분석을 위해 다음과 같은 실용적인 질문을 던져 보라.

- 기대치를 명확하게 설정했는가? 소셜 미디어의 사용 목적이 명시된 문서가 존재하는가? 다시 말해 소셜 미디어가 업무에

서 어떻게 사용될 것으로 예상되는지, 그리고 전반적인 사업 전략이나 각 직원의 역할과 어떻게 부합하는지를 기록한 문서가 있는가?

- 모든 직원이 소셜 미디어 훈련을 받고 있는가? 그렇다고 한다면, 재교육은 어떤 빈도로 실시되는가? 직원들이 핵심 학습 내용을 제대로 알고 있는지 확인할 방법은 있는가? 예컨대 시험을 치르는가?

- 명확한 소셜 미디어 가이드라인이 있는가? 가이드라인은 필요하면 언제든 편하게 찾아볼 수 있는 곳에 비치되어 있고 쉽게 이해할 수 있는가? 또 지켜야 할 규칙이 상세히 설명되어 있는가? 대외적인 기업 브랜드 가이드라인과 마찬가지로 대내적인 소셜 미디어 가이드라인도 사용하기에 편리해야 한다.

- 소셜 미디어상의 접근, 로그인 권한과 게시 권한이 관계자들로 제한되고 있는가?

- 소셜 미디어 내에서 발생하는 변화를 계속해서 관리하고 평가하며, 변동사항을 조직 전반에 빠르고 효과적으로 전달하는 전담 인력이 있는가?

- 신입사원이 소셜 미디어 가이드라인, 기대치, 행동수칙을 배우고 신속하게 대응할 수 있도록 돕는 교육 과정이 있는가?

- 퇴사하는 직원의 소셜 미디어 계정 접근 권한을 인계받는 과정이 정책에 명확하게 규정되어 있는가?

이 질문들은 반드시 그대로 따라 해야 하는 규범 같은 것들이 아니다. 우리는 다만 이 질문들로 소셜 미디어 분야의 사고를 자극하고 매우 단순한 기준을 제공함으로써 기업 스스로 자신의 가이드라인과 실천 지침이 유용한지 알아내고 점검하는 계기로 삼기를 바랄 뿐이다.

SNS, 이렇게 생각하라!

소셜 미디어는 직원의 개인 생활의 일부지만, 직장 생활의 일부이기도 하다. 기업의 소셜 미디어 활동이 증가하면서 직원 업무에서 소셜 미디어가 차지하는 비중 또한 증가하는 추세다.

인간적인 관점에서 본다면, 직원을 교육할 때나 그들에게 기대하는 바가 무엇인지를 전달할 때 반드시 상식선에서 이뤄져야 한다. 그렇지만 기업이 성공하기 위해서는 데이터 보안, 영업 비밀, 신용 역시 반드시 지켜져야 한다. 기업은 기업을 보호할 수 있는 규정을 제대로 갖추고 있어야 하며, 직원은 지켜야 할 의무와 규정을 위반했을 때 받게 될 제재를 분명히 인지하고 있어야 한다.

우리는 이 장을 다음과 같은 적절한 인용구로 끝내려 한다.

"이제 더 이상 기업도 소셜 미디어를 외면할 수 없는 시대가 되었다. 하지만 성급하게 뛰어들기 전에 평판, 사생활 보호, 보안의 문제를 꼼꼼히 검토해야 한다. 기술 실패, 지식 재산 유출, 빈약한 고객 서비스 모두 장기적으로는 브랜드의 가치를 훼손할 수 있다."

- 셀림 아흐메드 Selim Ahmed, PwC

#18
열여덟 번째 생각

취중 SNS 사용은 위험하다

모든 기업에는 직장 내 소셜 미디어 사용을 규제하는 소셜 미디어 정책이 있어야 한다. 또 직장 밖에서 하는 온라인 활동 중에서 어떤 행동이 기업에 문제를 일으킬 수 있는지도 명확하게 밝혀야 한다.

오해와 진실

대부분의 사람은 임원 회의, 영업장소, 기자회견에 술 취한 상태로 나타나지는 않는다. 그런데 왜 그렇게도 많은 사람이 맥주 몇 잔을 마시고 나면 소셜 미디어에서 정치를 논하기에 좋은 순간이라고 여기는 걸까? 알코올이 판단을 그르치게 하는 걸까?

소셜 미디어는 어디서든 즉시 이용할 수 있기에 거의 장애물이 존재하지 않는다. 소셜 미디어 금지령이라도 내려진다면 폰을 쥐고 트위터로 달려들지도 모른다. 이제 사람들은 소셜 미디어에 게시물을 올리는 것이 불가항력적 행동이라는 사실을 깨닫는다. 이따금 술은 사회적 윤활유로 이용된다. 그리고 소셜 미디어는 확실히 사회적인 활동이다. 그런데도 둘이 섞이면 안 될 이유라도 있는가?

성인이면 소셜 미디어에서 무엇을 할 건지, 술은 얼마나 마실 건지 스스로 결정할 수 있다. 하지만 소셜 미디어와 술이 뒤엉킨 곳에 직장이 결합하는 순간, 심각한 실언과 무례, 실수가 발생한다.

술이 뇌에 미치는 영향

우리 뇌는 다양한 선택지들을 끊임없이 비교하고 상이한 행동의 장단점을 평가하며 과거의 경험과 기대되는 결과에 비추어 판단을 내리는 복잡한 의사 결정 기관이다. 알코올이 혈관을 타고 뇌로 흘러 들어가 전전두피질 prefrontal cortex에 도달하면 행동이 느려지기 시작한다. 전전두피질은 뇌에서 복잡한 의사 결정을 책임지는 부분이다. 즉, 술 몇 잔을 먹게 되면, 행동 결과를 판단할 수 없게 된다. 이 정보가 많은 사람에게 놀라운 이야기는 아닐 것이다.

음주는 위험하고 공격적인 행동을 부추기는 경향이 있다. 연구에 따르면, 음주 후에는 실수를 범할 가능성이 커지고, 실수할지도 모른다는 걱정을 덜 하게 되며, 스스로 실수를 저지르지 못하도록 조치를 할 가능성이 낮아진다고 한다. 알코올이 거의 모든 영역의 행동에 나쁜 영향을 미친다는 연구도 있다. 예를 들어 비즈니스 협상가를 대상으로 한 연구에서, 술을 먹은 사람들은 술을 먹지 않은 사람들에 비해 더 공격적이고 더 많은 실수를 범하며 더 빈약한 성과를 냈다. 흥미롭게도 술에 취한 협상가들은 알코올이 자신의 행동에 영향을 미치고 있다는 사실조차 인지하지 못했다.

좋다. 술은 행동과 판단에 나쁜 영향을 미친다. 어두워지고 밤이 되면 영국인은 날씨에 대해 불평을 늘어놓고 악어를 집안에서 반려동물로 키우기에는 좋지 않다는 등 투덜대기를 즐긴다. 재차 말하지 않아도 우리 모두 잘 아는 현상이다. 하지만 여전히 술, 소셜 미디어, 직장이 한데 뒤엉키며 많은 사람을 곤경에 처하게 한다.

직원들이 나쁜 결정을 내리지 못하도록 기업이 항상 따라 다니며 막을 수는 없다. 그리고 성인이라면 자신의 결정과 행동에 책임져야 한다. 즉, 이 말은 기업이 어떤 종류의 행동이 바람직하고 허용되는지에 대한 명확한 가이드라인을 가지고 있어야 한다는 것을 의미한다(소셜 미디어 가이드라인에 대해서는 이 장의 뒷부분에서 더욱 구체적으로 다룰 것이다).

술에 취해서 올린 게시물은 구직 활동에 좋을 것이 없다

다른 장들에서 우리는 고용주와 인사담당자가 특정 소셜 미디어 활동을 어떻게 생각하는지를 살펴볼 것이다(22장과 23장). 고용주가 지원자를 그들의 소셜 미디어 활동을 기초로 평가하는 것이 합법적이냐 아니냐와 무관하게, 상당수의 고용주가 확실히 그렇게 하고 있으며 앞으로도 그렇게 할 것으로 보인다. 인사담당자들이 지원자를 심사할 때 확인하는 가장 일반적인 적신호들 가운데 대표적인 것이 알코올과 약물 사용, 정치적 난동과 극단적 견해다.

공통적으로 가장 우려하는 요인의 하나는 지원자가 술을 지나치게 많이 마시는 사진이나 확실히 취한 듯 보이는 사진을 다수 목격하게 되는 상황이다. 술을 마신 여부는 사진으로 확인하면 더 쉽지만, 문자 기반의 게시 글에서도 대개 명백하게 드러난다. 사진과 글이 만취의 의미인지 아닌지를 확인하기 위해 인사담당자들은 길고 산만한 게시 글과 공격적인 콘텐츠, 또는 새벽 짧은 시간 동안의 일관성 없는 활동을 유의미하게 살펴본다.

물론, 직원을 직장 바깥의 행동에 기초해서 평가하는 것은 부당할 수 있다(그리고 불법일 수도 있다). 또 고용주가 자신이 수요일 새벽 2시에 트위터에 올린 글을 읽기를 원하는 사람도 거의 없을 것이다. 법적으로, 직업 성과와 무관한 활동을 기반으로 고용 결정을 내리는 고용주가 있다면 곤경에 처할 수도 있다. 하지만 현실적인 면에서 본다면, 그러한 정보를 공개적으로 게시하는 것은 대단히 분별없는 행동이다.

당신의 본모습 전부를 직장에 끌어들이지 말라

소셜 미디어 시대에 사생활과 직장 생활을 분리하는 방법은 무엇인가? 온라인에서 이루어지는 개인의 소셜 상호작용과 비즈니스 커뮤니케이션 사이의 경계는 어디인가? 확실히 일과 생활 사이 어딘가에는 경계가 있어야 한다. 클라이언트, 동료, 고객은 자신이 일과 관련하여 알게 된 사람들을 온라인에서 찾아볼 것이 분명하기 때문이다.

소셜 미디어 시대를 맞아 일과 생활의 균형work-life balance에 대한 많은 논쟁이 있고, '자신의 전부를 일에 쏟아부어야 한다'와 같은 말이 여기저기서 들려온다. 이러한 말들은 우리에게 세상은 개인 생활과 회사 생활이 조화롭고, 비즈니스와 개인 관계가 포개지며 모두가 직업이라는 겉치장 뒤로 숨지 않아도 행복해질 수 있는 장밋빛이라고 부추기는 것이다.

이처럼 '자신의 전부를 일에 쏟아붓기bring your whole self to work'는 지나치게 낙관적인 태도이자 직장에 넘쳐나는 천진난만한 상투어들 가운데 하나일 뿐이다. 직장은 절대로 당신의 근심, 감정적 불안, 심리 상태 전부를 쏟아붓는 곳이 아니다. '자신의 전부'에 도덕적으로 의심스러운 술주정뱅이가 포함되어 있다면 어떻게 될까? 주말에 술에 취해 신나게 노는 것은 괜찮다. 하지만 그 신나게 놀던 사람을 직장으로 옮겨와서는 안 된다. 자신의 전부를 일에 쏟아붓는다는 말은 멋지게 들릴 수도 있지만 해고당하는 지름길일 수도 있다.

소셜 미디어에는 매우 광범위하고 모호한 회색지대가 존재한다. 한 개인의 공개적인 소셜 미디어 활동은 그 자신의 업무 관계, 나아가 일 전반에 영향을 미칠 수 있다. 사람들이 소셜 미디어에 직장, 동료, 클라이언트 혹은 상사에 대한 게시물을 올릴 때 특히 우려스러운 것도 이 때문이다. 고용 및 노동 전문 변호사인 라파엘 고메즈Rafael Gomez는 《뉴욕타임스》 기고문에서 "직원들이 올린 부주의한 게시 글은 소셜 미디어에 올라왔다는 이유만으로 면제받을 수 없다."라고 말한다.

소셜 미디어에 공개적으로 게시되는 순간 그것에 대해 반드시 누군가는 알게 된다고 가정하는 것이 안전하다. 또 어떤 사람의 소셜 미디어 프로필에 올라와 있는 연락처나 친구가 대부분 같은 회사나 같은 사무실 사람들이라면, 그 사람이 올린 콘텐츠 대부분이 사무실의 이야깃거리가 되고 있다고 가정하는 것이 타당하다(특히, 동료들이 게시 글이나 사진에 태그를 걸어 둔 경우라면). 여기에 알코올이 끼어들어 섞이는 순간 모든 것이 갚아 먹힐 수 있다.

고용주는 직원의 행동이 회사 전반에 영향을 미친다는 사실을 잘 알고 있을 뿐 아니라 일선 관리자의 의사 결정 능력도 항상 예의 주시한다. 이것이 바로 기업이 명확한 소셜 미디어 가이드라인을 가져야 하는 중요한 이유다.

개인과 기업 커뮤니케이션 사이에 경계를 설정하는 것도 도움이 될 수 있다. 술집에서 친구와 이야기를 나누는 방식대로 직장에서 대화를 나누는 사람은 없을 것이다. 마찬가지로 사람들이 소셜 미디어에서 친구들과 상호작용하는 방식이 직장 내 디지털 커뮤니케이션과 항상 잘 맞아떨어지지는 않을 것이다.

아무 콘텐츠나 마구잡이로 직장에 끌어들이지 말라

논의가 한창인 중에 의도적으로 관계없는 게시 글이나 질 낮은 콘텐츠를 다소 공격적으로 올리는 온라인 현상이 있다. 인터넷 용어로 이런 종류의 활동을 '쉿포스팅shitposting(영양가 없는 포스팅)'이라고 부른다. 이 행동은 주로 알코올과 소셜 미디어가 관련될 때 일어난다. 마치 술집에 가서 맥락 없이 이것저것 닥치는 대로 이야기하는 것과 다를 바 없다. 친구들이 이런 식의 이야기를 좋아한다면, 더 이상 좋을 수는 없을 것이다. 하지만 직장에서 이런 부류의 이야기가 환영받을 가능성은 거의 없다.

친구나 가족 중에 저녁 식사 파티에서 항상 지나치게 술을 많이 마시는 사람이 있다고 해보자. 그는 술뿐 아니라 얘기 중에 옆길로 새서 논쟁을 시작하고 재미 삼아 약간의 물의를 빚는 것도 좋아한다. 온라인에서 약간 바보같이 구는 것을 좋아하는 친구들 모임이 있을 수도 있다. 아마도 이들은 자신들만 아는 농담과 자기들끼리만 상호작용하는 독특한 방식이 있을 것이다. 문제는 사람들이 직장에서 커뮤니케이션하는 방식과 직장 밖에서 상호작용하는 방식을 구분할 필요가 있다는 사실을 깨닫지 못할 때 발생한다.

이것이 고용주가 직장 내 커뮤니케이션에 대한 명확한 가이드라인을 만들어야 하는 또 다른 중요한 이유다. 또한, 가이드라인에는 소셜 미디어에서 이루어지는 개인적, 공개적 커뮤니케이션이 어떻게 개인 평판과 기업 평판 모두에 영향을 미칠 수 있는지가 명확하게 설명되어야 한다.

소셜 미디어 정책 제안

모든 기업에는 직장 내 소셜 미디어 사용을 규제하는 소셜 미디어 정책이 있어야 한다. 또 직장 밖에서 하는 온라인 활동 중에서 어떤 행동이 기업에 문제를 일으킬 수 있는지도 명확하게 밝혀야 한다(예를 들어, 회사 유니폼을 입고 찍은 사진을 게시하고 직장 관계에 대해 개인적으로 포스팅하거나 회사 페이지에 사적인 게시물을 올리는 행동).

아래에서는 소셜 미디어 정책에 포함되어야 하는 사항들을 참고하기 위해, 모범 사례로 꼽히는 코카콜라의 소셜 미디어 정책을 살펴볼 것이다.

⤴ 소셜 미디어 바깥에서 논쟁을 해결하기 위한 방침 정하기

직장에서 논쟁이 일어나는 것은 불가피한 일이다. 따라서 이러한 갈등을 적극적으로 관리할 수 있는 확실하고 쉬운 방법을 마련해야 한다. 직원들이 동료에 대해 불평하거나 뒤에서 수군거리고 소셜 미디어에 불만의 글을 게시하는 문제는, 갈등을 관리하고 해결할 수 있는 온당하고 건설적인 방법이 없을 때 발생할 가능성이 크다. 효과적인 인적 자원 관리 관행이 마련되어 있다면 분쟁을 해결하는 데 도움이 된다.

⤴ 어떤 정보가 기밀 정보인지를 확실하게 규정하기

기업 정보 중에는 누군가의 소셜 미디어 페이지나 외부 사이트에 공개적으로든, 아니면 혼자 보기 위한 용도로든 절대로 게시되어서는 안 되는 것들이 있다. 대표적으로 클라이언트 정보, 사업계획, 개인 정보, 지식 재산과 같은 기밀 정보가 여기에 속한다.

하지만 아무런 해가 없을 것 같은 정보도 비밀을 누설할 수 있다. 예를 들어 무심코 위치 내역, 미팅 장소, 일정 메모를 누설하거나 게시물에 나오는 인물에 태그를 다는 등 민감한 정보를 부주의하게 흘릴 수 있다(17장을 참고하라). 어떤 정보가 기밀 정보인지를 확실하게 정해 직원들이 몰라서 실수를 범하는 일이 없도록 해야 한다.

⌁ 담당자를 정해서 질문에 명확한 답을 주기

많은 사람이 온라인에 공유되는 모든 정보를 놓치지 않고 따라가기는 어렵다고 말한다. 소셜 미디어 에티켓과 회사 정책이 헷갈린다고 말하는 사람도 있을 것이다. 담당자를 정해서 회사 정책과 소셜 미디어에 관한 쓸모 있는 조언을 구할 수 있게 하라. 담당자는 식견이 풍부하고 쉽게 다가갈 수 있는 사람이어야 한다.

이러한 주제들에 관해 물어볼 사람이 있다는 것은 좋은 일이다. 직원들도 조언을 얻을 수 있다는 사실에 감사할 것이다. 또 "내가 그 일을 하기 전에는 아무도 그것이 나쁜 일이라는 말을 해주지 않았다"라는 주장을 무력화시킬 수도 있다.

⌁ 온라인에서 타인과 관계 맺는 방법에 관한 바람직한 사례 제시하기

이 부분이 특히 중요하다. 직장에서 바람직하고 효과적인 행동 모델을 제시하는 것이 해서는 안 되는 것을 나열하기만 하는 긴 목록과 정책 매뉴얼보다 훨씬 효과적이기 때문이다. 사람들이 갈등을 어떻게 관리해왔는지, 소셜 미디어를 활용해서 어떻게 정보를 효과적으로 입수해 왔는지, 혹은 소셜 미디어 기술을 어떤 식으로 멋지게 사용해 왔는지에 대한 사례들을 보여주라.

개인적인 목적으로 소셜 미디어를 사용한 경험이 아무리 많은 사람이라 하더라도 업무적인 목적으로 소셜 미디어를 사용한 경험은 없을 수 있다는 점을 기억해야 한다.

↗ 온라인에서 어떤 행동이 불법이고 비윤리적인지 명확하게 설명하기

누가 보기에도 확실하게 이 범주에 속하는 행동들이 있다. 예컨대 온라인상에서 혐오 발언을 하거나, 편견에 사로잡힌 언어를 쓰거나, 사람들을 위협하고 괴롭혀서는 안 된다. 하지만 보다 미묘한 문제가 있을 수 있다. 직원들은 회사 로고나 저작권 보호 자료를 온라인에서 사용할 수 있는가? 있다면, 어디에서 어떻게 사용해야 하는가? 직원들이 자신의 소셜 미디어 페이지에 회사 유니폼을 입은 자신의 모습이나 회사 브랜드가 나오는 장소에서 찍은 사진을 사용해도 괜찮은가? 괜찮다면, 온라인에서 그러한 행동을 할 때 추가로 주의해야 할 사항은 없는가?

↗ 특정 행동에는 특정 결과가 따른다는 사실을 명시하기

이 부분은 회사의 다른 정책들과 크게 다르지 않다. 직장 내의 도둑질, 왕따시키기, 괴롭히기는 그에 상응하는 대가를 치르게 될 것이다. 소셜 미디어에서 나쁜 행동이 일어나는 경우도 마찬가지다.

사소한 잘못이나 실수라면 짧은 대화로 끝날 수도 있다. 단, 다음번에도 이와 비슷한 상황에 마주한다면 어떻게 행동해야 하는지를 정확하게 설명하라.

↗ 소셜 미디어 정책과 기업문화

소셜 미디어 정책은 직업과 관련 책임에 따라 매우 다양할 수 있다. 교사, 심리학자, 의사, 사회 복지사처럼 돌봄 의무가 있는 직업이라면 직장 안과 밖에서 그들의 행동을 규제하는 보다 엄격한 규약이 있어야 한다.

지나치게 조심하는 것이 무엇보다 중요한 직업도 있지만, 그런 직업을 제외하면 대부분 직장에서는 소셜 미디어 정책에 더욱 느슨하게 접근해도 괜찮다. 간혹 직원들에게 소셜 미디어를 보다 유연하고, 더욱 즐겁게 사용하라고 고무하는 기업들도 있다. 멋진 태도다. 하지만 허용될 수 있는 행동과 그렇지 않은 행동의 경계는 여전히 명확해야 한다.

코카콜라는 일반적인 가이드라인과 보다 구체적인 지침이 서로 조화를 이루는 모범적인 소셜 미디어 정책을 시행하고 있다. 또한, 소셜 미디어 정책을 정기적으로 업데이트한다(만약 당신 회사의 소셜 미디어 정책이 만들어진 지 5년이 넘었다면, 확실히 손볼 때가 왔다).

코카콜라의 가이드라인은 다음과 같다.

1. 우리 회사의 개인 정보 보호 정책과 내부자 거래 정책을 비롯한 기타 정책들은 소셜 미디어 부문에도 똑같이 적용된다.
2. 당신은 자신의 행동에 책임을 져야 한다. 우리는 당신이 온라인 활동으로 즐거움을 얻기를 바라지만, 동시에 건전하게 판단하고 상식적으로 행동하기를 원한다.
3. 당신은 회사 밖에서 브랜드를 대표하는 중요한 사람이다. 회사 브랜드 상품을 홍보할 때는 반드시 당신이 우리 회사 사람이라는 사실을 분명히 밝히기를 권장한다. 신분을 밝히는 방식은 플랫폼에 따라 다를 수 있다. 하지만 전달하는 메시지 자체에 당신의 신분이 명확하게 드러나야 한다.
4. 제품의 성분이나 비만 문제, 환경적인 영향, 재정 성과와 같은 전문지식을 요구하는 주제에 관한 게시물이나 댓글을 보게 되는 경우, 그 주제와 관련해 회사가 마련한 공식 입장대로 당신이 답할 수 없다면 문제에 즉답하고 싶은 유혹에서 벗어나야 한다. 미심쩍은 부분이 있다면, 지역 홍보 담당자에게

문의하라.

5. 업무와 개인 활동을 동시에 진행하는 경우에는 신중할 필요가 있다. 근무 중에 혹은 회사 기기에서 소셜 미디어를 개인적으로 사용해야 한다면, 소속 부서의 관련 정책을 확실하게 인지하고 있어야 한다.

SNS, 이렇게 생각하라!

이 부분의 결론은 확실하고 직접적인 충고들을 제시하는 다른 장들과 비교하면 다소 모호한 감이 있다. 해로울 수도 있는 직원의 행동과 소셜 미디어를 둘러싼 쟁점에 알코올이 더해지면 문제는 더 복잡해진다.

고용주에게는 두 가지를, 소셜 미디어 개인 사용자에게는 한 가지를 확실하게 권하고 싶다. 첫째, 고용주는 명확한 정책을 마련해야 한다. 즉, 직장 안과 밖에서 소셜 미디어를 사용할 때 허용될 수 있는 행동의 범위를 명확하게 밝혀야 한다. 직원은 자신의 공개적인 온라인 활동 중에서 어떤 것이 자신의 업무와 고용주에게 부정적인 결과를 가져올 수 있는지 정확하게 이해해야 한다.

둘째, 고용주는 업무와 관련된 회합에서 지나친 음주를 부추기거나 조장하지 않도록 매우 조심해야 한다. 크리스마스 파티에서 사람들이 마음껏 즐기기를 바라는가? 좋다. 술을 내갈 때 필요한 합리적이고 상식적인 조치들을 취하기만 한다면, 그리고 파티가 진행되는 동안 업무 관련 활동(소셜 미디어, 업무 이메일, 클라이언트와의 대화를 포함하여)이 이루어지지 않도록 일을 보류시킬 수만 있다면 괜찮은 생각이다.

직장 내 직원들에게 전할 메시지는 아주 단순하다. 술에 취해서 바보처럼 굴거나 온라인에 게시물을 올리지 말라. 또 술에 취해서 업무를 볼 생각은 아예 하지 마라. 성인이라면 스스로 결정을 하고 그에 따른 결과도 자신이 처리해야 한다. 우리는 고용주가 지나치게 엄격한 규제를 가하거나 직원들의 행동을 직장 밖에서까지 감시해야 한다고 조언하는 것은 아니다. 지나친 규제와 감시는 역효과를 낳고 직원들에게 직장을 재미없는 곳으로 만드는 경향이 있다. 직원들에게도 자신의 음주와 소셜 미디어 행동을 관리할 책임을 부여해야 한다.

끝으로 이 한 가지는 반드시 짚고 넘어가야 할 것 같다. 업무를 밑에 깔고 그 위에 알코올을 올린 다음 소셜 미디어를 부어서 한데 뒤섞으면 위험하고 어리석은 음료를 제조할 수 있다.

#19
열아홉 번째 생각

젊은 세대가 모두 SNS 전문가는 아니다

지식과 경험은 어느 정도 일치하는 경향이 있다. 그러나 개인적인 커뮤니케이션 용도로 소셜 미디어를 사용한 경험이 있다고 해서 비즈니스 영역에서도 전문성을 발휘할 것이라고 가정해서는 안 된다.

오해와 진실

일반적으로 연령대가 비슷하면 성격이나 가치관, 기량도 비슷하다고 가정하는 경향이 있다. 흔히 젊은 세대는 컴퓨터, 스마트폰을 쓰며 자랐고 인터넷과 소셜 미디어에 쉽게 접근할 수 있는 환경에서 성장했기 때문에, 이 모든 디지털 기기들을 사용하는 데 당연히 능숙하다고 생각된다. 그러면서 이따금 넌지시 이러한 기술이 젊은이들에게 좋지 않은 영향을 미친다고 말한다. 예를 들어 "밀레니엄 세대에게 소셜 미디어는 술과 마약만큼이나 해롭다"는 식의 기사 제목을 발견하기는 어렵지 않다.

이와 비슷하게, 모든 젊은이가 기술과 소셜 미디어 영역의 전문가라고 가정하기도 한다. 소셜 미디어의 영향을 보도하는 기사는 대부분 부정적이다. 그리고 이와 유사한 가정 중의 하나가 30세 이하 젊은 세대는 일반적으로 소셜 미디어에 능숙하고 이러한 기술을 마치 제2의 천성인 양 다룬다는 것이다. 보통 미디어에서 이 주제는 다음과 같은 제목 아래 논의되곤 한다. "밀레니엄 세대와 Z세대는 실제로 만나서 이야기를 나누기보다 핸드폰과 앱으로 상호작용하는 경우가 더 많다.", 그리고 "스마트폰이 우리 세대를 망치고 있다."

이 가정에는 두 가지 중요한 문제가 있다.

1. 다른 모든 고정 관념이 그러하듯, 이러한 생각이 집단 구성원 모두에게 적용되는 것은 아니다.
2. 개인적으로 소셜 미디어를 사용한다고 해서 비즈니스 영역에도 효과적으로 적용할 수 있을 거라는 확실한 보장은 없다.

이 장에서는 이 두 가지 문제를 상세하게 살펴볼 것이다. 하지만 논의를 시작하기 전에, 누군가의 나이가 어떤 특정 기술의 능숙함을 보여주는 타당한 예측변수는 아니라는 점을 기억할 필요가 있다.

나이에 대한 고정 관념의 문제

연령대나 세대 차이에 근거한 고정 관념은 대부분 맞지 않는다. 확실히 많은 젊은이가 소셜 미디어를 능숙하게 사용한다. 물론 소셜 미디어를 거의, 혹은 아예 모르는 노인들도 있다. 하지만 일터에서의 소셜 미디어 사용 능력을 나이를 기반으로 예측할 수 있다고 가정하는 것은 잘못된 것이다.

상대적으로 젊은(그리고 나이든) 직원에 대한 고정 관념은 면밀하게 검토하면 맞지 않는 경우가 대부분이다. 『업무의 통념Myths of Work』의 저자는 체계적인 접근방법을 사용해서 젊은 세대(그리고 나이든)를 둘러싼 통념들이 잘못되었음을 밝힌다. 때때로 젊은 직원들은 게으르고 소셜 미디어에 집착하는 자아 도취자로 여겨지는 반면, 나이 든 직원들은 독단적이고 변화를 싫어하며 배우는 것이 더디다고 묘사된다. 수만 명의 직원을 대상으로 한 수백 개의 과학적 조사연구들을 검토해보면 이 고정 관념들이 틀렸음을 알 수 있다. 따라서 저자는 "일터에서 세대 간에 유의미한 큰 차이가 나타나지는 않는다. 따라서 직원들을 평가하는 데에는 성격, 지능, 개인의 동기, 기술과 경험 같은 요소들이 훨씬 더 유용하다"고 결론짓는다.

    기업의 관점에서 보면 잘못된 가정에 기반한 의사 결정이 실수로 이어지는 것은 문제가 될 수 있다. 회사의 소셜 미디어 담당 직원을 고용할 때 나이를 기준으로 고용을 결정하기보다는 가장 숙련된 사람을 고용하는 것이 더 효과적이다.

개인적 용도 대 비즈니스 적합성

훌륭한 요리사가 있다고 가정해보자. 그는 매일 요리하고, 이를 즐기며, 주방 일에 매우 능숙하다. 이 능력만 있으면 비즈니스에서도 순조롭게 성공할 수 있을까? 그럴 수도 있다. 그러나 훌륭한 요리사에게 요구되는 기술이나 지식과 성공적인 레스토랑을 운영하는 데 필요한 기술이나 지식 사이에는 상당한 차이가 있다. 그는 음식을 대량으로 준비하고 요리할 수 있는가? 알레르기가 있는 사람들과 여러 가지 식이 요법들이 요구하는 사항에 맞춰 음식을 조리할 수 있는가? 재고와 비용을 관리할 수 있는가? 직원을 뽑아 관리하고 개발하는 일은 어떤가? 판매와 고객 서비스에 필요한 기술들을 갖추고 있는가? 어쩌면 그는 자신의 개인적 소질을 비즈니스에서의 성공으로 전환할 수 있을지도 모른다. 하지만 개인적 소질이 있으니 비즈니스에서도 당연히 성공할 것이라고 가정해서는 안 된다.

소질을 비즈니스의 성공으로 옮기는 경우도 마찬가지이다. 소셜 미디어 역시 예외는 아니며, 모든 기술은 다방면으로 자유롭게 사용될 수 있다. 컴퓨터나 정보 기술을 이용해 작업하는 것이 매우 편안한 사람도 엑셀 스프레드시트 관리는 전혀 못 할 수도 있다.

소셜 미디어를 개인적인 용도로 매일 혹은 심지어 매시간 사용하는 사람이 있을 수도 있다. 그는 다양한 여러 플랫폼을 이용해 친구나 가족과 소통할 수도 있고, 디지털 미디어를 소비할 수도 있으며, 온라인에서 상품을 구매할 수도 있다. 이처럼 소셜 미디어와 친숙하다는 것은 비즈니스 목적으로 소셜 미디어를 사용하게 될 때 장점이 될 수도 있다. 그러나 반드시 장점이 된다는 보장은 없다.

어쩌면, 일상적으로 소셜 미디어를 사용하고 소비하는 사람 중에는 개인적인 용도로 소셜 미디어를 사용할 때는 괜찮지만 비즈니스 목적으로 사용할 때는 허용되기 어려운 습관이 이미 몸에 밴 경우가 있을지도 모른다.

개인적 영역과 비즈니스 영역 구별하기

일과 관련된 소셜 미디어 사용이 증가할수록 사생활 영역에서 소셜 미디어를 사용하려는 의욕이 실제 감소한다는 흥미로운 보고가 있다. 젊은이들을 대상으로 한 최근의 인식 조사에서도 소셜 미디어에 대한 젊은 사용자의 반발이 증가하고 있음을 알 수 있다.

영국 학교장협의회와 디지털 어웨어니스 유케이Digital Awareness UK가 공동으로 행한 조사에 따르면 개인적 용도의 소셜 미디어에 대한 불신이 상당히 컸다. '소셜 미디어가 존재하지 않는다면'이라는 질문에 조사 대상 학생의 거의 2/3(63퍼센트)가 상관없을 것 같다고 했고 71퍼센트는 긴 휴식을 취하거나 '디지털 디톡스digital detoxes'의 시간을 갖겠다고 답했다. 또 1/2 이상이 온라인 남용을 경험한 적이 있다고 말했다.

어쩌면 지금은 이 숫자가 더 많을지도 모른다. 현재, 많은 사람이 업무의 일부 혹은 전부를 처리하기 위해 소셜 미디어를 사용한다. 상당수의 뉴스 기사들에 의하면 업무를 위해 소셜 미디어를 사용하는 경우 개인적인 소셜 미디어 사용이 줄어들 수 있다고 한다. 예를 들어 영국 학교장협의회의 조사 결과, 한 응답자는 다음과 같이 말했다. "소셜 미디어가 내 직업이고 일은 적은 게 좋다 보니, 누군가와 꼭 연락을 취해야 하거나 일 때문이 아니라면 퇴근 후에 내 인스타그램을 보거나 페이스북을 사용하지는 않는다. 그 덕에 나는 내 온라인 세계와 오프라인 세계를 명확하게 구분 지을 수 있게 되었다. 항상 소셜 미디어에 접속해 있다는 것은 진 빠지는 일이다. 그저 침묵하고 싶을 때도 있기 때문이다."

지금 이 응답자의 마음속에는 "과잉정당화 효과over-justification effect"라 불리는 흥미로운 심리학 개념이 작동하는 중이다. 1971년에 에드워드 데시Edward Deci는 실험을 통해 이 개념을 처음으로 밝혀냈다. 원래의 실험에서 참가자들은 연구가 진행되는 동안 주어진 게임을 해야 했다. 그러다 휴식 시간이 되면 게임을 해도 좋고 안 해도 좋다는 소리를 들었다. 참가자 중 일부에게는 게임을 하는 대가로 돈을 지불했고, 일부에게는 지불하지 않았다. 게임의 대가로 돈을 받은 참가자들은 받지 않은 참가자들보다 휴식 시간에 계속 게임을 하는 숫자가 훨씬 더 적었으며 이런 상황은 연구가 끝난 후에도 지속되었다.

연구 결과는 사람들이 어떤 활동을 하는 대가로 돈을 받는 경우, 보상이 사라지면 그 활동에 참여할 동기 또한 약해진다는 사실을 보여준다. 이는 서로 전혀 다른 두 가지 동기 부여 방식이 존재하기 때문이다.

- **내재적 동기**Intrinsic motivators는 내적 보상을 위해 일하도록 사람들에게 동기를 부여한다. 여기에는 도전적인 일을 완수하는 데서 오는 성취감, 책임감, 무언가 의미 있는 일을 할 기회라는 인식 등이 포함된다. 사람들은 직업 자체의 고유한 특징들에서 만족을 끌어낸다.
- **외재적 동기**Extrinsic motivators에는 직업 안정성, 급여, 부가적인 혜택, 근로 조건, 높은 임금, 보험 제공, 유급 휴가 등의 요소가 포함된다. 이 요소들은 큰 만족감을 주지는 못하지만, 없다면 불만이 발생하는 원인이 된다. 또 직업 자체의 가치와는

무관하지만, 직업이 제공하는 가장 중요한 보상의 하나다.

연구들에 의하면 과잉정당화 효과는 사람들의 특성, 보상의 유형, 상황적 특수성을 막론하고 일관되게 나타난다. 무엇보다, 어떤 일을 돈 받고 하는 경우 금전적 보상이 따르지 않는 한, 사람들이 미래에도 그 일을 할 가능성은 적다.

이 개념은 일과 개인 생활이 중첩되는 소셜 미디어 관리자의 활동을 논의할 때 특히 유용하다. 동일한 지식과 경험이 일과 생활 영역 모두를 관통할 수도 있다. 그러나 개인적인 커뮤니케이션 용도로 소셜 미디어를 사용한 경험이 있다고 해서 비즈니스 영역에서도 전문성을 발휘할 것이라고 가정해서는 안 된다. 일과 생활이 다행히 조화롭게 맞물릴 수도 있지만, 항상 그런 것은 아니다.

소셜 미디어 지침과 신입사원 교육

대부분 직장에는 감시와 규제가 필요한 다양한 문제를 다루는 지침들이 존재한다. 채용과 고용 유지부터 비즈니스 자원 활용, 괴롭힘과 성희롱, 데이터 보호, 고객이나 여러 다른 회사와의 상호작용까지 다양한 문제를 다루는 지침들이 있다. 마찬가지로 소셜 미디어 지침도 감시와 규제를 목적으로 한다(소셜 미디어 지침을 위한 본보기가 필요하다면 18장을 보라). 이 지침들은 서로 통합적으로 구성되어야 한다.

이는 채용과 신입사원 교육 때부터 시작하는 것이 좋다. 직원 오리엔테이션 과정에 소셜 미디어 지침을 소개하면서 서론 격의 주제들을 다루어야 한다. 직원들이 근무 시간에 소셜 미디어를 사용하도록 허용하는 회사라면 소셜 미디어의 적절한 사용법도 제시해야 한다. 예컨대 근무 시간 동안 소셜 미디어에 상당한 시간을 쓰는 신입사원이라 하더라도, 회사 계정으로 정치적 밈^{meme}을 퍼 나르고 게시하지는 않을 것이다.

개발과 훈련 계획은 소셜 미디어 능력을 평가하고, 직원들이 비즈니스 환경에서 사용하는 소셜 미디어 기술과 지식을 증진할 수 있도록 해야 한다. 이를테면, 업무 관련 소셜 미디어 활동의 형식과 내용은 기업의 목적과 가치에 부합해야 한다. 소셜 미디어 활동은 기업문화에 따라 다를 것이다. 따라서 활동의 형식과 내용을 명확히 규정할 필요가 있다. 격식 없고 가볍게 즐길 수 있는 형식을 선호하는 기업이 있는가 하면, 직원들에게 소셜 미디어에서 더 전문적이고 절제된 태도를 보이도록 요구하는 기업도 있을 수 있다.

사생활과 데이터 보호 지침을 마련할 때는 직원들이 소셜 미디어를 사용하고 있다는 사실을 간과해서는 안 된다. 많은 기업이 직원들의 소셜 미디어를 통해 회사 내부 정보가 유출되지 못하도록 여러 장치를 마련하지만, 이에는 많은 허점이 있으며 결국에는 회사의 손해로 이어진다고 알려져 있다. 따라서 기업은 모든 직원에게 소셜 미디어에서 공개적으로 공유될 수 있는 정보와 공유될 수 없는 정보가 무엇인지를 확실히 이해시켜야 한다.

나이를 떠나 어떤 직원도 소셜 미디어에 대해 모든 것을 알고 있는 것은 아니라는 사실을 명심하라. 개인적으로 소셜 미디어를 사용한 경험이 많은 신입사원이라 하더라도, 비즈니스 영역에서 소셜 미디어를 사용하는 데 필요한 모든 에티켓과 정책을 알고 있다고 가정할 수는 없다.

SNS, 이렇게 생각하라!

이제 소셜 미디어는 많은 사람에게 개인 생활의 일부이자 사회생활의 일부이다. 또 많은 비즈니스 기능과도 긴밀히 얽혀있다. 그러나 많은 젊은이가 소셜 미디어를 사용한다고 해서, 모든 젊은이가 능숙한 소셜 미디어 사용자라고 가정해서는 안 된다. 어떠한 직원 혹은 어떠한 채용 후보자의 기술 숙련도도 연령대라는 하나의 변수를 근거로 가정해서는 안 된다.

다른 모든 업무 능력과 마찬가지로, 직원과 채용 후보자의 소셜 미디어 능력도 평가하고 개발해야 하는 능력의 하나일 뿐이다.

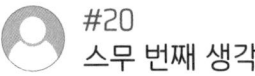

#20
스무 번째 생각

인플루언서는 새로운 현상이 아니다

유명인이 트렌드를 만들거나 규정한 다음 관련 상품이나 서비스를 판매하는 것이 특별히 새로운 현상은 아니다. 청중의 마음을 움직일 수 있는 유명 인기인들은 항상 상품이나 서비스의 판매를 촉진한 대가를 받아왔다.

오해와 진실

일반적으로 '인플루언서'는 그들이 소셜 미디어에서 보유하는 팔로워 숫자로 결정되는 것 같다. 2017년 영국 잡지 《보그Vogue》에는 팔로워의 총수가 어떻게 '인플루언서의 시세'처럼 보이게 되는지를 설명하는 기사가 실리기도 했다. 확실히 팔로워 수는 전통적인 이력서에 포함되는 과거에 했던 일과 성공, 여타 일반적인 기준보다 인플루언서의 지위를 결정하는 데 훨씬 더 중요하다.

그다지 성공적이지 못한 사례들을 보면서 고려할 가치가 없다고 판단하여 인플루언서를 무시하기 쉽다. 또 여느 사업처럼 인플루언서가 되지도 못하고 실패하는 사례가 훨씬 더 많다. 하지만 《뉴욕타임스》에 따르면 성공한 인플루언서는 '기본적으로 1인 스타트업과 같다. 최고의 인플루언서는 유행을 감지하고 새로운 형식과 플랫폼을 주저 없이 시도할 수 있다'. 그들은 개인 브랜드이고, 그들의 정체성, 행동, 몸은 그 자체로 최고의 인기를 누리는 마케팅 플랫폼이다. 그들은 자신의 채널을 세심하고 주의 깊게 분석한다. 그리고 포화 상태인 미디어 환경에서 주목받는 방법을 찾아낸 다음, 새로운 콘텐츠를 끊이지 않고 연달아 생산해낸다.

영향력은 과학보다는 예술 영역에 가까운 문제다. 따라서 '인플루언서'를 정의할 수 있는 확실한 기준을 제시하기란 매우 어렵다. 인플루언서 중에는 수백만의 팔로워를 보유하고 있으면서도 그들에게 영향력을 행사하지 않는 사람도 있고(그들이 원하지 않을 수도 있다), 적은 수더라도 상품 판촉을 전문으로 하는 경우 엄청난 영향력을 행사할 수도 있다.

메시지를 만들고, 개발하고, 퍼뜨리고, 광고하는 사람들이 행사하는 영향력의 유형을 살펴보는 것은 여러모로 유용할 수 있다. 2000년에 출간된 《티핑 포인트 The Tipping Point》에서 저자 말콤 글래드웰 Malcom Gladwell은 상대적으로 작지만 사회적 요령과 기술이 뛰어난 소규모 집단에 대해 언급하면서 그 집단을 다음과 같이 세 가지 범주로 구분한다.

▌연결자

이 범주에 속하는 사람들은 광범위한 커뮤니케이션 네트워크를 보유하고 있으며 많은 사람에게 영향력을 행사할 수 있다. 글래드웰은 이들을 전통적인 네트워크와 직접적인 개인 간 연결의 측면에서 설명한다. 온라인상의 정보가 수백, 수천, 심지어는 수백만에 광범위하게 전파되는 것을 볼 때, 이러한 생각이 소셜 미디어에 어떻게 적용되는지 쉽게 알 수 있다.

■ **전문가**

이 부류에 속하는 사람들은 새로운 정보, 트렌드 혹은 아이디어를 제일 먼저 학습할 수 있는 전문가와 달인들이다. 이들은 정보통이자 얼리어답터이며 자신의 전문지식이나 경험을 다른 사람들과 적극적으로 공유하는 경향이 있다.

■ **판매자**

이들은 언변이 뛰어나고 카리스마를 가지고 있으며 자신의 네트워크에 속한 다른 사람들을 설득하는 데 탁월한 능력을 보인다. 2000년, 글래드웰은 납득시키고 설득하는 데서 비언어적 요소가 중요하다는 사실에 주목했다. 비언어적 요소는 소셜 미디어에서도 똑같이 중요하다. 실제로 인스타그램과 같은 플랫폼들은 누군가의 라이프 스타일, 아이디어, 열망에 대한 메시지를 언어적·비언어적 신호를 사용하여 보내도록 설계된다.

인플루언서 | Influencer

다른 사람에게 영향력을 행사할 수 있는 능력을 지닌 사람을 말한다. 소셜 미디어에서 판촉이나 추천을 통해 다른 사람들로 하여금 특정 상품을 구매하고 특정 아이디어를 채택하고 특정 방식으로 행동하도록 설득할 수 있다.

모호한 정의

인플루언서라는 용어는 모호하게 사용된다. 따라서 '인플루언서'의 정확한 특징이 무엇인지를 명확히 규정하려는 시도가 계속 이어져 왔다. 2019년 여름, 마침내 이 문제에 대한 답이 내려진 듯 보였다. 《텔레그라프Telegraph》와 《데일리 메일Daily Mail》에 "팔로워 3만 명 이상의 인물을 유명인이라 판정한 광고 감시 기구…"라는 표제 기사가 실렸기 때문이다.

이 숫자는 어림짐작이긴 하지만 유용한 기준일 수 있었다. 그렇다면 판정을 내렸다고 지목되는 영국 광고 심의 위원회Advertising Standards Authority: ASA가 유명인이나 소셜 미디어 인플루언서를 결정하는 기준 숫자를 제시했다는 것이 정말 사실인가? 이는 사실이 아닌 것으로 밝혀졌다. 그렇다면 구체적으로 어떤 일이 있었기에 이러한 오해를 불러일으키는 기사 제목이 나온 것인가?

판결 당시, 약 3만 명의 팔로워를 보유한 어떤 사람이 인스타그램에 수면제 상품 판촉을 진행했다고 한다. 그는 민사상 고발을 당했고, 그러자 자신이 유명인의 건강 및 의료 제품 광고에 관한 규정을 위반했는지 아닌지 결정해달라고 ASA에게 요청했다. 수면제 생산 회사는 해당 인플루언서의 영향력이 미미해서 소비자 행동에 영향을 미칠 수 없었다고 주장했다(이것은 이상한 변명처럼 보인다. 영향력이 없다고 생각하는 인플루언서에게 왜 광고를 맡기겠는가?).

ASA는 인플루언서를 결정하는 팔로워 숫자를 공개한 것이 아니라 이 단일 사건에 국한해 해당 인플루언서와 회사가 의료제품 광고에 관한 규정을 위반하고 있는지 아닌지를 검토했을 뿐이다. 알려진 바로는, 광고 규정 위반으로 결론 났다. 브루넬Brunel 대학교의 헤일리 보셔Haley Bosher는 다음과 같이 말한다. "ASA는 그게 뭐가 됐든 유명인인지 아닌지를 결정할 수 있는 마법의 팔로워 숫자를 공개한 것이 아니라, 그저 이 사건의 경우 해당 인플루언서가 보유한 약 3만 명의 팔로워 숫자가 유명인 상품 광고 관련 규정을 충족시키기에 충분하다고 판단했을 뿐이다."

이 사례는 상대적으로 적은 수의 팔로워(이 경우 3만)를 보유한 사람이라도 유명인 광고에 관한 규정이 적용될 수 있다는 교훈을 남겼다.

소셜 인플루언서의 부상

전통적인 마케팅 플랫폼과 기법은 여전히 중요한 사업이다. 현재 미국에서 이 부문에 투자되는 금액은 1천억 달러 이상이며, 매년 지출 규모가 축소되고 있기는 하지만 사라지지는 않을 것이다. 인쇄 매체를 이용한 마케팅은 빠르게 감소하는 반면, TV와 라디오 마케팅은 점진적으로 줄어들고 있다(그림 20.1을 보라).

그림 20.2에서 보듯이, 2019년에는 디지털 광고 지출 총액이 전통적인 매체들에 대한 광고 지출비를 넘어설 것으로 예측된다. 디지털 광고 지출의 절반 이상이 구글과 페이스북 두 회사를 통해 이루어지고 있다.

이러한 광고 지출의 변화는 소셜 미디어 광고가 더 많은 수익을 창출하고 있음을 의미한다. 온라인 인플루언서라는 새로운 세대는 바로 이 사실에 주목한다. 이들은 트렌드를 이용해 사업을 벌이고, 계속해서 유행을 부추긴다.

전통적인 매체가 온라인 플랫폼에 시청자를 빼앗김에 따라 광고비 역시 잠재적인 고객이 있는 곳으로 계속해서 이동할 것이다. 이미 다른 장에서 설명했듯이, 소셜 미디어가 제공하는 거대한 광고 플랫폼을 이용하면 매우 특화된 집단과 청중을 정확하게 겨냥할 수 있다. 소셜 네트워크에서 사람들은 이미 비슷한 가치, 이데올로기, 스타일, 소비자 행동을 가진 집단으로 조직화되어 있다(28장을 보라).

인플루언서는 이 집단들의 마음을 움직일 수 있는 또 다른 방식이다. 성공적인 인플루언서는 인위적으로 특별하게 만들어진

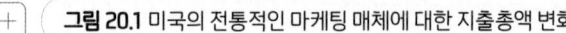

그림 20.1 미국의 전통적인 마케팅 매체에 대한 지출총액 변화

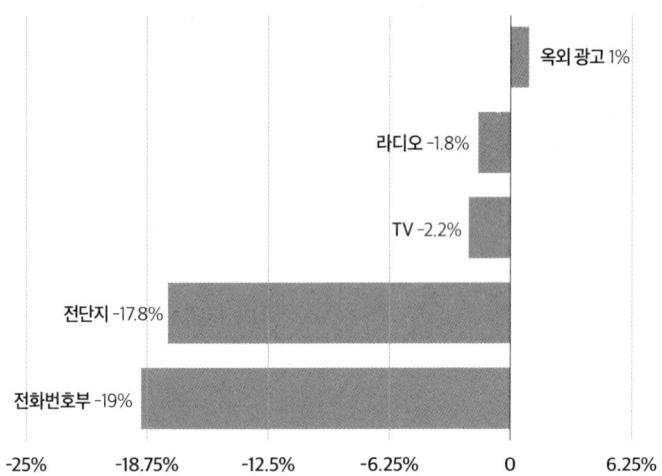

그림 20.2 전통 매체 광고 지출 대 디지털 매체 광고 지출 추정 모형, 2018-21

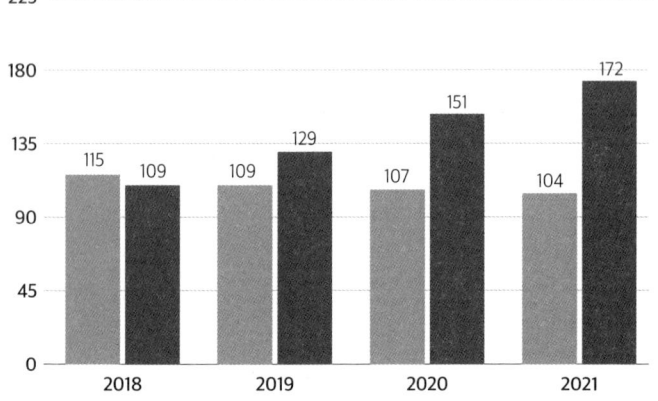

자신의 삶을 하나의 '브랜드'로 전환시킨 다음, 브랜드의 완벽한 대변인이 되어 자신의 상품을 판매한다.

소셜 미디어 인플루언서의 가치를 무시하는 것은 매우 현명하지 못한 행동이다. 천박하고 어리석을 정도로 기괴한 행동을 하는 경우도 많지만, 대부분의 인플루언서는 열심히 일한다. 소셜 미디어 인플루언서는 문화, 트렌드, 소비자 행동을 형성하는 힘 있는 존재다. '인플루언서'는 항상 존재해 왔다. 영화배우, TV 유명인, 라디오 진행자, 정치 평론가들은 언제나 문화와 유행을 만들어왔고, 종종 그에 대한 대가를 받았다. 하지만 단지 유명하다고 해서 우리가 이들 모두를 인플루언서라고 부르지는 않았다. 새로운 세대의 스타, 즉 인스타그램, 유튜브, 틱톡 스타들도 많은 점에서 이들과 비슷하다.

조직적이고 협력적으로 이루어지기만 한다면 소셜 미디어 인플루언서는 자신과 맞는 것처럼 보이는 상품이나 화제를 두고 크게 입소문을 낼 수 있다. 많은 사람에게 소셜 미디어 플랫폼은 편안하고 격식을 차리지 않아도 되는 커뮤니케이션 네트워크다. 트렌드들은 어디에서 나타난 건지 모르게 불쑥 출현하는 것처럼 보일 수 있다. 최고의 인플루언서들이 모두 한 가지 화제에 달려든다면 '모든 사람이 이것에 대해 이야기하고 있다'는 느낌을 만들어낼 수 있다. 하지만 실은 한 회사가 많은 인플루언서에게 그것에 대해 이야기하는 대가로 돈을 주고 있기에 생겨난 일일 가능성이 크다.

'틱톡'은 동영상을 공유하는 새로운 소셜 미디어 앱으로, 2019년부터 급격한 인기를 얻었다. 틱톡의 인기는 틱톡이 매우 재미있는 플랫폼이라서 자연스럽게 얻어진 것일 수도 있지만, 최고의 인플루언서와 소셜 미디어 플랫폼들이 미디어 시청자들에게 광고를 퍼부은 덕일 수도 있다.

새로운 소셜 미디어 플랫폼이 인기를 얻으려면 무엇이 필요한가? 좋은 아이디어와 약간의 돈만 있으면 대유행을 일으킬 수 있는가? 물론, 아니다. 《월스트리트저널》에 따르면 틱톡이 2019년에 급격하게 성장할 수 있었던 것은 중국 모기업 바이트댄스Bytedance가 한화로 약 1조 1,620억 원의 마케팅 경비를 지출했기 때문이다.

흥미로운 점은, 이 경비가 거대한 소셜 미디어 마케팅 기업들이 이미 구축해 놓은 인프라를 통해 지출되었다는 사실이다. 인플루언서와 콘텐츠 생산자들은 맞춤 광고와 방대한 네트워크를 이용해 상대적으로 짧은 시간에 기업의 상품이 입소문을 탈 수 있는 환경을 제공한다. 마케팅 부서가 돈을 낼 준비만 되어있다면 무명 기업도 누구나 이름을 아는 기업이 될 수 있다.

《월스트리트저널》은 틱톡이 미국 시장의 문을 연 최초의 중국 소비자 기술 대기업이라고 지적한다. 이제 틱톡은 또 하나의 대규모 디지털 광고 플랫폼이 되어 돈벌이가 되는 청소년 시장을 공략하게 될 것이다. 틱톡의 사례는 소셜 미디어가 어떻게 디지털 광고 산업이 계속 성장하도록 동력을 제공하는지를 보여준다. 또 선진 시장이 포화 상태에 이르면서, 소셜 미디어 기업들은 발전 중인 시장으로 주의를 돌리고 있다.

하지만 디지털 광고 산업이 계속해서 기하급수적으로 성장할 것이라는 예측에는 신중할 필요가 있다. 10년 주기로 되풀이되고 있는 경기 순환이 알려주듯이, 급속한 팽창과 무제한적 지출은 끝이 나기 마련이다. 소셜 미디어 기업이 팽창하다 정점에 올라 쇠락하듯이, 디지털 광고 산업도 신흥 시장으로 성장하다가 기업 흡수 합병의 희생물로 전락할 수 있다. 이들 중 일부는 불가피하게 썬 마이크로시스템즈Sun Microsystems, 컴팩Compaq, 바인Vine의 전철을 밟게 될 것이다.

칭찬이든 욕이든 모든 선전은 이득이다

유능한 마케팅 담당자라면 근사한 메시지, 광고 혹은 판촉 캠페인으로 제품이 입소문을 타기를 바라지만, 보통 그런 일은 잘 일어나지 않는다. 무언가를 대유행시키는 데에는 막대한 돈과 계획이 필요하다. 온라인에서는 자연스럽게 보이기 위한 것에도 엄청난 노력을 들여야 한다.

아주 드물게 그리고 운 좋게, 큰돈과 많은 시간을 들이지 않았는데도 상품이 입소문을 타는 경우가 있다. 일반적이지 않고 예외적인 경우긴 하지만, 확실히 있을 법한 일이다. 세간의 이목을 집중시키는 충동적이고 미숙한 인플루언서의 관심을 끄는 것도 대규모 공짜 광고 효과를 누릴 수 있는 방법이다!

우리가 트럼프 낚기Trump-baiting라고 부르는 일종의 경쟁이 늘어난 이유도 그 때문이다. 국제적으로 미디어의 관심을 끄는 빠른 방법 중 하나는 미국 대통령의 변덕스러운 트위터 게시 글에 언급되는 것이다. 이 영향력 있는 70대 노인은 소셜 미디어에서 맞받아치기를 즐긴다. 분란을 몰고 다니는 인물이다 보니 도널드 트럼프가 쏟아내는 칭찬이나 모욕은 그 자체로 마케팅에서 이득이 될 수 있다.

도널드 트럼프에게 비판적인 저자들은 기발한 트럼프 낚기 경쟁에 끼어들어 대통령에게 분노를 일으킬 수 있다면 뉴욕타임스 베스트셀러 목록에 책 이름을 올리는 것은 식은 죽 먹기라는 사실을 발견했다. 그들은 다 식은 치즈버거라는 둥 입질할 때까지 기다리라는 둥 대통령의 지능이나 기질을 모욕하기 위해 특별히 선택된 표현들을 그의 눈앞에서 마구 흔든다.

이에 많은 저자가 대통령의 관심을 끄는 데 성공했다. 마이클 울프Michael Wolff를 향한 '지루하기 짝이 없고 거짓말투성이인 책을 팔아보겠다고 이야기를 날조하는 멍청이' 발언과 밥 우드워드 Bob Woodward를 향한 '그의 책은 새빨간 거짓말이다. 그가 인용하는 말은 내가 한 말이 아니다. 만약 그랬다면, 대통령으로 당선되지 못했을 거다.' 발언이 그 사례이다. 그리고 자주 등장하는 제임스 코미 James Comey에 이르기까지 저자도 다양하다. '뒤에서 남을 헐뜯거나 하는 제임스 코미는 되는대로 거짓말을 질질 흘리고 다니면서 삼류 서적(쓰지 말았어야 할 책)으로 거액을 버는 인간이다'. 대통령으로부터 지독한 평가를 얻기 위해 많은 사람이 그가 싫어하는 것에 매달린다.

이러한 비판은 건설적이지 못하다. 하지만 그 덕에 확실한 무료 선전 기회를 얻은 건 사실이다. 대규모 소셜 미디어 팔로잉을 보유한 개인이나 기업은 이 일화에서 교훈을 얻을 수 있다. 때때로 소셜 미디어에서 누군가 혹은 무언가에 대해 길길이 뛰며 폭언을 퍼붓고 맞받아치거나 온라인상에서 논쟁을 과열시키는 행동은 그 누구 혹은 그 무엇을 실제로 더욱 알리는 데 일조할 뿐이다. 온라인에서 자신이나 자신의 브랜드, 혹은 자신의 회사를 변호하는 것은 자연스러운 반응일 수 있다. 소셜 미디어는 고객의 건설적인 비판에 응답할 수 있는 훌륭한 수단임과 동시에 부정적인 평판을 증폭시킬 수도 있다는 점을 기억해야 한다.

SNS, 이렇게 생각하라!

인플루언서는 광고와 디지털 경제에서 중요한 세력으로 부상하고 있다. 특정 스타일, 신념, 이데올로기, 라이프 스타일과 연관된 개인 브랜드는 타깃 광고의 자연스러운 동반자다. 소셜 미디어가 필터 버블을 만든다면 인플루언서는 모든 버블의 중심에 도달하는 가장 빠른 방법이다.

유명인이 트렌드를 만들거나 규정한 다음 관련 상품이나 서비스를 판매하는 것이 특별히 새로운 현상은 아니다. 라디오와 텔레비전에서 활동하는 대신 유튜브나 인스타그램 같은 플랫폼들에서 활동할 수 있지만, 그 결과는 크게 다르지 않다. 청중의 마음을 움직일 수 있는 유명 인기인들은 항상 상품이나 서비스의 판매를 촉진한 대가를 받아왔다.

다른 장들의 조언에 따르면, 시간을 두고 기본에 충실하다 보면 팔로잉을 쌓아 나갈 수 있다. 즉 많은 시간을 들이고 헌신적으로 일하며 새로운 분야를 개척해야 한다. 만약 온라인 광고에 수십억을 쏟아부을 수 있다면 시장에 뛰어들어 대유행을 일으키는 것도 가능하다. 게임 참가자 가운데 일부는 새로운 얼굴일 수 있다. 그러나 게임 자체는 크게 달라지지 않았다.

#21
스물한 번째 생각

사람들은 SNS에서 다른 사람이 된다?

사람들이 소셜 미디어에서 생각하고 행동하는 방식은 주변의 다른 요소가 아니라, 그들이 기본적으로 가지고 있는 안정적인 성격 특성의 영향을 받는다.

오해와 진실

　소셜 미디어 웹 사이트들은 서로 다른 문화, 규범, 행동 유형을 부추기거나 억누른다(28장을 보라). 따라서 사이트의 기준과 다소 다르게 행동하는 사람이 있다면, 소셜 미디어는 온라인에서 표출되는 그 사람의 성격을 바꾸려 할 것이다. 그렇지 않은가? 2011년 《포브스Forbes》에 실린 "다중 인격과 소셜 미디어: 나의 여러 얼굴"이라는 제목의 기사가 그렇게 주장하는 대표적인 예다. 기사는 사람들이 자신의 성격을 분할하여 온라인상의 딱 맞아떨어지는 장소들로 끼워 넣는다고 말한다.

　하지만 소셜 미디어 프로필이 사람들이 가진 모습 중 일부를 과장하고 수정한 캐리커처와 더 비슷하다고 주장하는 사람들도 있다. 이러한 현상은 특히, 프로필이 특정 정보를 강조하기 위해 다수의 정보를 누락시키는 방식으로 구성될 때 나타난다. 이들은 사람들이 자신의 삶에서 흥미로운 요소는 부각하고 공유하는 반면 관심을 끌지 못할 것 같은 모습은 얼버무려 넘어가는 경향이 있다고 비판한다.

　사람들이 소셜 미디어에서 자기 삶의 긍정적인 면을 강조하고 재미나 매력이 없는 평범한 부분은 삭제하는 경향이 있는 것은 사실이다. 하지만 사람들은 일상적인 오프라인 삶에서도 그렇게 행동한다. 심리학자들이 '인상 관리'라고 부르는 이 현상에 따르면, 사람들은 자신이 타인에게 좋아 보이도록 의식적으로 혹은 무의식적으로 노력한다.

소셜 미디어에서 사람들은 자신을 왜곡해서 표현하고 자신이 지닌 성격과 행동의 특정 부분을 부각시킬 수도 있다. 그러나 소셜 미디어가 자아와 성격을 바꾸는 것은 아니다. 사람들이 소셜 미디어에서 자신을 각색하는 방식에 대해 나쁘게 보는 견해도 있지만, 낙관적으로 보는 견해도 있다. 소셜 미디어에서 이루어지는 모든 행동은 실제로 그 사람의 성격에 대한 중요하고 유용한 통찰을 제공한다. 소셜 미디어는 사람들이 지닌 성격을 은폐하거나 변화시키지 않는다. 대신, 우리에게 그들의 성격이 다양한 환경에서 어떻게 표출되는지를 이해할 수 있는 좋은 계기를 마련해준다.

성격을 측정할 수 있는가?

우리는 성격을 활용해서 여러 가지 다양한 것들을 설명한다. 또 소셜 미디어에서는 이 용어를 매우 느슨하고 부정확하게 사용한다. 예를 들어 '성격 테스트'는 몇 가지 가벼운 질문을 사용하여 사람들의 특징을 모호하게 나열한다. 영화나 텔레비전 시리즈에 등장하는 인물들에 성격 특징을 대응시키는 경우도 있다. 넓은 의미에서 성격은 자질부터 동기, 가치 혹은 타인과 상호작용하는 방식에 이르기까지 다양한 측면을 나타내기 위해 사용된다.

이 장에서 성격이라는 단어는 심리학적 의미로 사용되고 있음을 밝혀야 할 것 같다. 즉 성격은 '안정적이고 반복적으로 나타나는 사고, 감정, 행동의 유형'을 말한다. 이 정의에서 무엇보다 중요한 것이 '안정적'이라는 단어다. 안정적이란 말은 개인의 성격이 성인기 전반에 걸쳐 크게 바뀌지 않은 채 지속된다는 의미이기 때문이다.

성격 측정으로 우리는 사람들의 작업 방식을 파악할 수 있을 뿐 아니라, 업무를 얼마나 성공적으로 수행할 수 있을지도 예측할 수 있다. 실제로 성격은 업무 성취도를 예측할 수 있는 가장 적절한 변수들 가운데 하나다. 또 온라인에서 나타나는 성격과 행동은 사이버 공간 바깥의 행동 방식을 추정할 수 있는 매우 훌륭한 지표일 수 있다.

6가지 성격 특성을 사용하여 행동 습성을 유형화할 수 있는데, 이 행동들은 실제로 온라인과 오프라인 모두에서 일관되게 나타나는 것으로 알려져 있다.

성격 특성은 성인기 전반에 걸쳐 다양한 생활 영역에서 안정적으로 유지된다. 즉 온라인에 있든 오프라인에 있든, 소셜 미디어라는 사이버 공간에 있든 사무실이라는 물리적 공간에 있든 성격 특성은 크게 달라지지 않는다. 사람들은 상황에 따라 다르게 행동할 수도 있다. 예컨대 근무 시간 중에 상사와 있을 때와 퇴근 후에 동료와 술집에 있을 때의 행동은 크게 다를 수 있다. 또한, 트위터 쪽지를 보낼 때 쓰는 말투와 자신의 할머니와 대화를 나누는 방식은 아마 다를 것이다. 하지만 이러한 차이는 사소한 것들로, 상황에 따라 전혀 다른 성격으로 전환되었음을 의미하는 것은 아니다.

사람들은 주변 사람들의 기대와 상황에 부합하는 행동을 한다. 하지만 어떤 상황에서 어떻게 행동할지는 그들이 가지고 있는 성격 특성에 달려 있다. 나아가 성격 특성은 실제 상황에서의

표 21.1 6가지 성격 특성

	요인 정의			
	낮음		높음	
	인지된 긍정성	인지된 부정성	인지된 긍정성	인지된 부정성
의식성	느긋한 관대한 유연한 자발적인 편한 사려 깊은	부주의한 동기가 없는 충동적인 미지근한 게으른 비조직적인	훈련된 자기 주도적인 조직적인 결심이 확고한 논리적인 지속적인	집착하는 완벽주의적인 정밀한 완고한 우유부단한 비판적인

적응성	민감한 반응적인 지각 있는 열정적인 감정적인 표현적인	감정적인 비합리적인 신경증의 자의식이 강한 변덕스러운 강박적인	통제된 평온한 침착한 자신감 있는 차분한 감정적으로 안정적인	무관심한 무반응적인 냉담한 엄숙한 초연한 냉정한
호기심	집중적인 전통적인 신뢰할 수 있는 분별 있는 믿음직한 무관심한	편협한 관습적인 무관심한 의심 많은 안전 무사한 완강한	혁신적인 창조적인 개방적인 주의 깊은 흥미 깊은 탐구심 많은	예측 불가능한 일관성 없는 괴상한 산만한 멍한 참견하는
위험 접근성	주의 깊은 신중한 경계하는 협력적인 자상한 균형 잡힌	회피적인 위험 회피의 주저하는 반동의 수동적인 우려하는	대담한 전술적인 주도적인 솔직한 용감한 자신감 있는	대결적인 위압하는 무모한 퉁명스러운 둔감한 오만한
모호함 수용성	계획적인 규율 있는 일관적인 조직적인 똑바른 정확한	예측 가능한 완고한 까다로운 완고한 속 좁은 단순한	관대한 융통성 있는 분석적인 기략이 풍부한 적응적인 사려 깊은	불확실한 변덕스러운 비논리적인 추상적인 모호한 혼란스러운
경쟁성	협력적인 순종하는 융통성 있는 온화한 요구가 많지 않은 느긋한	열성이 없는 소심한 만족한 유순한 조용한 무관심한	목표지향적인 야심찬 분투하는 의욕 넘치는 독단적인 열심인	무자비한 공격적인 적대적인 단호한 냉정한 적의 있는

행동을 결정하는 것처럼 사이버 공간에서의 행동 역시 결정하는 것으로 보인다.

소셜 미디어에서의 행동

일반적으로 성격은 시간이 흘러도 거의 변하지 않는다. 성격은 우리가 상황과 환경의 변화를 평가하고 이해하는 방식에 영향을 미친다. 따라서 늘 하던 일을 하는 중이라면 하던 것과 비슷하게 예측할 수 있는 행동을 하는 경향이 있다. 만약 새로운 직장처럼 익숙하지 않은 상황에 마주한다면 사람들은 아마도 다르게 행동할 것이다. 하지만 새로운 환경이 만들어내는 스트레스, 새로움, 모호함, 위험, 경쟁과 같은 상황에 어떻게 반응하는지는 성격에 따라 다를 것이다.

연구자들은 소셜 미디어상의 행동이 성격 특성과 밀접한 관계가 있다는 사실을 발견했다. 성격 특성은 현실 세계의 행동에 영향을 미치는 동시에 디지털 공간의 행동에도 영향을 미친다. 소셜 미디어는 특성상 이러한 성격 특성의 영향력을 검증하기가 상대적으로 편한 영역이다. 많은 사람이 방대한 개인 정보, 사진, 사회적 상호작용 상황을 온라인에 게시하기 때문이다.

스물한 번째 생각은 비교적 쉽게 이해할 수 있다. 명확한 결론을 가진 꽤 많은 연구가 축적되어 있기 때문이다. 성격 특성은 안정적인 동시에 측정되기 쉽다. 또 온라인과 오프라인의 행동 모두와 직접적인 관계가 있다.

성격 평가

성격 특성이라는 것을 이해하고 성격이 온라인과 오프라인의 행동 모두와 관계가 있다는 점을 인식하게 되면 직원들을 더 잘 이해할 수 있게 된다. 성격은 직원의 장기적인 업무 성과와 잠재력을 보여주는 안내서와 같다. 따라서 잠재력이 큰 직원을 발굴하고, 개발하고, 고용을 유지하는 데 유용하다.

⤳ 인재 발굴

재능 있는 사람은 많지만, 그 재능을 항상 쉽게 알아볼 수 있는 것은 아니다. 기업은 전도유망한 직원, 즉 가장 효과적으로 업무를 수행할 것 같은 사람들을 찾아내고 싶어 한다. 기술, 지식, 경력이 과거의 성과를 보여주는 전형적인 지표라면, 성격 평가는 전도유망한 직원의 미래 잠재력을 보여주는 훌륭한 안내서다.

사람들이 사무실에서 행동하는 방식, 디지털 기술을 사용하는 방식, 내부 혹은 외부의 소셜 미디어를 이용해 동료와 소통하는 방식을 통해 그들의 업무 잠재력을 파악할 수 있다. 내부 소셜 미디어 네트워크와 관련된 사항은 13장을 참조하라.

⚐ 인재 개발

성격은 잠재적인 발전 경로의 훌륭한 지표다. 새로운 직위로 승진한다는 것은 다수의 새로운 기술을 학습하고, 새로운 관계를 개발하며, 새로운 역할에 숙달되어야 한다는 것을 의미한다.

새로운 직무가 기본적으로 전혀 다른 능력이 필요할 수도 있다(예를 들어, 전문적인 기술직에서 관리직으로 승진할 때). 실제로 이런 경우, 성격은 과거에 다른 역할을 수행할 때 거둔 성과보다 새로운 역할에서의 잠재적인 성공 여부를 가늠할 수 있는 좋은 지표다.

⚐ 직원 유지

흔히 기업들은 업무 몰입과 조직에 대한 헌신이 자동으로 얻어지지 않는다는 사실을 간과하는 경향이 있다. 기존 직원을 잘 유지하는 것은 재능 있는 새 직원을 뽑고 개발하는 것만큼이나 중요한 문제다. 실제로 대부분 이것이 더 중요한 문제일 수 있다.

장기근속 직원의 존재는 이미 그들에게 막대한 투자가 이루어 졌음을 의미하기 때문에 그들을 잃는다는 것은 상당한 손실이 발생한다는 말과 같다. 직원의 성격을 이해하고 성격과 업무 적합성을 파악하는 것은 업무 생산성을 높이고 동기를 부여하는 데 꼭 필요한 일이다. 직원을 잔류시키기 위해서는 지속적인 노력이 필요하지만, 확실히 시간과 자원을 투자할 만한 가치가 있는 일이다. 소셜 미디어와 디지털 커뮤니케이션 네트워크는 이러한 투자의 중요한 일부다(6장, 13장, 23장을 참고하라).

성격 평가는 업무 성과와 업무 잠재력 모두를 예측할 수 있는 흔치 않은 기회를 제공한다. 안정적인 특징으로서의 성격 특성 측정은 지식이나 경험처럼 학습이 가능한 부분과 학습이 어려운 변화 불가한 부분을 구별하는 데 도움이 된다.

SNS, 이렇게 생각하라!

이 책의 다른 몇몇 장은 최근 제기되고 있는 복잡한 쟁점을 다소 모호한 결론과 함께 살펴본다. 하지만 이 부분의 메시지는 매우 분명하다. 성격은 매일, 매달 혹은 상황에 따라 변하지 않는다. 사람들이 소셜 미디어에서 생각하고 행동하는 방식은 주변의 다른 요소가 아니라, 그들이 기본적으로 가지고 있는 안정적인 성격 특성의 영향을 받는다.

#22
스물두 번째 생각

SNS 사용자들의 개인 정보를 어떻게 다룰 것인가

개인 정보에 대한 접근을 남용하는 기업들로 인해 사람들은 앞으로 자신의 정보를 공유하는 것에 더욱 신중해질 것이다. 이는 모든 비즈니스 영역에서 신뢰를 떨어뜨리는 결과를 가져오고, 그로 인해 윤리적이고 합법적으로 활동하는 기업조차 곤란한 상황에 빠질 수 있다.

오해와 진실

온라인에는 개인과 기업에 대한 가용 정보가 넘쳐난다. 소수지만 소셜 미디어를 하지 않는 사람들도 있다. 그러나 전체 인구의 75퍼센트, 18-24세 연령층의 94퍼센트가 소셜 미디어 프로필을 가지고 있다. 그리고 이들 대부분이 자신에 대한 상당한 양의 정보를 공유한다.

인터넷을 사용하는 순간 정보는 끊임없이 공유된다. 채팅을 하고 이메일을 보내며 설문 조사에 응답하고 쇼핑을 하는 사이에, 그리고 택시를 부르고 테이크아웃 음식을 주문하며 뉴스를 읽고 사진을 게시하는 사이에 개인 일상생활의 많은 부분이 기록되고 저장된다. 24장에서는 겨우 한 사람(여기서는 이 책의 저자 중 하나인 나)을 두고도 얼마나 많은 정보가 생성되고 저장되는지를 상세하게 보여줄 것이다. 소셜 미디어 회사들이 수집하는 개인 정보는 그 절대적인 양으로 다른 온라인 조직들을 압도한다. 많은 정보가 안전하게 기록되고 저장되지만, 일부는 공개적으로 누설되기도 한다.

따라서 개인이든 조직이든 상관없이 누구나 소셜 미디어에 공개적으로 게시되는 정보에 접근할 수 있다. 트위터, 페이스북, 인스타그램 등 소셜 플랫폼은 유행, 여론, 잠재적인 고객 데이터의 보고다.

기업은 이 데이터에 어떻게 접근할 수 있으며, 수집한 데이터를 어떻게 사용해야 하는가? 보안과 사생활을 둘러싼 논쟁이 진행 중이며, 그에 대한 여론, 공공 정책, 기업 접근 방식도 계속 바뀌고 있다. 기술 개발의 속도가 공공 정책이나 법률이 따라잡을 수 없을 정도로 빠르기 때문에, 정보를 관리하는 회사들이 사람들에 대한 정보를 어디까지 수집해야 하는가(그리고 수집하고 있는가)라는 문제는 상당히 애매한 부분이 많다.

이 장에서는 편리성과 명확성을 위해 소셜 미디어에서 개인 정보를 합법적이고 윤리적으로 사용하는 경우들로 한정 지어 논의할 것이다.

직원 선발을 위한 데이터 수집

누구나 볼 수 있는 소셜 미디어 프로필은 인사담당자와 채용 매니저에게 공개되어도 공정한 것인가? 고용주들이 입사 지원자에 관한 정보를 얻기 위해 소셜 미디어 페이지들과 웹을 탐색해도 법률적으로 문제가 없는가? 이는 나라마다 달라서 애매한 문제다. 유럽연합의 일반 개인 정보 보호법GDPR이 적용되는 지역에서는 고용주가 접근할 수 있는 정보의 유형과 목적을 제한한다(8장, 23장, 24장을 참고하라). 하지만 유럽연합 이외의 지역에서는 규제 법안이 훨씬 더 탄력적으로 운용된다.

물론, 프로필 정보에 접근하고 싶은 이유를 말하지 않은 채 '친구' 추가를 하는 것처럼 개인 정보에 접근하기 위한 교활한 방법을 쓸 수도 있다. 하지만 이런 행동은 의심을 받기 쉽고 매우 비윤리적일 뿐 아니라, 유럽연합처럼 기업이 개인 정보를 얻기 위해 속임수를 쓰는지 감시하는 GDPR이 적용되는 곳이라면 불법이 될 수도 있다.

소셜 미디어 프로필 중에는 사람들이 자신의 정보를 인사담당자, 채용 매니저, 직업 관계자들에게 퍼뜨리려고 의도적으로 작성한 것들도 있다. 링크드인과 일자리 찾기 사이트가 대표적인 예다. 이 소셜 미디어 플랫폼들은 경력, 교육, 고용 이력과 같은 업무 관련 정보를 공유할 목적으로 만들어졌다.

소셜 미디어로 직원 채용하기

고용주 대부분은 채용 전에 입사 지원자들을 온라인에서 조사한다. 2018년에 유고브YouGov가 실시한 조사에 따르면, 고용주의 80퍼센트가 입사 지원자 심사에 온라인 소셜 미디어 프로필을 활용한다고 한다. 한편, 고용주의 약 40퍼센트에서 70퍼센트가 지원자의 소셜 미디어 활동을 심사한다는 것을 보여주는 다른 조사들도 있다.

정확한 수치는 알 수 없지만, 현재 온라인 심사가 고용 과정의 큰 부분을 차지하고 있다는 것은 확실해 보인다. 대기업일수록 지원자의 소셜 미디어 프로필을 조사하고, 소셜 미디어에서 본 것에 기초해 지원자를 걸러낼 가능성이 크다. 다시 유고브 조사로 돌아가면, 중소기업 중에서 소셜 미디어 심사 후에 지원자를 떨어뜨린 비율은 11퍼센트인데 반해 대기업은 28퍼센트에 달했다.

찬반을 논하기 전에 모두가 알지만 언급하고 싶어 하지 않는 문제, 즉 소셜 미디어를 통한 지원자 심사의 적법성에 대해 살펴보자. 미국에서는 입사 지원자가 공개적으로 게시한 적이 있는 자료를 검토하는 일은 합법적이다. 반면에 유럽연합에서는 불법이다. GDPR이 적용되는 지역에서는 기업이 개인 정보에 접근, 저장, 활용하려면 사전에 알리고 동의를 받아야 한다.

이 말은 입사 지원자가 미래의 고용주에게 '고지에 따른 동의'를 해주어야 소셜 미디어의 개인 정보가 업무 적합성 평가에 활용될 수 있다는 의미다. 이 정보가 이미 공개적으로 얻을 수 있는 것이라고 하더라도 반드시 동의 절차를 거쳐야 한다. 가장 추천

되는 방식은 당신이 찾고 있는 정보가 무엇인지, 어떤 정보를 활용하려 하는지, 어떤 식으로 채용을 결정할 것인지를 입사 지원자에게 설명하는 것이다. 여기에는 온라인에서 지원자와 관련하여 찾게 되는 정보의 검토, 신원조사 등이 포함된다.

소셜 미디어를 이용해서 지원자를 심사할 때 발생할 수 있는 또 다른 위험은 많은 소셜 미디어 사이트에 직무와 직접적인 관계가 없는 정보, 태도, 견해들이 올라와 있다는 것이다. 대부분의 국가는 근로계약법을 통해 직무와 직접적 관계가 있는 요소들(실질적인 업무 능력 bona fide occupational qualification이라 불린다)만으로 직원을 평가하라고 강제한다. 하지만 소셜 미디어 사이트에는 직업과 무관한 정치적 신념, 종교적 믿음부터 일상적인 행동습관에 이르기까지 많은 부가 정보가 포함되어 있을 수 있다.

인사담당자가 생각하는 가장 일반적인 위험요소 중 하나는 소셜 미디어 사이트의 내용을 채용 결정에 사용하는 것이 합법적이지 않다는 것이다. 비즈니스 의사 결정자의 29퍼센트는 온라인상의 정치적 견해와 활동이 채용에 방해가 될 수도 있다고 말한다(명백한 불법이다). 또 26퍼센트는 소셜 미디어에 셀카 사진을 지나치게 많이 올려도 불합격될 수 있다고 말했다(실질적인 업무 능력과 확실히 무관하다).

2000년대와 2010년대 초반까지만 해도 입법자들은 기업의 기술 수준을 따라잡지 못했다. 따라서 당시에는 기업들이 직원

선발 과정에 소셜 미디어 프로필을 이용할 수 있는 법적 여지가 많았다. 지금은 법률이 기술을 따라잡는 중이므로, 고용주들은 채용 과정에 소셜 미디어 데이터를 이용하는 것에 더욱 신중해야 한다. 만약 입사 지원자 심사에 소셜 미디어 프로필을 활용할 생각이라면, 다음의 가이드라인을 참고하기 바란다.

- 지원자 심사 과정에 소셜 미디어를 사용할 때도 차별 금지 가이드라인과 공정한 고용 절차를 따라야 한다.
- 선발 과정에는 직무 관련 데이터만 평가되어야 한다. 여기에는 업무 능력, 경험, 교육 등 직무와 직접적 관계가 있는 요소들이 포함된다.
- 채용 과정에 꼭 필요한 개인 정보들만 수집해야 한다. 과도한 데이터나 무관한 데이터를 수집해서는 안 된다(개인 소셜 미디어 프로필에서 수집할 수 있는 정보와 수집하지 말아야 할 정보를 구분하기란 어려울 수 있다).
- 소셜 미디어 조사는 사전에 정한 특수한 정보 혹은 기준을 찾는 데에 국한되어야지, 마구잡이로 모든 것을 뒤지는 식이 되어서는 안 된다.
- 수집된 정보의 정확성을 입증할 수 있는 합리적인 조치들이 뒤따라야 한다.
- 개인용으로 사용되는 소셜 미디어와 업무용으로 사용되는

소셜 미디어를 구별하라. 예를 들어 링크드인 프로필이 전형적으로 업무상 목적을 위해 사용되는데 반해 페이스북은 개인적 목적을 위해 사용된다.
- 저작권이 소멸되거나 공개된 전문적인 지식은 사용할 수 있다. 예를 들어 출판된 연구물, 전문가 협회나 무역 협회가 발표한 정보, 이전 고용주가 공개 웹 사이트나 소셜 미디어 플랫폼에 게시한 정보 같은 것들이 여기에 해당된다.
- 지원자에게 온라인 심사가 있음을 사전에 통지해야 하며 개인 정보 활용을 알리고 동의를 얻어야 한다.
- 소셜 미디어 탐색을 통해 발견한 부정적이거나 불리한 결과에 지원자가 답할 기회를 주어야 하며, 이 답변은 채용 결정 과정에 반드시 존중되고 고려되어야 한다.

SNS, 이렇게 생각하라!

소셜 미디어가 점점 더 일반화되고 누구나 쉽게 접근할 수 있게 되면서, 사람들이 자신의 사생활 정보에 접근할 수 있는 범위를 제한하는 경향이 강화되고 있다. 사람들이 소셜 미디어에 공개적으로 게시하는 정보가 많아질수록 그 정보를 이 잡듯이 뒤져 자신의 목적을 위해 이용하는 개인, 조직, 컴퓨터 프로그램도 많아진다. 당연하게도 이러한 상황은 자신의 데이터를 기꺼이 공개적으로 공유하고자 하는 마음을 얼어붙게 만든다.

유능한 데이터 수집 분석가들도 자신이 일군 성공의 희생양이 될 수 있다. 개인 데이터가 성격과 행동(특히 소비 행동) 같은 요소를 예측하기 위해 분석될수록, 많은 사람이 자신의 정보를 공유하는 것에 대하여 더욱 신중하고 엄격해질 것이다. 소셜 미디어 회사들(심지어 검색 엔진들도)이 그저 행동을 예측하는 것에 그치는 것이 아니라 구매 결정부터 정신 건강 관련 지원에 이르기까지 모든 영역의 행동에 영향을 미치려 한다고 주장할 만한 충분한 증거들이 있다.

개인 정보에 대한 접근을 남용하는 기업들로 인해 사람들은 앞으로 자신의 정보를 공유하는 것에 더욱 신중해질 것이다. 이는 모든 비즈니스 영역에서 신뢰를 떨어뜨리는 결과를 가져오고, 그로 인해 윤리적이고 합법적으로 활동하는 기업조차 곤란한 상황에 빠질 수 있다.

끊임없이 온라인 환경이 발전함에 따라 사람들의 행동과 소셜 미디어를 대하는 방식도 변화하고 있다. 따라서 사생활 보호와 정보 접근을 둘러싸고 온라인에서 벌어지고 있는 싸움은 사용자에게도 그리고 데이터 분석 이용자에게도 계속해서 새로운 문제를 제기하는 역동적인 과정이 될 것이다. 결국은 기업도 규제 환경 안에서 바뀌고 있는 소셜 미디어와 그 사용자들에 맞춰 계속 변화하게 될 것이다.

#23
스물세 번째 생각

페이스북은 어떻게 구글과의 인재 경쟁에서 승리했을까

페이스북의 역사는 평판 하나로 최고의 인재들을 쉽게 끌어들이는 모습과 어려움을 겪는 모습을 한눈에 보여준다. 기업의 평판과 대중적 인지도는 입사 지원자의 기업 호감도에 결정적인 영향을 미친다.

오해와 진실

빠르게 성장하는 기업들은 고객만큼이나 신입 직원을 찾느라 고군분투한다. 인재 유치 경쟁이 온라인으로 자리를 옮기면서, 소셜 미디어는 최고의 인재를 발견하려는 기업들의 각축장이 되었다.

링크드인이 2017년 작성한 보고서에 따르면, 자사와 경쟁 기업을 차별화하는 것은 최고의 직원을 영입하는 필수 요건이다. 또 조사 기업의 절반 이상이 인재 경쟁을 직원 모집에서 겪는 가장 큰 어려움이라고 꼽았다.

직원 모집 예산의 대부분은 여전히 구인 공고(30퍼센트)와 취업 알선기관 의뢰 비용(23퍼센트)과 같은 전통적인 방법에 지출된다. 하지만 소셜 미디어는 자신을 차별화하려고 애쓰는 기업들에 경쟁적 이점을 제공한다.

22장에서 우리는 입사 지원자들의 정보를 수집하고, 수집한 정보를 채용 심사에 활용할 때 신중을 기해야 한다고 조언했다. 그러나 기업이 기업 자신의 정보를 공유하고 기존 직원이나 입사 지원자들과 커뮤니케이션하는 방법을 선택하는 문제에 관해서라면 다양한 선택지들이 존재한다.

우리는 소셜 미디어를 이용해서 직원을 영입하는 방법에 23장

전체를 할애할 수도 있었고, 소셜 미디어 플랫폼을 이용해서 브랜드 정체성을 전달하는 방법에 이 책 전부를 할애할 수도 있었다. 하지만 그 방법이 그렇게 긴 설명이 필요할 정도로 복잡한 문제는 아니다. 사람들은 자신이 좋아하는 회사에서 월급과 수당, 특혜를 많이 받으며 일하고 싶어 한다. 또 자신이 일하는 회사가 하는 일에 자부심을 느끼고 싶어 한다.

몇몇 기업들은 소셜 미디어를 능숙하게 활용하여 미래의 직원들에게 회사를 더욱 매력적인 곳으로 보여주기도 한다. 뛰어난 사람들을 영입하려면 그들에게 당신의 회사가 탐나는 직장이라는 점을 납득시킬 수 있어야 한다. 그런 점에서 소셜 미디어는 강력한 수단이 될 수 있다.

페이스북의 성공과 실패

페이스북은 세계에서 가장 많이 회자되는 기업 중 하나이자 세계에서 시가 총액이 가장 큰 기업의 하나다. 설립 초기에 페이스북은 매력적이고 수익성이 좋은 직장으로 여겨지며 최고의 젊은 인재들의 마음을 사로잡았다. 세계 유수의 브랜드로 성장하면서 페이스북은 실리콘밸리의 오랜 전통을 따라 고급 카페테리

아부터 고액 연봉에 이르는 호사스러운 특혜를 직원에게 제공했다. 또한, 지금은 사라진 캘리포니아 멘로menlo의 썬 마이크로시스템즈 건물을 사들여 사옥으로 쓰다가, 그 옆에 새로운 개방형 사무실 빌딩을 방사형으로 건축했다. 건축 전문 작가 앨리슨 아리에스Allison Arieff는 《뉴욕타임스》에 페이스북 사옥을 "옥상에 정원이 있는 42만 평방피트의 1층짜리 창고"라고 묘사했다.

페이스북은 구글과 최고의 기술 인재를 두고 경쟁을 벌였고, 승리했다. 구글 맵의 공동 설립자 라르스 라스무센Lars Rasmussen같은 세간의 주목을 받던 사람들이 페이스북으로 자리를 옮겼다. 라스무센은 2010년에 "페이스북은 10년에 한 번 나올까 말까 하는 회사라 생각한다"라고 말했다.

하지만 최근 페이스북의 매력은 줄어들고 있다. 스캔들과 홍보회사를 통한 여론 조작 시도 등이 연이어 폭로되면서 확실히 직원들에게 매력이 떨어지고 있는 것처럼 보인다. 개인 정보와 데이터 보안 스캔들, 온갖 극단주의자들의 놀이터라는 비난으로 추문에 휩싸인 데다 직장 내 차별과 광고를 통한 차별 조장으로 고발당하는 일도 있었다. 그 결과 페이스북은 세상을 긍정적으로 변화시키는 멋진 곳이라는 자신의 명성을 빠르게 잃어가고 있다.

페이스북의 역사는 평판 하나로 최고의 인재들을 쉽게 끌어들이는 모습과 어려움을 겪는 모습을 한눈에 보여준다. 현재 페이스북의 고용주로서의 평판은 하향세에 있으며, 다른 회사들은 이 상황을 최고의 인재를 빼내 올 수 있는 완벽한 기회로 이용하고 있다. 여러 스캔들의 여파로 미국 상위권 대학 신규 졸업자의 페이스북 정규직 수락 비율은 85퍼센트에서 2018년 현재 35-55퍼센트로 1년 사이에 급격히 줄어들었다.

기업의 평판과 대중적 인지도는 입사 지원자의 기업 호감도에 결정적인 영향을 미친다. 기술 분야가 특히 그러한데, 우수한 성과를 올리고 있는 경쟁력 높은 회사들이 최고의 인재를 차지하기 위해 경쟁을 벌이는 부문이기 때문이다. 특정 기업에 대해 우호적이었던 여론이 비판적으로 돌아서는 것을 보면 소셜 미디어가 여론 형성에서 어떤 역할을 하는지를 극명하게 보여준다.

대표성의 오류

소셜 미디어 데이터를 이용할 때는 데이터의 특성에서 비롯되는 위험이 있을 수 있으니 각별히 주의해야 한다. 기업이 데이터를 얻은 유일한 통로가 소셜 미디어라면 더욱 그렇다.

소셜 네트워크의 장점 가운에 하나는 많은 사용자가 온라인에 자신의 생각을 공개적으로 게시한다는 것이다. 실제로 상당수 기업이 이 빅 데이터를 이용해서 소비자 행동과 여론의 일반적

추이를 분석한다. 예를 들면 빅 데이터 분석으로 트위터 사용자가 어떤 한 시점에서 특정 브랜드나 사람 혹은 아이디어에 대해 어떻게 생각하는지 또는 시간이 경과하면서 어떻게 생각이 변화했는지를 알 수 있다. 이 경우 트위터 사용자는 익숙한 정치적 포커스 그룹의 확장판이라 봐도 무방하다. 예컨대 사람들이 어떤 정치담화에 대해 어떻게 생각하는지를 유추하기 위해 인구 통계적 특성에 맞춰 사전 추출된 표적 집단을 연구하는 것과 비슷하다. 포커스 그룹 연구를 통해 사람들이 긍정적으로 생각하는지 아니면 부정적으로 생각하는지, 그리고 왜 그렇게 생각하는지에 대한 구체적인 통찰을 얻을 수 있다.

식견이 있는 연구자라면 빅 데이터 분석과 표적 집단 연구가 동일한 문제를 안고 있음을 알 수 있다. 연구하는 표본 집단이 더 광범위한 전체 모집단을, 혹은 관심 집단을 실제로 대표한다고 할 수 있는가? 만약 당신이 패스트푸드 음식점이나 슈퍼마켓 또는 사교클럽이나 술집에서 집단 하나를 선정한다면, 그들이 인구 전체를 대표한다고 확신할 수 없을 것이다. 아마도 사람들을 하나로 묶는 요인은 자질, 특성, 이해관계를 비롯하여 다양하게 존재할 것이다. 그리고 바로 이 요인들이 사람들의 견해에 영향을 미친다.

이는 소셜 미디어 사이트나 소셜 미디어에서 특정 주제에 대한 자신의 견해를 소리 높여 주장하는 사람들 역시 마찬가지이다.

조사연구들은 사실 소셜 미디어 사용자가 일반 대중을 대표하지는 못한다고 지적한다. 이를테면, 미국의 트위터 사용자는 일반 대중보다 더 젊고 교육 수준과 소득이 더 높으며 사고가 더 개방적이다.

물론 트위터 사용자들 사이에도 차이가 존재한다. 대부분은 온라인에서 좀처럼 말을 하지 않는다. 즉, 사용자의 10퍼센트가 전체 트윗의 80퍼센트를 생산한다. 이 수다스러운 트위터 사용자들은 전체 트위터 사용자층을 대변할 수 없으며, 일반 대중 또한 마찬가지이다. 이들은 여성일 가능성이 높고, 정치적 주제에 관한 트윗을 게시할 가능성이 더 크다.

3장에서 살펴봤듯이, 소셜 미디어 플랫폼들 사이에도 차이가 있다. 2017년 영국의 멜론Mellon과 프로서Prosser가 실시한 조사에 따르면, 트위터와 페이스북 사용자들의 인구 통계적 프로필은 모집단인 일반 영국 사람들과 크게 달랐고, 플랫폼 간에도 차이를 보였다. 영국의 소셜 미디어 사용자는 모집단보다 더 젊고 교육 수준이 높으며 정치에 더 많은 관심이 있다(하지만 투표율은 더 낮다). 하지만 조사 결과는 정치적 차이가 소셜 미디어 사용보다는 인구 통계적 특성에 의해 더 잘 설명된다고 지적했다.

우리는 다른 장들(3장, 16장, 26장 그리고 28장)에서 소셜 플랫폼마다 다른 목적을 가지고 있으며 다른 방식으로 이용된다고 논의했다. 어떤 플랫폼도 인구 전체를 그대로 대표하지는 않으며, 각 플랫폼은 자신만의 독특한 행동 방식이나 하위문화를 보유하고 있다는 사실을 기억해야 한다. 소셜 미디어 플랫폼은 그들의 사용자층에 접근하는 데 매우 유용할 수 있다. 하지만 소셜 미디어 플랫폼이 자동으로 모든 사람의 일반적인 트렌드 혹은 여론을 보여주는 좋은 척도라고 가정해서는 결코 안 된다.

SNS, 이렇게 생각하라!

소셜 미디어는 광범위한 정보의 원천이자 고객, 클라이언트, 잠재적인 직원과 소통할 기회를 제공한다. 소셜 미디어상의 사람들과 그들의 행동에 대해서는 아직도 배워야 할 것들이 많다. 그리고 기업, 인사담당자, 채용 매니저는 앞으로도 그들에게서 유용한 정보를 계속 발견해 나갈 것이다.

하지만 당신이 온라인상에서 사람들의 어떠한 정보에 접근하고 있는지는 신중해야 할 문제이다. 고용법뿐 아니라 윤리적 고용 관행도 소셜 미디어와 함께 진화해 왔다. 따라서 기업이 온라인에서 사람들에 대해 수집한 정보를 사용하려 한다면 자신이 그러한 행동을 규제하는 윤리적, 법적 가이드라인을 따르고 있는지 확실히 해야 한다.

사생활 보호와 보안에 대한 우려가 커지면서, 사용자도 기업도 소셜 미디어 사용에서 점점 더 영리하고 정교해지고 있다. 가까운 미래에 이러한 우려가 사라질 것 같지는 않다. 비윤리적이고 불법적인 관행을 사용하려는 기업이 있다면 여론의 반격뿐 아니라 법률적 문제와 같은 심각한 위험에 처할 것이다.

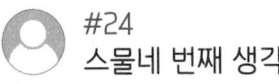

#24
스물네 번째 생각

내 개인 정보는 어디까지 퍼져 있을까

온라인에서 적극적으로 대처한다면 활성화된 디지털 흔적을 통제하는 데 도움이 된다. 하지만 기업이 언제, 어디서, 왜, 어떻게 당신에 관한 데이터를 수집하고 있는지를 이해하는 것 역시 중요하다.

오해와 진실

온라인에서 하는 모든 일은 어떤 형태든 흔적을 남긴다. 웹 사이트를 방문하고, 거래를 하고, 소셜 미디어에 게시물을 올리거나 대화를 나누는 모든 행동은 흔적을 남긴다. 이는 디지털 세상의 어쩔 수 없는 현실이기에 피할 수 없다. 하지만 관리할 수는 있다. 흔적이 남는 방식을 이해하고, 우리가 온라인에서 어떤 종류의 흔적을 남기고 있는지를 아는 것이 중요하다.

기업이나 개인이 온라인에서 하는 모든 일은 흔적을 남긴다. 기업은 사람들이 온라인 활동을 할 때 남기는 흔적을 이용해서 고객을 공략한다. 즉, 기업은 추적을 통해 사람들이 온라인에서 보이는 행동, 바람, 의견의 일반적 패턴을 확인하고 상품이나 서비스 판매에 활용한다.

디지털 흔적은 온라인 활동을 할 때 생기는 다양한 자취들로 이루어져 있다. 소셜 미디어에 게시된 사진과 댓글은 대체로 눈에 잘 띄는 흔적들에 속한다. 하지만 온라인 쇼핑부터 뉴스와 미디어 웹 사이트 방문, 스카이프를 이용한 무료 화상 통화, 이메일 전송에 이르기까지 모든 활동이 각기 다양한 기록을 남길 수 있다.

온라인 활동에 참여한 기록을 적극적으로 관리하면 접근 가능한 개인 정보의 유형을 통제할 수 있다. 예를 들어 우리는 15장에서 온라인 비판에 적극적으로 대응해야 한다고 지적했다. 이 경우, 사람들에게 불만을 제기하고 논쟁을 해결할 수 있는 통로를 제공함으로써 기업이나 브랜드에 관한 부정적인 이야기들이 다른 경로들로 확산되지 않고 누그러지도록 할 수 있다.

개인의 경우도 마찬가지다. 앞의 두 장에서 논의했듯이 개인도 자신의 온라인 개인 정보를 적극적으로 관리할 수 있다. 이 말은 개인 정보를 적극적으로 관리하고 콘텐츠와 채널에 따라 선별적으로 분리, 배포한다면 디지털 흔적을 확실하게 통제할 수 있다는 의미다.

능동적 흔적 Active footprint은 온라인에 의도적으로 남기는 흔적을 말한다. 신상 정보나 사용하는 컴퓨터 정보, 혹은 게시물을 올리거나 공개하는 온라인 계정과 관련된 정보가 여기에 해당된다.

수동적 흔적 Passive footprint은 온라인에 남기려고 의도하지 않았으나 남아있는 흔적을 말한다. 흔적을 남기고 있다는 사실을 인지하지 못하는 경우가 대부분이다. 온라인 활동 과정에 자동으로 수집되는 정보가 여기에 해당된다.

일반적으로 모든 이들이 디지털 흔적을 적극적으로 관리하는 것이 좋다. 흔적 관리는 직업과 기업 평판을 관리하는 데 특히 중요하다. 고용주들은 입사 지원자들의 디지털 흔적을 탐색하기도 한다. 관리하지 않아 엉망인 흔적 때문에 채용에서 불이익을 받을 수도 있고 직업 혹은 기업 평판을 해칠 수도 있다.

디지털 흔적은 위험이 될 수도 있고 기회가 될 수도 있다. 잘 관리된 흔적은 평판을 관리하는 중요한 수단이다. 무엇보다 소셜 미디어 사이트들은 온라인에서 어떤 정보를 공유하고 무엇을 공개할 것인지를 선택할 수 있게 한다. 직업 관련 디지털 흔적이 긍정적이고 설득력 있다면 채용 제의를 받을 수도 있고, 인사담당자의 관심을 끌 수도 있으며, 온라인에서 긍정적인 상호작용을 만들어 낼 수도 있다. 이는 이따금 있는 일이다.

디지털 흔적을 비롯한 자원들에 관해 더 알고 싶다면 인터넷 소사이어티 재단Internet Society Foundation의 안내 지침서가 매우 유용할 것이다.

사례 연구: 저자의 디지털 흔적

우리는 저자의 디지털 흔적을 파헤쳐 예시를 들기로 했다. 만약 나의 디지털 흔적을 살펴보려 한다면 검색 엔진에 '이안 맥레 Ian MacRae'라고 치기만 해도 많은 정보를 발견할 수 있을 것이다. 한 명 이상의 '이안 맥레'가 있으니 '심리학자', '성격', '리더십' 혹은 '잠재력 개발'과 같은 키워드를 덧붙이면 보다 정확한 결과를 얻을 수 있을 것이다. 그렇게 하면 아마도 내 소셜 미디어 프로필, 내가 쓴 책과 논문으로 연결되는 링크, 관련 뉴스와 방송 출연 장면을 발견하게 될 것이다. 조금만 더 깊게 파보면 더 많은 정보를 발견하게 될지도 모른다. 하지만 그렇게 적극적으로 디지털 흔적을 남기며 검색을 시도해도 내 전체 디지털 흔적의 양을 생각하면 수박 겉핥기에 불과하다.

나와 함께 일하거나 내가 계정을 등록한 회사가 내 개인 정보를 추적해도 마찬가지다. 그들도 나의 전체 디지털 흔적의 아주 작은 부분만을 얻을 수 있을 뿐이다. 반면 소셜 미디어 회사들은 나에 대해 공개적으로 접근할 수 있는 것보다 많은 정보를 가지고 있다. 유틸리티 회사(전기, 가스, 통신 등을 제공함), 항공사, 은행, 백화점 모두 나에 대한 정보나 나와 자신들 간의 관계에 대한 정보를 가지고 있다. 내가 앱을 사용하고 이메일을 보낼 때나 주거래 카드를 긁고 온라인에서 물건을 살 때 이루어지는 모든 것이 흔적으로 남는다.

과연 얼마나 많은 개인 정보가 수집되고 있는지 추적할 수 있을까? 유럽연합의 일반 개인 정보 보호법GDPR 덕분에 회사들이 개인에 대해 수집한 개인 정보 전체에 접근할 수 있다. 따라서 나도 수집된 내 개인 정보에 접근해 보기로 했다. 나는 내 개인 정보를 가지고 있을 거라고 생각되는 회사 가운데(전체는 너무 많을 것이기 때문에, 상대적으로 자주 사용하고 상대적으로 최근까지 계정이 유지된 회사들로 조사를 한정했다) 100개를 뽑아 하나의 목록으로 만들었다. 시간이 대단히 많이 들기는 했지만 선정하는 과정이 그리 어렵지는 않았다.

유럽연합 관할권 안에 있는 모든 기업은 일반 개인 정보 보호법에 따라 사람들이 요청할 경우 그들의 개인 정보 복사본을 제공해야 한다. 기업은 한 달 안에 요청을 완료해야 하고, 자신들이 해당 개인과 관련하여 보유하고 있는 일체의 개인 정보를 제공해야 한다. 이 데이터는 문자 몇 줄일 수도 있고 수천 페이지, 또는 방대한 데이터 스프레드시트일 수도 있다.

전반적으로 보면, 대부분의 기업이 신속하고 친절하게 응했다. 선정한 기업의 93퍼센트로부터 내 개인 정보 복사본을 제공받았다. 아예 답이 없었던 회사 중 하나는, 내가 정보를 요청한 직후 파산했기 때문에 요청을 이행하지 못하리라 생각했다.

🔍 사례 연구 결과

GDPR의 요청으로 얻게 된 데이터를 분석한 결과, 나는 기업을 정보 수집 활동의 측면에서 대략 세 가지로 범주화할 수 있다는 사실을 발견했다. 자료를 제공하지 않은 기업(버진 미디어Virgin Media, 나우티비NowTV, 프린시팔 호텔 그룹Principal Hotel Group이 여기에 속한다)의 경우, 그들 각각이 자신의 개인 정보 보호 정책이라고 주장하는 기준에 따라 데이터가 수집되었다고 가정했다.

▆ 최소한의 데이터 수집

대부분의 기업(72퍼센트)은 실제로 개인 정보를 놀라울 정도로 적게 수집하고 보유했다. 사례 연구를 시작할 때, 나는 대부분의 기업이 수집하는 데이터의 규모나 양과 관련하여 불쾌한 발견을 할 거라고 예상했다. 하지만 소매점, 철도회사, 상당수의 포인트 적립 카드사, 심지어 스마트폰 앱 개발사 같은 많은 회사가 최소한의 개인 정보를 수집하고 보유했을 뿐이다. 예를 들어 대부분의 소매점과 백화점은 구매 이력, 이름과 연락처 같은 기본적인 개인 정보들만 보유했다.

▆ 비즈니스와 밀접한 관계가 있는 고객의 프로필 수집

첫 번째 범주보다 상세한 개인 정보 혹은 소비자 프로필을 보유한 회사의 수는 훨씬 적었다(19퍼센트). 여기에는 슈퍼마켓, 몇몇 포인트 적립 카드사(넥타Nectar), 항공사, 비디오 게임 회사, 금융 기관 같은 회사들이 속했다. 개인 정보를 더 많이 보유했지만, 전적으로 수긍할 만한 적당한 양이었으며 대부분 규제 요구사항에 부합하는 데이터들이었다. 예를 들어 은행이나 신용카드사가 개인의 금융 정보를 보유하고, 항공사가 탑승객의 항공편 탑승 기록 복사본을 가지고 있을 거라고 예상하는 것이 터무니없는 일은 아니다. 스트리밍 사이트는 환경 설정 정보를 저장했고 유틸리티 회사는 커뮤니케이션 통신 정보와 함께 사용 이력, 세부사항을 사용했다.

▌광범위한 데이터 수집

내 개인 정보를 방대하게 수집하고 보유한 회사는 매우 소수였다(9퍼센트). 문제의 소지가 다분한 이 유력 용의자들(구글, 아마존, 애플, 페이스북, 트위터)은 엄청난 양의 개인 정보를 소유했다. 버진 미디어는 내가 데이터를 보내 달라 수차례 요구하고 불만을 제기했지만 결국 보내지 않았다. 인터넷 서비스 사업자ISP라는 사실로 미루어 짐작건대 버진 미디어도 확실히 이 범주에 속할 것 같다. 이 소수의 기업이 내 개인 정보의 99퍼센트 이상을 보유했다.

소셜 미디어 기업이 엄청난 양의 데이터를 보유하는 것이 전혀 말도 안 되는 일은 아니다. 개인 정보와 온라인 커뮤니케이션을 저장하는 것이 소셜 미디어 회사의 존재 이유이기 때문이다.

디지털 커뮤니케이션 플랫폼은 많은 양의 데이터 수집과 저장을 수반한다. 이것이 그들의 사업 모델이자, 그들이 제공하는 서비스를 위해 꼭 필요한 부분이기 때문이다. 인터넷 서비스 사업자도 마찬가지다. 법률은 이들에게 고객의 인터넷 기록을 1년간 보관하라고 정하고 있다. 겉으로 보기에 이러한 상황 자체가 반드시 문제인 것은 아니다. 그러나 가장 우려되는 것 중 하나는 이들이 데이터를 필요 이상으로 수집하기 시작하거나 고지 동의 없이 데이터를 수집하는 것이다.

재미있는 점은, 25장에서 곧 논의하겠지만 내가 개인 정보 보호와 보안용 프로그램을 사용하기 때문에 다량의 잘못된 정보를 흘리고 있었다는 것이다. 즉 내가 수동적 흔적을 남긴 회사들은 사실과 다른 데이터를 저장하고 있었던 셈이다. 이러한 상황은 개인 정보 보호 프로그램들이 내 위치와 같은 정확한 개인 정보를 자동으로 수집하지 못하도록 방해하기 때문에 생겨난다. 이를테면 트위터는 내 디지털 장치가 있는 위치를 '애리조나'라고 저장했지만, 구글의 위치기록 내역은 플로리다주 전역에 넓게 펴져 있는 것으로 나왔다(나는 애리조나에도 플로리다에도 간 적이 없다).

점점 더 많은 사람이 이 싸고 단순한 개인 정보 보호 프로그램들을 이용하게 되면서(25장을 보라), 방대한 데이터를 수집하는 회사들이 사람들로부터 상세한 개인 정보를 자동으로 흡수하는 일은 그 어느 때보다 어려워지고 있다.

매우 사적인 데이터

데이터를 가장 많이 수집한다는 말은 매우 사적인 데이터를 수집할 위험도 크다는 의미다. 수동적인 데이터 수집이 얼마나 중요한지는 쉽게 잊힌다. 예를 들어 구글은 구글 지도 같은 프로그램을 통해 이용자의 상세 위치기록 이력을 수집한다. 구글 지도는 매일 일상적으로 사용하기에 편리한 도구일 수 있다. 하지만 데이터가 여러 해 쌓이면 누군가의 개인적인 행동 습성을 깜짝 놀랄 정도로 정확하게 보여줄 수 있다.

예를 들어 그림 24.1은 내 구글 위치기록 내역을 기반으로 작성된 지도다. 구글이 위치기록 내역에서 내가 있었다고 기록한 위치들은 지도에서 어둡게 표시되어 있다. 나는 지도에서 지역 보기를 선택했지만, 이 위치기록 내역을 더 상세한 항목에 따라 보는 것도 가능하다. 위치는 구체적인 지리상 좌표와 시간으로 기록된다. 따라서 데이터를 거리마다 분 단위로 볼 수 있으며, 이동 방식을 추정할 수도 있다(예컨대 '도보로', '차로' 또는 '자전거로'). 내 구글 위치기록 내역에는 나에 관한 백만 줄 이상

(1,048,575줄)의 데이터가 저장되어 있었다. 게다가 핏빗Fitbit 같은 부가적인 위치기반 상품들을 규칙적으로 사용하기라도 한다면, 수집되는 데이터양은 사실상 훨씬 더 많아질 것이다.

완전한, 그러나 파편화된 그림

사례 연구를 시작할 때 나는 스스로에 관한 개인 정보를 지나치게 많이 찾게 될까 매우 걱정스러웠다. 하지만 결과적으로 대다수의 기업이나 조직이 개인 정보를 최소한으로만 수집한다는 사실을 확실히 알 수 있었다. 즉 대부분의 기업은 거래 기록, 커뮤니케이션 이력, 시장 선호와 같은 기본적이고 필수적인 정보에 한해서만 관련된 개인 정보를 수집한다.

다양한 기업들이 수집하는 정보를 모두 모으면 내 일상생활, 개인적 습관, 소비 취향, 지출 패턴 및 활동을 매우 상세하게 보여주는 엄청난 양의 데이터를 얻을 수 있다. 하지만 대부분의 데이터가 다양한 기업들에 흩어져 있기 때문에, 적정선을 지키는 91퍼센트의 데이터 수집자가 보유한 개인 정보들은 각각 따로 볼 경우 나에 대해 그다지 많은 정보를 누설하지는 못했다. 그러나

그림 24.1 구글 사용자 위치기록 내역의 실제 사례

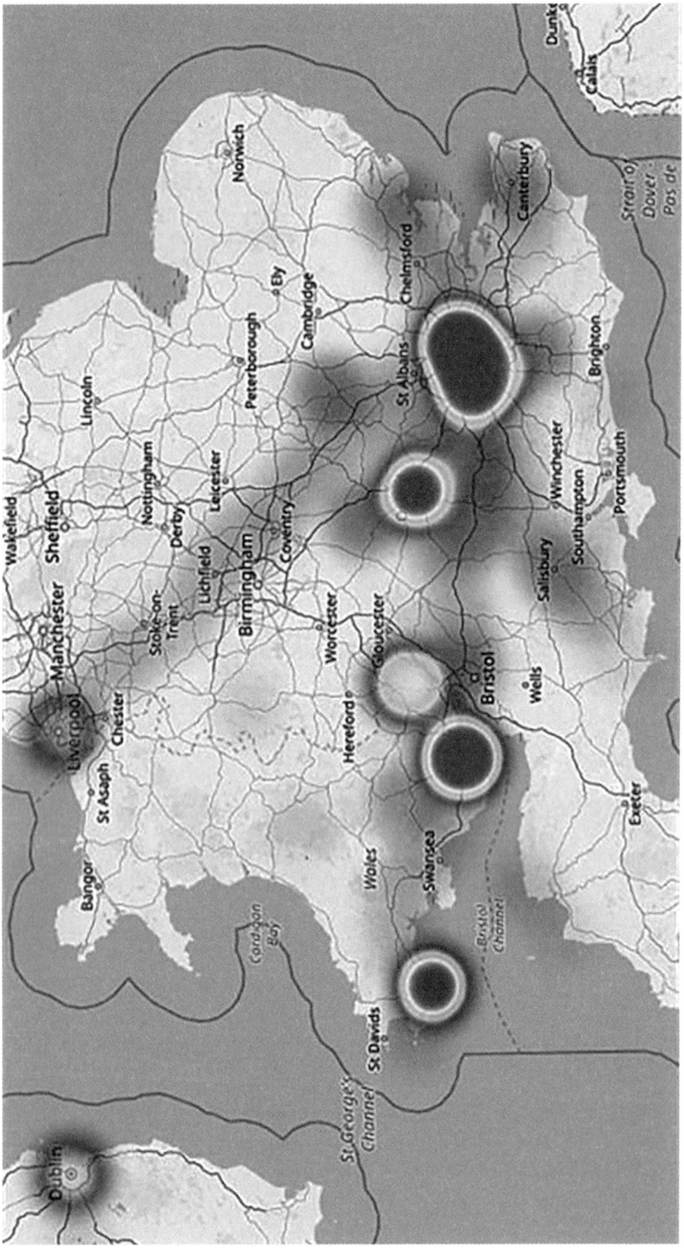

이 데이터를 모두 한 곳에 모은다면 내 운동 스케줄, 식사 습관, 심지어는 수면 습관까지 유추할 수 있다. 그뿐만 아니라 업무 일정, 연락처, 온라인 커뮤니케이션 내용, 집안의 에너지 사용량, 내가 보는 영화와 텔레비전 프로그램 등을 알아낼 수도 있다.

하지만 이 데이터들은 대체로 파편화되어 있었다. 거대 데이터 수집자들을 제외하면, 대다수 기업은 규모 면에서 특별하게 우려할만한 수준은 아닌 적은 양의 개인 정보만을 보유하고 있었다. 우리는 슈퍼마켓이 우리의 식품 쇼핑 습관을 알고, 항공사가 우리의 비행 이력을 기록하며, 우리가 다니는 체육관이 우리의 운동 이력을 파악하고 있다고 예상한다. 또 거래하는 은행은 우리가 어디에 돈을 쓰고 얼마만큼의 돈을 버는지 알아야 한다고 생각한다.

내가 우려했던 부분은 다음 세 가지였다.

- 소셜 미디어 회사와 기술기업은 방대한 데이터를 자동으로 수집한다. 그러나 대부분의 경우에 데이터 자동 수집을 통제하기란 어렵거나 불가능하다. 대부분의 스마트폰과 앱은 개인 정보를 자동으로 공유하도록 설계된다. 이 말은 그림 24.1과 같이 위치 데이터가 스마트폰을 일상적으로 사용하는 거의 모든 사람으로부터 수집될 수 있다는 의미다. 스마트폰을 사용해서 운동, 수면 스케줄 또는 음식 섭취 같은 것들

을 추적하는 경우에 수집되는 데이터는 아마도 훨씬 더 포괄적이고 방대할 것이다. 우리가 앞 장들에서 지적한 바를 기억하라. 상품이나 서비스가 무료로 제공된다면 당신은 고객이 아니다. 당신 역시 데이터를 생산하는 상품일 뿐이다.

- 두 번째 우려는 내 인터넷 서비스 사업자인 버진 미디어가 내가 요청한 개인 정보를 제공하지 않았다는 사실과 관계가 있다. 이 책을 집필하던 시기에 무려 115일 동안 수도 없이 전화하고, 요구하고, 불평하고, 이메일을 보내고, 심지어 규제기관에 불만을 접수하기까지 했지만, 그들은 아직까지도 그들이 보유한 내 개인 정보 데이터를 제공하지 않고 있다(한 달 안에 데이터를 제공하라고 요구했었다). 개인 정보와 데이터 보호에서 나타나는 가장 중대한 위험 신호 가운에 하나는 기업이 규제를 이행하지 않을 때 나타난다. 기업이 관련 규정을 위반하며 대량의 정보를 수집하는 행위는 심각한 문제를 발생시키고 우려를 자아낸다.

- 세 번째로 반드시 지적하고 싶은 사항은 나 역시 불필요한 개인 정보를 수집하는 스마트폰 앱을 피하고 동의 없이 수집되는 데이터를 최소화하기 위해 스마트폰에 보안 앱을 추가했다는 점이다. 스마트폰의 소셜 미디어 앱은 보안 부문 최고의 무법자며, 휴대폰 게임은 종종 불필요한 정보를 흡수해서 개인 정보에 관한 우려를 증폭시킨다. 최근 새롭게 등장하는

얼굴 바꾸기 앱도 심각한 우려를 낳고 있다. 장기적인 관점에서 본다면 얼굴인식이나 영상 조작 기술을 발전시키는 데 이용될 수 있기 때문이다.

SNS, 이렇게 생각하라!

온라인에서 적극적으로 대처한다면 활성화된 디지털 흔적을 통제하는 데 도움이 된다. 하지만 기업이(특히 거대한 소셜 미디어 기업이라면) 언제, 어디서, 왜, 어떻게 당신에 관한 데이터를 수집하고 있는지를 이해하는 것 역시 중요하다. 당신이 남기고 있는 디지털 흔적의 유형에 대해 많이 알면 알수록 당신이 온라인에 남기는 데이터 흔적을 더 잘 관리하고 만들어낼 수 있을 것이다.

개인과 기업은 반드시 다음 사항을 이해해야 한다. 기업은 사람들이 회사에 관해 이야기하고 상호작용하는 방식을 만들고 바꿀 수 있다. 개인의 디지털 흔적은 채용 과정과 신용 등급부터 자신에게 제시되는 뉴스, 미디어, 광고의 유형 및 콘텐츠에 이르기까지 모든 것에 영향을 미친다.

이에 대한 긍정적인 발견 가운데 하나는 영국 기업 대부분이 개인 정보 보호와 데이터 수집 권고안을 잘 따르고 있는 것처럼 보인다는 것이다. 은행, 슈퍼마켓, 항공사, 철도회사, 소매상점은 개인 정보와 관련하여 공정하고 책임감 있게 행동하는 것 같다. 만약 보안과 개인 정보 보호가 우려스럽다면, 개인 정보의 거의 대다수를 수집하는 소수의 기업을 걱정하는 것이 타당할 것이다.

당신이 온라인에서 잠깐이라도 시간을 보낸다면 디지털 흔적을 남기지 않을 수는 없다. 하지만 흔적이 남는 과정을 이해하고 데이터가 수집되고 있다는 사실을 인지한다면, 보다 적극적으로 자신의 디지털 경험을 만드는 데 참여할 수 있다.

#25
스물다섯 번째 생각

SNS는 나와 회사의 데이터를 지켜주지 않는다

아직은 최고의 사이버 보안 대책을 갖춘 회사를 포함한 모든 기업이 언제가 되었건 우발적인 정보 유출, 해킹, 기술적인 문제로 곤란을 겪을 가능성이 있다고 가정하는 것이 안전하다.

오해와 진실

24장에서 우리는 기업들이 온라인에서 방대한 개인 정보를 수집하고 있다고 지적했다. 하지만 개인 정보를 대량으로 수집하는 회사는 소수이고, 대부분의 회사는 서비스를 제공하는 데 필요한 가장 기본적인 개인 정보만 수집한다.

그렇다면 우리의 개인 정보를 보유한 이 거대 기술회사들을 우리는 얼마나 신뢰할 수 있는가? 페이스북, 인스타그램, 트위터, 링크드인, 틱톡 같은 엇비슷한 회사들이 개인 정보와 보안을 위해 시행하고 있는 조치를 믿어야 하는가? 아니면 우리가 자신의 정보를 보호하기 위해 직접 추가적인 조치를 해야 하는가?

개인 정보를 분실하는 회사들이 매년 속출하고, 이들은 보안에 구멍이 뚫릴 때마다 기록을 폐기하는 것처럼 보인다. 영국항공British Airways, 딜로이트, 힐튼호텔, 히드로공항Heathrow Airports, 소니픽쳐스, 페이스북, 어도비Adobe, 에퀴팩스Equifax, 제이피모건체이스JP Morgan Chase, 미국우정공사US Postal Service 같은 대기업들 모두 데이터를 유출한 경험이 있다. 2019년 4월 보안 자문 회사 아이티 거버넌스IT Governance는 13억 4천 건 이상의 전자 기록이 유출되었다고 보고했다. 기업들이 정보 유출 사실을 항상 기꺼이 공개하는 것도 아니다. 예를 들어 야후가 2013년 정보 유출로 30

억 명에 달하는 사용자 모두가 피해를 입었다는 사실을 인정하는 데는 4년이 걸렸다.

모든 소셜 미디어 회사가 데이터 보호, 보안, 개인 정보 보호에 전념하고 있다고 가정해보자. 이 가정이 확실한지 아닌지를 평가하는 것은 당신에게 달렸다. 하지만 이 가정이 옳다고 생각하더라도, 아직은 최고의 사이버 보안 대책을 갖춘 회사를 포함한 모든 기업이 언제가 되었건 우발적인 정보 유출, 해킹, 기술적인 문제로 곤란을 겪을 가능성이 있다고 가정하는 것이 안전하다.

다행히 온라인에서 개인 정보를 비롯한 각종 정보를 안전하게 지킬 수 있는, 상대적으로 저렴하고 구하기 쉬우며 사용하기 편리한 도구와 기법들이 존재한다. 이 장에서 우리는 보안을 위한 최상의 방안 몇 가지를 제시할 것이다. 이미 쓰고 있는 것이 아니라면 사용하기를 적극 추천한다.

정보 보호 도구와 기법

⇢ 정기적인 소프트웨어 업데이트

이것은 디지털 장치를 안전하게 유지할 수 있는 가장 쉽고 중요한 방법 중 하나이다. 따라서 장치에 설치된 소프트웨어가 정기적으로 업데이트되고 있는지 확인해야 한다. 대부분의 새로 나온 장치들은 자동으로 업데이트되기도 한다.

소프트웨어를 최신 상태로 유지하면, 이미 알려진 바이러스와 잠재적인 문제들로부터 장치를 보호할 수 있다. 소프트웨어 업데이트가 모든 위협을 막아줄 수는 없지만, 위협을 막는 첫 번째 중요한 단계라는 사실을 기억해야 한다. 기업과 정부 부서가 경험한 데이터 유출 사고의 대부분이 구식 소프트웨어의 취약성에서 비롯되었다.

⚡ 바이러스 백신 소프트웨어

디지털 장치에는 보안 프로그램이 설치되어 있다. 위에서 언급한 대로 소프트웨어를 최신 상태로 유지하면 장치를 안전하게 보호하는 데 도움이 될 것이다. 하지만 전문적인 바이러스 백신 소프트웨어가 사용 중인 디지털 장치에 내장된 프로그램보다 장치를 보호하는 데 더 효과적일 수 있다. 이 소프트웨어들은 위험할 수 있는 파일을 걸러내고 잠재적인 악성 웹 사이트를 차단하는 등 더 나은 보호 서비스를 제공한다.

상대적으로 비싸지 않으면서 사용자에게 편리한 바이러스 백신 소프트웨어가 많이 나와 있다. 《테크레이더 TechRadar》나 《피시맥 PCMag》 같은 잡지는 장치별로 적합한 추천 바이러스 백신 소프트웨어를 목록으로 작성하여 유용하게 제공한다.

프라이빗 브라우징

프라이빗 브라우징Private browsing은 온라인에 접속해 있는 동안 공유되는 개인 정보의 양을 제한하는 가장 기본적인 기능 중 하나다. 대부분의 브라우저에는 '프라이빗' 혹은 '숨기기' 기능이 탑재되어 있다.

프라이빗 브라우징 창을 활성화하면 온라인 검색 기록이나 다운로드 파일, 현재 접근하고 있는 정보가 저장되지 않는다. 기본적으로 창을 닫는 동시에 컴퓨터는 프라이빗 브라우징을 통해 수행한 모든 활동을 삭제한다. 하지만 누군가가 침투해서 데이터를 수집하는 일을 막지는 못한다. 검색 엔진의 검색 기록은 활성화되어 있는 다른 앱에 의해 여전히 수집될 가능성이 있으며, 종종 그런 일이 발생한다.

이 때문에 프라이빗 브라우징으로 개인 정보 공유 양을 줄이는 것은 한계가 있다. 그러나 컴퓨터에 저장되는 개인 정보의 양은 현격히 줄일 수 있다.

패스워드 매니저 프로그램

온라인에서 개인 정보 보호와 보안을 위해 단 한 가지 방법만 쓸 수 있다면, 단연 패스워드 관리자를 사용해야 한다. 이 장에서 제시하는 어떤 조언도 사용하지 않는 상태라면, 패스워드 관리자를 사용하는 것에서 시작하라.

온라인에서 보안을 위협하는 가장 위험한 행동 중 하나는 같은 이메일 주소나 사용자 이름, 패스워드를 여러 사이트에서 재사용하는 것이다. 대부분이 이렇게 해서는 안 된다는 사실을 알고 있지만, 그럼에도 어쨌든 그렇게 한다. 매년 가장 인기 있는 패스워드 리스트가 공개되지만 거의 바뀌는 게 없다. 지금은 2위로 밀려났지만, 최근까지도 가장 흔하게 사용되던 패스워드는 '패스워드password'였다. 놀랄 만큼 많은 사람이 여전히 '123456', '쿼티querty', '어드민admin', '에이비시123abc123', '아이러브유iloveyou'처럼 풀기 쉬운 암호를 선택한다. '솔로solo', '드래곤dragon', '도널드donald', '배트맨batman'처럼 그때그때 유행하는 말도 패스워드로 자주 사용된다.

재차 하는 말이지만, 이렇게 해서는 안 된다. 만약 지금 언급한 것 중에 당신의 패스워드가 있다면, 오늘 당장 바꿔라. 성씨나 자녀, 거주하는 거리의 이름을 패스워드로 사용해서도 안 된다. 많은 사람이 쓰는 방식이지만, 패스워드를 바꾸라는 요청에 숫자 '1'이나 특수문자 '!'를 그저 덧붙이기만 하는 것도 좋은 생각은 아니다.

패스워드 매니저에 투자하라. 라스트패스Lastpass나 원패스워드1Password를 포함하여 많은 안전하고 훌륭한 회사들이 관리 프로그램을 공급하고 있다. 패스워드 매니저는 당신이 사용하는 여러 사이트에 각각 임의적인 패스워드를 생성시킨 다음 이 정보를 안전하게 저장한다. 일반적으로 컴퓨터와 폰에 앱을 깔기만 하면 되기 때문에 사용하기 쉽다. 어느 사이트에 로그인하든 이 앱만 있으면 사용자 이름과 패스워드가 자동 완성된다.

물론 패스워드 매니저에 로그인하기 위한 마스터 암호가 필요하며, 이 암호는 다른 곳에서 사용하지 않는 안전하고(123456은 안 된다) 기억하기 쉬운 것이어야 한다. 사용자 이름과 패스워드는 누군가에 의해 항상 해킹되고 누설되고 해독된다. 패스워드 매니저를 익숙하게 사용하는 데에는 시간이 걸린다. 하지만 패스워드 매니저는 온라인에서 당신의 개인 정보를 비롯한 각종 정보를 보호할 수 있는 가장 빠르고 가장 효과적인 방법의 하나다.

데이터 유출 확인하기

기업이 고객의 개인 정보를 잃어버렸다는 사실을 항상 신속하게 공개하는 것은 아니다. 정보 분실로 가장 큰 피해를 받을 수 있는 사람들에게 즉시 모든 것을 알려야 하지만, 때때로 현실에서는 이들이 가장 늦게 상황을 알게 된다.

사용하는 웹 사이트에서 사용자 이름과 패스워드를 도둑맞았다면, 최선의 조치는 즉시 패스워드를 바꾸고 동일한 패스워드를 사용하는 사이트의 패스워드도 확실하게 변경하는 것이다.

해브아이빈폰드 Have I Been Pwned는 이메일 계정 관련 정보가 유출되고 있는지 아닌지를 알려주는 무료서비스를 제공한다. 이메일 주소 활용에 동의하면 이메일 관련 개인 정보의 유출과 침해 여부, 유출 시기에 대한 알림을 받을 수 있다. 이메일 주소 외에 다른 개인 정보를 요구하지 않기 때문에, 대부분의 사람이 부담 없이 사용할 수 있다. 유사한 서비스를 제공하더라도 패스워드나 다른 민감한 개인 정보를 요구하는 회사라면 피하는 것이 좋다.

데이터 유출 확인은 온라인에서 개인 정보를 보호하기 위해 이용할 수 있는 또 하나의 빠르고 쉬운 방법이다.

↗ 가상 사설망

일반적으로 온라인에 접속해서 수행하는 활동 대부분은 인터넷 서비스 프로토콜 주소Internet Service Protocol: ISP를 통해 이루어진다. 이 말은 당신이 방문하는 모든 웹 사이트가 당신에게 할당된 특정 주소를 이용해 당신에 대해, 즉 가입한 인터넷 서비스 사업자와 현재 있는 위치에 대해 알 수 있다는 의미다. 많은 회사가 우리의 온라인 활동을 추적하고 있다(인터넷 서비스 사업자는 고객이 지난 1년간 방문한 모든 웹 사이트 로그인 정보를 보관한다). 소셜 미디어 사이트는 가장 질 나쁜 악당들 가운데 하나다. 우리가 소셜 미디어 사이트에 접속해 있지 않을 때도 소셜 미디어는 우리의 온라인 활동 대부분을 추적한다.

가상 사설망Virtual Private Networks: VPN 서비스는 복잡한 암호를 이용해 인터넷에 접속한 다음 사용자가 보내는 모든 정보를 블랙

박스 속에 넣는다. 현재 인터넷 사용자의 약 25퍼센트가 가상 사설망을 통해 인터넷에 접속하는 것으로 알려져 있다.

이 서비스는 개인 정보 보호와 보안에 확실히 도움이 된다. 가상 사설망을 이용하면 제3자 혹은 기업이 사용자의 온라인 활동을 '염탐'할 수 없다. 정보를 보내거나 수신할 때, 특히 기업 활동, 클라이언트나 고객의 정보, 사적인 커뮤니케이션, 기밀문서와 관련된 정보를 다루어야 할 때 가상 사설망을 통하면 안전하고 비공개적으로 처리할 수 있다.

우리의 이력을 계속 추적하고 있는 기업들이 우리의 개인 정보를 보호하고 보안을 유지하는 데 최선을 다하고 있다고 다시 한 번 가정해보자. 또한, 인터넷 서비스 사업자와 소셜 미디어 회사가 우리의 개인 정보를 비윤리적인 목적으로 사용하지는 않는다고 생각해보자. 그럼에도 해킹이나 정보 누설로 모든 정보가 공개적으로 유출될 위험은 여전히 존재한다. 인터넷 서비스 사업자들은 이미 사용자 개인 정보를 분실한 경험이 있으며, 앞으로도 그럴 것이 거의 확실하다. 자신이 지난 12개월 동안 접속한 적이 있는 모든 웹 사이트가 하나의 목록에 늘어서 있는 것을 본다면 대부분은 기분이 썩 좋지 않을 것이다. 모든 사용 정보를 안전한 가상 사설망 블랙박스에 넣는다면, 우리의 개인적이고 사적인 정보를 안전하게 보호할 수 있을 것이다.

많은 회사가 가상 사설망 서비스를 매우 저렴하게 제공하고 있다. 옵션에서 무료를 선택할 수도 있지만, 속도가 너무 느려서 실용적이지 못하다는 단점이 있다.

↗ 이중 인증

중요한 정보를 보유하고 있거나 금융 계정에 접근하는 회사 중에는 이중 인증 방식을 도입하는 경우가 점점 많아지고 있다. 현재 대부분의 은행은 고객의 계정을 보다 안전하게 보호하기 위해 다양한 이중 인증 방식을 사용한다. 방식은 다양하지만, 계정에 접근하기 위해서는 2가지 서로 다른 보안단계를 거쳐야 한다는 점에서 기본 취지는 같다. 여기에는 패스워드뿐 아니라 이메일, 문자나 통화 확인 등이 포함되며, 확인되지 않은 사용자가 고객의 계정에 접근하는 것을 보다 어렵게 만든다.

금융 계정 외에도 사적이고 민감한 정보나 기밀 정보를 다루는 계정이라면, 또는 계정 자체가 분실된 패스워드를 복원하는 용도로 사용되거나 본인 인증의 두 번째 단계로 사용되는 이메일 계정의 경우라면 이중 인증 방식을 사용하는 것이 좋다.

↗ 물리적 본인 인증 방식

물리적 본인 인증은 보안단계에서(디지털이 아닌) 실제 물건을 이용하는 방식이다. 계정에 로그인하기 위해서는 특정 장치를 통해 생성된 숫자 코드나 시각 부호를 입력해야 할 수도 있고, 보안 조치의 일환으로 마련된 장치에 연결되어야 작동하는 스마트 칩을 사용해야 할 수도 있다. 또 유에스비나 오디오 포트에 플러그를 꽂는 형식일 수도 있고, 무선 연결 방식을 사용할 수도 있다.

기본적으로 이 방식은 실제 물리적 토큰이 없다면 누구도 장치나 계정에 접근하지 못하게 함으로써 정보를 보호한다. 준비하는 데 다소 오래 걸리고 물리적 토큰을 잃어버릴 경우 문제가 생길 수 있다는 단점이 있다. 하지만 중요한 계정의 보안을 유지하는 데 있어 상당히 강력한 보안수준을 제공한다.

SNS, 이렇게 생각하라!

이 모든 것이 다소 귀찮아 보일지도 모른다. 온라인에 접속할 때 고려해야 할 것들이 많으면 많을수록 모든 게 복잡해지는 건 사실이다. 물론 문을 잠그지 않고 오븐을 끄지 않은 채 집을 나서도 되는 것처럼, 개인 정보 보호와 보안 조치를 반드시 취할 필요는 없다. 하지만 미래에 닥칠 수도 있는 심각한 문제를 예방하고 싶다면 이러한 조치들을 취하는 것이 좋다.

이 방법들 모두 상대적으로 실행하기 쉽고, 대부분 비싸지 않으며 완전히 무료인 것들도 있다. 소프트웨어를 최신 상태로 유지하고 계정 패스워드의 보안수준을 높여 같은 암호를 여기저기 돌려쓰지 않는 것 같은 아주 작은 몇 가지 조치만으로도 온라인에서 자신이나 회사의 안전을 보호하는 데 큰 도움을 받을 수 있다.

많은 사람이 디지털 인프라에 전적으로 의지한다. 대개는 무언가 잘못되기 전까지는 그것이 우리의 일상 속에 얼마나 깊숙이 들어와 자리 잡고 있는지 깨닫지 못한다. 약간의 추가 조치를 하기만 해도 온라인에서 당신 자신과 회사를 보호할 수 있다. 기업 역시 비즈니스 커뮤니케이션과 업무과정이 점점 디지털 공간으로 옮겨감에 따라 온라인 보안 유지의 중요성을 직원에게 교육하는 방안을 마련해야 한다.

#26
스물여섯 번째 생각

정보를 얻기 위해 SNS에만 의존하지 마라

방대한 양의 정보를 쉽게 얻을 수 있다는 사실이 가지는 맹점의 하나는, 선택지가 많다고 해서 반드시 더 좋은 의사 결정을 내리게 되지는 않는다는 것이다.

오해와 진실

　가까운 곳에서 무언가 이상하거나 심각한 일이 일어나고 있다. 그래서 무슨 일인지 알고 싶다. 보아하니 경찰이 처리해야 할 일 같지는 않고, 사고도 아닌 것 같다. 지인 중에도 아는 사람이 없고 뉴스에도 나오지 않았다. 아는 정보는 구체적인 시간과 장소뿐이다. 이런 경우, 무슨 일이 일어나고 있는지 알 수 있는 가장 좋은 방법은 무엇인가?

　관계자들에게 물어볼 수도 있고(물어보는 게 늘 가능한 것도 아니고 꼭 적절한 방법인 것도 아니다), 소셜 미디어를 찾아볼 수도 있을 것이다. 사람들이 오가는 곳에서 뭔가 시선을 끄는 일이 발생한다면, 아마도 트위터에 이에 대한 이야기가 오가고 있을 것이다. 뉴스는 소셜 네트워크를 통해 빠르게 퍼진다. 이따금 소셜 네트워크는, 신문 기자나 연구자 같은 믿을 만한 출처에서 나온 것이기만 하다면 정보를 얻거나 논의를 시작하는 가장 빠르고 쉬운 방법이기도 하다.

　물론 소셜 미디어 곳곳에는 가짜 뉴스, 거짓 정보, 선전이 넘쳐난다(14장에서 자세히 살펴봤듯이). 이 말은 소셜 미디어에서 정확한 정보를 발견하기 위해서는 상당한 정도의 여과 과정을 거쳐야 한다는 것을 의미한다. 그러나 28장에서 살펴보게 될 내용처럼,

확실하고 믿을 만한 곳에서 나오는 정보만 들어오도록 자신의 소셜 미디어 환경을 설정하는 것도 분명 가능하다.

곧 알게 되겠지만, 사실 사람들 대부분은 소셜 미디어에 올라오는 정보에 대해 회의적이다.

신뢰할 만한 출처 발견하기

이 부분의 요점은 소셜 미디어가 정보의 훌륭한 원천일 수 있다는 것이다. 단, 그 정보의 출처를 신뢰할 수 있을 때 그렇다.

미디어 인사이트 프로젝트Media Insight Project가 2016년 실시한 조사에 따르면, 대부분의 소셜 미디어 사용자는 소셜 네트워크에서 오보를 거르고 신뢰할 만한 정보 출처를 찾아내는데 상대적으로 능숙했다. 플랫폼마다 사용자의 정보 신뢰도는 달랐지만, 페이스북의 정보를 매우 신뢰한다는 응답자는 12퍼센트밖에 되지 않았고 가장 신뢰받는 플랫폼으로 평가받는 링크드인의 뉴스조차 매우 신뢰한다는 응답자는 23퍼센트밖에 되지 않았다.

2017년 미디어 인사이트 프로젝트는 정보 출처와 정보 공유자에 따라 사람들이 정보를 평가하고 이에 영향을 받는 정도가 어떻게 달라지는지를 조사하기 위해 한 가지 실험을 진행했다. 그들은 완전히 똑같은 정보를 다른 출처에서 나온 것이라며 사람들에게 제시했고, 그 결과 정보 출처와 정보 공유자에 대한 신뢰가 정보 신뢰도에 영향을 미친다는 사실을 발견했다.

일반적으로 소셜 미디어의 정보 신뢰도를 판단하는 기준은 두 가지다. 정보가 최초 생산자에서 나와 게시되고 나면 누군가 다른 사람들에 의해 공유되고 확산되기 때문이다. 따라서 두 가지 출처 모두 사람들이 정보를 평가하는 방식에 영향을 미친다.

▌정보를 공유한 사람에 대한 신뢰

사람들은 정보가 신뢰할 만한 출처에서 나올 때, "사실을 있는 그대로 포착하고 있다"고 믿는 경향이 크다. 즉 신뢰할 만한 출처에서 나온 정보는 제대로 보도되며, 더 믿을 수 있다고 생각한다. 또 정보가 신뢰할 만한 출처에서 나올 때 그것을 공유하거나 친구에게 추천할 가능성이 더 높다.

▌원출처에 대한 신뢰

2017년 실험에서 연구자들은 두 집단에 하나의 기사를 보여주며 한 집단에게는 지어낸 가짜 출처를 대고 다른 한 집단에게는 연합통신에서 나온 기사라고 했다. 예상대로, 기사가 정확하다고 생각하는 사람의 비율은 기사가 연합통신에서 작성된 거라고 믿는 집단에서 더 높았다. 하지만 주류 언론 기사를 신뢰하지 않는다고 말한 사람들은 자신이 들어 본 적도 없는 출처에서 나온 기사를 믿는 경향이 컸다.

2017년 연구에 따르면 정보 출처와 공유자 모두 사람들이 정보를 평가하는 방식에 영향을 미치지만, 공유자에 대한 신뢰가 원출처에 대한 신뢰보다 실제로 더 중요했다. 결론은 확실하고 상식적이다. 즉, 사람들은 자신이 신뢰하는 사람에게 영향을 받는다. 물론, 사람들은 들어 본 적 있는 정확하고 신뢰할 만한 출처라 하더라도 자신이 신뢰하지 않는다면 가짜 출처를 더 믿는 경향이 있다는 발견은 약간 곤혹스러운 결과이기는 하다.

미디어 인사이트 프로젝트의 연구는 소셜 미디어가 전체적으로 볼 때 정보를 얻기에 좋은 곳인지 아닌지의 문제에 완전한 답을 주지는 않는다. 하지만 사람들이 소셜 미디어에서 보는 정보를 신뢰할 것인지 아닌지 결정할 때 정보의 원출처와 정보 공유자를 정확히 구별해서 판단한다는 것을 보여준다.

한 가지 크게 우려되는 것은 사람들이 믿을 수 없는 출처를 '신뢰'하는 경우가 있다는 것이다. 또 유명인이나 저명한 기관 중에 믿음이 가지 않거나 정직하지 못한 경우도 꽤 있다. 게다가 소셜 미디어에 등록된 가짜 계정의 수는 상상을 초월할 정도로 엄청나다. 페이스북 한 곳이 2018년 10월에서 2019년 3월 사이에 삭제한 가짜 계정만 해도 30억 건이었다. 가짜 뉴스를 비롯한 유사 현상에 대해서는 이미 14장에서 살펴봤으니 참고하기 바란다.

균형 잡힌 정보를 섭취하라

인터넷은 모든 사람이 정보를 쉽고 빠르게 그리고 싸게 접근할 수 있도록 만들었다. 그 결과 일상적인 검색을 하는 사람부터 학자에 이르기까지 온갖 종류의 사용자가 점점 더 광범위하게 정보를 사용할 수 있게 되었다. 하지만 그처럼 방대한 양의 정보 쉽게 얻을 수 있다는 사실이 가지는 맹점의 하나는, 선택지가 많다고 해서 반드시 더 좋은 의사 결정을 내리게 되지는 않는다는 것이다.

사람들은 정보를 검색할 때 정확하지는 않더라도 가장 얻기 쉬운 정보를 찾는 경향이 있다. 예를 들어 건강에 대한 질문이 생겼을 때 사람들이 제일 먼저 가는 곳은 어디인가? 의사인가? 아니면 친구와 가족? 그것도 아니면 우연히 타게 된 택시의 운전사?

아니다. 대부분의 사람이 건강과 의료 문제와 관련하여 첫 번째로 선택하는 정보 출처는 바로 인터넷이다. 임신부터 아이의 문제까지 다양한 건강상의 문제에 대한 답을 듣기 위해, 사람들은 대부분 의료 전문가보다 인터넷을 선택한다.

우리는 인터넷에서 질병 관련 정보를 검색하기 전에 의사와 상담부터 하라는 조언을 듣고는 한다. 하지만 그렇다고 해서 그런 조언이 소셜 미디어가 더 이상 가치 없는 도구라는 것을 의미하는 것은 아니다. 2011년에 실시된 한 연구에 따르면, 소셜 네트워크는 '사람들의 태도를 좌우할 수 있는 잠재력'을 지녔다. 연구자들은 소셜 네트워크의 영향력과 범위를 감안할 때 믿을 만한 출처의 정보가 게시되는 것이 매우 중요하다고 강조했다. 그렇게만 된다면 결국 신뢰할 수 있는 정보만 확산될 것이기 때문이다.

만약 사람들이 건강상의 조언을 얻기 위해 제일 먼저 인터넷을 조사한다면, 사업상의 조언을 얻기 위해서도 거의 십중팔구 소셜 미디어에 의지할 것이다.

연구에 연구를 거듭한 끝에, 연구자들은 편리함이 정보 출처를 선택하는 가장 중요한 요인이라는 사실을 발견했다. 하지만 사업상의 결정을 내리려 한다면 편리함보다는 반드시 정확성이 우선해야 한다. 정보의 질이 높을수록 더 좋은 결정을 내리게 될 것이다. 우리는 14장에서 가짜 뉴스를 다루면서 정보를 평가할 때 사용할 수 있는 틀을 이미 제시했다.

정보가 발표되는데 걸리는 시간의 양에 따라 정보 출처를 평가하는 방법도 유용할 수 있다. 일반적으로 발표하기까지 오랜 기간 걸리는 정보일수록 보다 엄격하고 분별력 있는 편집 과정을 거친다. 표 26.1이 보여주듯이, 정보 원천이 다르면 정보 발표에 걸리는 시간도 크게 차이가 난다. 소셜 미디어에서는 정보가 게시되는 데는 몇 초밖에 걸리지 않지만, 제대로 된 조사가 뒷받침

표 26.1 정보 공개에 걸리는 시간에 따른 정보 출처 비교

공개에 걸리는 시간	출처	콘텐츠 유형	타깃 청중	작성자
초(秒) 단위	소셜 미디어 블로그, 라디오 TV	뉴스 리포트, 빠른 요약 정보, 댓글	일반 대중 또는 구체적인 관심 집단	누구나
일(日) 단위	신문, TV, 라디오	뉴스, 댓글	일반 대중	저널리스트, 특정분야전문가
주(週) 단위	대중 잡지	일반적이고 전문적인 청중을 위한 대중적 주제	일반 대중	저널리스트, 특정분야전문가
월(月)	학술 논문	연구 결과, 과학적 분석	학자, 전문가, 학생	해당 영역의 학자와 전문가
1년 이상	서적	특정 주제의 심층 보도	일반 청중, 특정 주제에 관심이 있는 청중	학자, 전문가, 주제별 전문가
5년 이상	참고 출처, 교재	거시적 관점의 콘텐츠, 위 출처의 모든 것을 포함하는 사실 정보	일반 청중, 특정 주제에 관심이 있는 청중	전문가, 주제별 전문가

되는 긴 연구보고서는 발표되는 데 몇 달에서 몇 년까지 걸릴 수 있다.

    제대로 된 조사연구를 기반으로 한 출판물은 확실하고 신뢰할 수 있는 발행인에 의해 엄격한 편집 과정을 거친다. 따라서 훨씬 더 믿을 만한 정보 출처라고 할 수 있다. 물론 다양한 출처의 정보를 함께 사용하는 경우도 있을 수 있다. 예컨대 이 책은 소셜 미디어와 잡지부터 과학 저널, 서적, 교과서에 이르기까지 광범위한 출처에서 나온 정보를 인용한다. 또한, 각 장을 시작하면서 해당 장 안의 한 구절을 '스냅숏'으로 찍듯이 인용한다. 하지만 그 구절이 포함된 전체 텍스트는 짧은 요약이 아니라, 더욱 상세한 내용과 맥락을 제공한다.

정보 출처를 평가할 수 있는 또 다른 방법은 그 정보를 입수하는 데 얼마나 오랜 시간이 걸리는가를 살펴보는 것이다. 예컨대 빠르게 지나가는 소셜 미디어 게시 글과는 다르게, 서적은 손에 넣기까지 더욱 오랜 시간과 면밀한 검토가 필요한 경우가 대부분이다. 또 저자와 발행인의 평판뿐 아니라 신뢰할 수 있는 제3자의 의견에 기초해서 정보 출처의 질을 평가하는 것도 쉬운 방법일 수 있다.

SNS, 이렇게 생각하라!

소셜 미디어는 유용한 정보의 원천일 수 있다. 하지만 정확한 통찰을 얻을 수 있는 항상 가장 좋은 장소는 아니다. 소셜 피드에서 얻은 뉴스는 정보 소비의 균형적인 섭취를 위한 한 부분일 수는 있지만, 유일한 정보의 원천이 되어서는 안 된다.

　이는 특히 사업상의 결정을 내릴 때 중요하다. 직원과 고객 혹은 수익처럼 많은 부분에 영향을 미치는 의사 결정을 내려야 하는 경우라면, 다양하고 광범위한 출처들을 비교해서 가장 타당하고 가장 정확한 정보를 얻기 위해 노력해야 한다.

#27
스물일곱 번째 생각

SNS의 힘은 생각보다 더 강하다

소셜 미디어는 커뮤니케이션과 오락 수단으로 기능하며 우리의 생활 곳곳에 스며들었을 뿐 아니라, 개인이 소셜 분야의 슈퍼스타가 될 수 있는 길도 열어 주었다.

오해와 진실

좋든 싫든 디지털은 우리의 일상생활 곳곳에 스며들어 있다.

우리는 디지털 시대, 정확히 말해 '소셜 미디어 시대'를 살아가고 있다. 글로벌웹인덱스의 《소셜 플래그그십 보고서》 따르면, 현재 디지털 소비자의 98퍼센트가 소셜 네트워크 사용자다.

위 아 소셜 We Are Social이 인터넷과 소셜 미디어 사용 현황을 추적해서 발표한 최신 연례 조사보고서에 의하면, 전 세계 인터넷 사용자 수는 43억 8천 8백만에 달한다. 소셜 미디어 사용이 감소하고 있다는 지적도 있지만, 정반대로 전 세계 소셜 미디어 사용자 수는 34억 8천 4백만 명으로 전년 대비 9퍼센트 증가했다.

2장에서 살펴봤듯이, 우리는 소셜 미디어 채널에 매일 약 2시간 16분을 쓰고 있다. 소셜 플래그그십 보고서에 의하면 16세에서 24세 사이의 인구가 소셜 미디어에 소비하는 시간은 더 많아서, 하루 3시간에 달한다.

확실히 소셜 미디어는 이제 더 이상 새롭지 않다. 업데이트와 사진을 공유하는 플랫폼으로 시작한 소셜 미디어는 점차 거의 모든 인구를 아우르더니 이제는 우리가 관계 맺고 소통하는 방식과 완전한 하나가 되어버렸다. 또한, 소셜 네트워크는 호불호를 떠나 사업과 상업에서 점점 더 영향력을 키워가고 있다.

얼마 전까지만 해도 소셜 미디어는 일시적인 유행이라 여겨져 묵살되기 일쑤였다. 하지만 사용자와 의존도가 계속 증가하고 있으며, 이에 이 장을 통해 소셜 미디어 채널이 과연 어느 정도의 영향력을 행사하고 있는지를 살펴볼 것이다.

소셜 미디어에서의 소비자 영향력

스프라우트 소셜이 실시한 조사에 따르면, 구매자(기업 대 소비자B2C, 기업 대 기업B2B 모두)의 74퍼센트가 소셜 미디어상의 정보를 기반으로 해서 구매 결정을 내린다. 비슷하게 PwC의 2018 《글로벌 컨슈머 인사이트 서베이》는 소셜 미디어가 구매 자극에서 가장 영향력이 큰 채널이라고 지적했다(웹 사이트, 리뷰 사이트, 광고용 우편물, 이메일, 비교사이트, 신문 광고 등을 능가했다).

3장에서 논의한 것처럼, 소셜 미디어가 상품 검색의 중요한 수단으로 자리 잡으면서 이제는 새로운 브랜드나 제품을 찾는 사람들의 40퍼센트가 소셜 미디어를 참고한다. 소셜 플래그십 보고서에 의하면, 젊은 층(16세에서 24세)에서 소셜 미디어는 전통적인 검색 엔진을 넘어서는 최고의 상품 검색 수단이다.

나아가 소셜 플래그십 보고서는 상당수의 사용자가 사람들이 소셜 미디어 플랫폼에서 이야기하는 브랜드에 마음이 흔들린다고 지적한다. 35세 이하의 1/4이 '좋아요'가 많이 달린 브랜드나 상품에 구매 욕구를 느낀다고 답했으며, 35세에서 44세 사이의 사용자 중 20퍼센트도 같은 응답을 했다. 스프라우트 소셜의 조사에서도 비슷한 결과가 확인되는데, 전 세계 응답자의 45퍼센트가 온라인 리뷰, 댓글, 피드백이 자신의 쇼핑 행동에 영향을 미친다고 말했다.

잠시 시간을 내서 자신의 구매 행동과 소비자 리뷰(예컨대, 에어비앤비AirBNB, 트립어드바이저TripAdvisor, 아마존Amazon 같은 사이트에 올라오는)가 자신에게 어떤 영향을 미치는지를 생각해보라. 핸드폰 위를 빠르게 스크롤 하는 당신도 십중팔구 대중의 지혜에 마음이 흔들렸을 것이다.

구매하려고 하는 상품에 따라 영향을 받는 곳도 달라진다. 2015년 맥킨지 보고서는 구매를 알아보고 있는 상품이 무엇이냐에 따라 영향을 받는 정도도 다르다는 사실을 발견했다. 유틸리티 제품의 경우 응답자의 15퍼센트가 구매 관련 조언을 얻기 위해 소셜 미디어를 이용한다고 답한 반면, 여행, 투자 서비스 또는 약국에서 처방전 없이 살 수 있는 의약품과 같은 제품의 경우 응답자 비율은 40-50퍼센트로 증가했다.

맥킨지 보고서에 따르면 고객 충성도의 여부 역시 영향을 미치는 요소 중 하나였다. 즉, 신규 구매자는 재구매자보다 소셜 미디어의 추천에 50퍼센트 이상 더 많이 의지하는 경향이 있었다.

↗ 소셜 미디어를 통한 판매

재미있는 점은, 소셜 미디어가 구매 결정에 영향을 미친다는 증거가 확실함에도 불구하고, 아직까지 실제 판매를 위한 채널로 선호되고 있지 않다는 사실이다.

글로벌웹인덱스 조사가 지적하듯이, 소셜 미디어는 고객의 구매 여정에서 구매 시점까지 중요한 역할을 한다. 그러나 소셜 미디어 플랫폼을 통해 직접 거래를 마무리 짓고 싶어 하는 비율은 낮았다. 즉, 여전히 많은 사용자가 소셜 미디어 플랫폼이 아닌 소매 사이트에서 실제 구매하는 것을 더 선호한다.

이러한 상황을 변화시키려고 많은 방법이 시도되고 있다. 인스타그램이 '좋아요'를 이용하거나 '지금 구매하기' 버튼을 만들고, 게시판에서 사용자가 제품 상세 정보를 바로 볼 수 있도록 게시물을 태그 하는 등의 노력들이 대표적이다. 실제로 이 책을 집필하던 당시에 인스타그램은 새로운 인 앱in-app 기능을 선보여서 사용자가 제품을 인스타그램 앱(이름도 기능에 맞게 인스타그램 '체크아웃'이다)을 통해 직접 구매할 수 있도록 하겠다고 발표했다.

핀터레스트에도 '지금 구매하기' 버튼이 있다. 현재 소셜 미디어 플랫폼들은 표적 고객을 대상으로 많은 소셜 광고 캠페인을 진행하고 있으며, 자신의 사이트에서 직접 구매하도록 사용자를 부추기고 있다. 하지만 소셜 플래그십 보고서가 강조하듯이, 소셜 미디어의 '구매' 버튼을 보고 구매하고 싶다는 생각이 든다는 응답자는 아직 12퍼센트 밖에 되지 않는다.

여러 논문과 연구를 검토해본 결과 이러한 현상을 직접 설명할 수 있는 원인은 소비 습관뿐이었다. 어쨌든 습관을 바꾸려면 시간이 걸리기 마련이다. 온라인 쇼핑도 지금은 쇼핑의 기준처럼 여겨지지만 10년 전만 해도 그렇지 않았다.

위 아 소셜 보고서가 제시하는 증거에 따르면, 중국에서는 소셜 미디어가 직접 거래 플랫폼으로서 큰 성공을 거두고 있다. 기본적인 문화적 차이로 인해 서구인들이 소셜 미디어를 통한 구매를 꺼리는 것인지 아니면 다른 요인이 작용하는 것인지는 확실치 않다. 하지만 소셜 미디어가 더욱 쉬워진 인 앱 구매와 함께 오락과 쇼핑의 기능을 점차 강화할지, 또한 그것이 직접 판매 시장의 판도를 이끄는 것으로 이어지게 될지 지켜보는 것은 분명 흥미로운 일이다. 우리는 머지않아 그렇게 될 것이라고 본다.

인플루언서 마케팅 산업

소셜 미디어는 커뮤니케이션과 오락 수단으로 기능하며 우리의 생활 곳곳에 스며들었을 뿐 아니라, 개인이 소셜 분야의 슈퍼스타가 될 수 있는 길도 열어 주었다. '소셜 인플루언서'는 소셜 미디어를 통해 상당한 팬층을 형성한 개인을 가리키기 위해 사용되는 용어다. 20장에서 상세하게 살펴본 것처럼, 한때 팝스타, 영화배우, 스포츠 스타 혹은 TV 유명인에게만 주어지던 명성을 이제는 '보통' 사람도 손에 넣을 수 있게 되었다.

소셜 미디어는 온라인에서 자신만의 브랜드와 영향력을 구축하고 싶은 사람 누구에게나 절호의 기회를 제공해왔다. 공예, 게임, 노래, 스케이트보드, BMX(자전거를 활용한 익스트림 스포츠), 코미디, 제품 개봉 등 사실상 모든 영역에서 인플루언서는 카리스마와 열정으로 청중을 불러 모으고 몰입하게 한다.

이 대규모 열성 팬층이 인플루언서 마케팅이라는 전혀 새로운 산업을 출현시켰다. 우리가 소셜 미디어에 함께 참여하는 친구와 가족을 신뢰하듯이, 기업은 이 열성적인 자들을 신뢰한다.

인플루언서 마케팅이 중요한 산업으로 성장하면서, 많은 거대 브랜드가 자신의 대의, 상품, 서비스의 활동 범위를 넓히고 홍보하기 위해 인플루언서와 인플루언서 네트워크의 문을 두드리고 있다.

예를 들어 인플루언서가 광고 협찬을 받았든 받지 않았든 어떤 운동화에 대해 좋게 말하는 게시물을 공유하며 제품을 태그하거나 링크를 걸어두었다고 해보자. 그러면 그를 팔로우하는 사람들은 적어도 한 번이라도 그 제품을 살펴보거나 실제로 구매하고 싶어 할 가능성이 크다. 디지털 마케팅 연구소Digital Marketing Institute에 의하면 소비자의 49퍼센트가 인플루언서의 추천을 팔로우하고, 40퍼센트가 트위터, 유튜브, 인스타그램에서 추천 제품을 보고 난 후 비슷한 무언가를 구매한 경험이 있었다.

인플루언서 마케팅은 무엇보다 소비자 신뢰와 가짜 인플루언서(소셜 보트social bots 프로그램을 이용해서 가짜 팔로워를 모으는) 문제로 언론에서 혹평을 받고 있다. 하지만 이런 비판을 제쳐놓고 본다면, 디지털 마케팅 연구소는 2017년에 대략 2조 2,462억 원이었던 인플루언서 마케팅 산업의 규모가 2020년 11조 6,803억 원에 달할 것이라고 추정하고 있다.

소셜 미디어 광고

영향력과 관련하여, 소셜 미디어 광고가 구매와 소비 행동에 어떤 영향을 미치는지는 반드시 살펴볼 필요가 있다. 우리는 7장에서 타깃 광고와 메시지의 효과를 다루면서 이러한 마케팅 방식이 때로는 매우 부정적인 결과를 가져올 수도 있다고 지적했다(우리는 이미 케임브리지 애널리티카의 사례를 통해 미국 대선과 영국 브렉시트 국민 투표에 미친 악영향을 살펴보았다).

소셜 미디어 광고가 매우 불순한 의도로 제작된 적이 있다는 사실을 부정할 수는 없다. 하지만 소셜 미디어를 통해 얻을 수 있는 데이터 분석 정보, 실시간으로 추적 가능한 소비자 행동과 선호패턴은 광고주에게 세분화된 인구통계정보와 통찰력을 제공함으로써 타깃 고객에 정확하게 부합하는 메시지를 생산할 수 있게 해 준다.

전통적인 마케팅과 판매 전략의 관점에서 볼 때, 소셜 미디어는 상품의 인지부터 최종 목적지인 옹호에 이르기까지 소비자의 구매 고려와 관련된 전통적인 세일즈 깔때기의 거의 모든 단계에서 작동한다.

어도비가 디지털 광고 트렌드와 활동을 포착하기 위해 실시한 2018년 디지털 광고 조사는 소셜 미디어가 새로운 고객을 얻기 위한 미래의 통로라고 말한다. 인구의 다수가 사용하고 공유하는 데다 스마트폰과 결합하면서 더욱 팽창할 것이기 때문이다.

소셜 미디어와 스마트폰의 관계를 과소평가해서는 안 된다. 위

그림 27.1 소셜 네트워크가 고객 여정에 미치는 영향

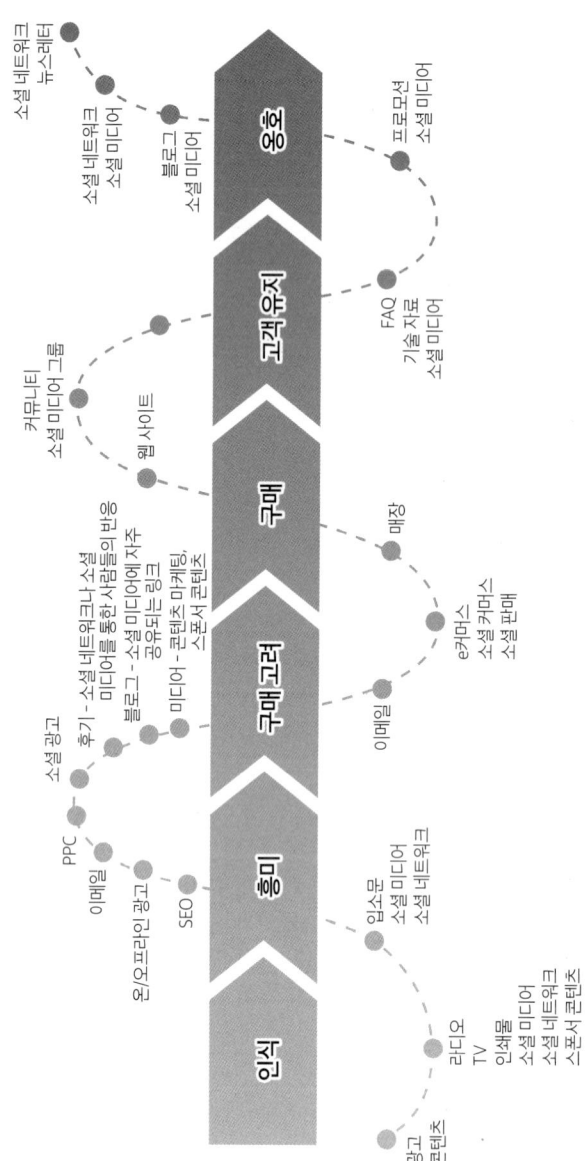

아 소셜 보고서가 지적했듯이, 소셜 미디어 활동의 90퍼센트는 모바일 장치를 통해 이루어진다. 솔직히 말해 우리는 모두 자신의 모바일에 빠져 산다. 그리고 바로 이것이 소셜 미디어를 통해 타깃 고객에 정확히 부합하는 광고 메시지가 생산되고 성공하는 중요한 추진력이다. 소셜 미디어 이상으로 타깃 고객을 세분화하여 적재적소의 메시지를 그들의 손안에 보낼 수 있는 능력을 갖춘 광고 플랫폼이 또 있다고 말하기는 어려울 것이다.

커뮤니티 구축

상품이나 서비스를 직접 판매하기 위해 소셜 미디어를 사용하는 것 외에도, 기업은 강력한 커뮤니티를 구축하기 위해 소셜 네트워크에 의지한다.

광고 차단 프로그램의 사용이 증가하고 전통적인 광고 푸시 알람 소리를 꺼버리는 소비자들과 '신념에 따른 구매자'가 늘어나면서 광고보다는 소비자, 브랜드, 기업의 관계를 구축하기 위해 소셜 미디어의 힘을 빌리는 일이 많아지고 있다. 이들은 소셜 미디어를 보다 개인적 차원의 참여를 유도하기 위해 이용한다. 즉, 브랜드 충성도를 올리기 위해서 뿐 아니라 청중을 교육하고 경험을 공유하도록 고무하며 함께 변화를 주도하는 데 소셜 미디어를 이용한다.

예를 들어 《글로벌 컨슈머 인사이트 서베이》에 따르면, 스포츠용품 브랜드 언더 아머Under Armour는 온라인 피트니스 커뮤니티를 만들어 고객이 자신의 소셜 미디어를 통해 콘텐츠를 공유하도록 고무한다. 콘텐츠 제작에는 한때 랭킹 1위에 올랐던 골퍼 조던 스피스Jordan Spieth를 비롯한 언더 아머 소속 운동선수들이 참여하고 있다. 아웃도어 의류와 액세서리 브랜드 파타고니아Patagonia는 자신의 핵심 가치와 맥을 같이 하는 환경 운동 커뮤니티를 만들어 고객으로 하여금 소비가 환경에 미치는 영향을 생각해보도록 교육한다.

SNS, 이렇게 생각하라!

소셜 미디어는 우리의 구매 행동 또는 우리가 브랜드와 기업에 대해 느끼고 참여하는 방식에 큰 영향을 미치고 있다.

인터넷, 소셜 미디어, 모바일 장치는 서로 밀접하게 얽혀서 우리의 생활뿐 아니라 소비자 고객 여정에도 상당한 영향을 미치고 있다.

#28
스물여덟 번째 생각

SNS 정보의 양면성

특정 개인이나 집단이 스스로 선택한 콘텐츠에만 노출된다는 생각은 결코 새로운 것이 아니며, 소셜 미디어가 만들어 낸 것은 더더욱 아닙니다.

오해와 진실

　인터넷, 컴퓨터, 소셜 미디어를 이용하게 되면서 우리는 과거 그 어느 때보다 싸게 콘텐츠를 생산하고, 공개하고, 배포할 수 있게 되었다. 비용이 감소하고 접근성이 증가하면서 온라인에는 광범위한 콘텐츠가 넘쳐나고 있다. 그 결과 여러 견해를 가진 사람들이 더 쉽게 다양한 정보, 견해, 콘텐츠를 발견하고 공유할 수 있게 되었다.

　덕분에 우리는 보다 편하게 세상에 대해 알 수 있게 되었고 비슷한 생각이 있는 사람들과 소통할 수 있게 되었다. 관심사가 무엇이든 인터넷과 소셜 미디어만 있으면 누구나 논의에 접근하고 공유할 수 있다. 하지만 이러한 장점에는 문제를 일으킬 소지 또한 존재한다. 비윤리적이고 불미스러운, 나아가 불법적인 일에 관심이 많은 사람끼리도 세계 어느 곳에 있든 똑같이 쉽게 소통할 수 있기 때문이다.

　문제는 사람들이 자신의 관심사가 아닌 정보나 견해에 노출되는지 아닌지, 노출된다면 얼마나 노출되는지 하는 것이다. 사람들이 매우 협소한 정보와 견해에만 노출될 때 '필터 버블'이 존재한다고 말한다.

　실제 세계에서와 마찬가지로 온라인, 특히 소셜 미디어에서 정보와 견해의 버블이 일어나는 경향이 있다. 이 장에서 우리는 버블이 실제로 정보를 어느 정도 차단하는지, 소셜 미디어는 어떤 역할을 하는지를 포함하여 버블과 관련된 문제를 살펴볼 것이다.

우리가 논의할 두 번째 문제는 버블이 비즈니스와 어떤 관계가 있고 얼마나 중요한가 하는 것이다. 기업은 온라인의 다양한 버블 현상 또는 각기 다른 그룹의 사람들과 어떻게 상호작용하는가? 이런 현상은 기업이 특별한 조치를 통해 관리해야 하는 문제인가? 아니면 규칙적인 사회적 상호작용에서 비롯되는 그저 자연스러운 현상일 뿐인가? 결국에는 기업, 부서, 팀도 자신만의 버블에 갇히게 되는가?

우리가 지금 비누 거품이나 어릿광대 이야기를 하는 것이 아니라는 점을 명확하게 하기 위해 지금부터는 '필터 버블'이라는 용어를 사용할 것이다. 필터 버블이란 사회 집단이나 환경에 정보가 일부 걸러진 채 특정 유형의 정보나 견해만 존재하는 현상을 가리킨다.

필터 버블이 존재하는가?

많은 과학적 연구가 필터 버블의 원인과 결과를 조사해왔다. 흥미로운 점은 이 주제가 70년 전부터 연구되어왔다는 사실이다. 특정 개인이나 집단이 스스로 선택한 콘텐츠에만 노출된다는 생각은 결코 새로운 것이 아니며, 소셜 미디어가 만들어 낸 것은 더더욱 아니다.

소셜 미디어가 필터 버블을 만드는 데 어떤 역할을 하는지를 설명하는 두 가지 상반된 이론이 있다. 아이엔거Iyengar와 한Hahn 같은 연구자는 온라인의 소셜 미디어 환경이 양극화와 반향실echo chambers 효과를 만든다고 주장한다. 반대로 메싱Messing과 웨스트우드Westwood 같은 연구자는 소셜 미디어 환경이 대안적 견해에 대한 노출을 증가시킨다고 말한다.

조사 결과는 두 이론 모두 그렇게 주장할만한 상당한 증거가 있음을 보여준다. 확실히, 상당한 정도의 정보 필터링이 존재한다. 사람들은 자신이 동의하는 정보를 찾는 경향이 있으며, 소셜 미디어 알고리즘은 사람들에게 그들이 본 적 있는 콘텐츠와 유사한 콘텐츠를 보여주는 경향이 있다. 하지만 메싱과 웨스트우드의 발견에 따르면, 콘텐츠의 인기와 소셜 광고는 이데올로기적 관련성보다 우세하다. 즉, 인기 있고 광범위하게 공유되는 정보일

수록 버블을 관통하는 경향이 있다. 소셜 미디어에서 자신과 다른 모든 견해를 피하는 건 실제로 불가능하다.

이 주제로 최근 유용한 조사가 이루어졌다. 플랙스먼Flaxman과 동료들은 2016년에 120만 명의 미국인을 대상으로 온라인 행동 분석을 시작했다. 분석이 끝난 다음 연구 기준을 모두 충족하는 5만 명(정기적으로 온라인 뉴스를 소비하는 사람들을 포함하여)으로 표본 집단을 좁혔다.

연구 결과에 따르면, 사람들이 자신의 정치적 신념과 비슷한 기사를 선택해서 읽는 비율은 높지 않았으며 대다수가 정치적 입장을 구분하지 않고 기사에 접근했다. 즉, 공화당 지지자와 민주당 지지자 모두 다양한 입장의 기사를 읽는 것으로 나타났다. 어느 정도의 편견이 나타나기는 했지만, 그 효과는 미미했다. 따라서 정치뉴스에 관심이 있는 사람들 대부분에게는 필터 버블 효과가 나타나지 않는 것처럼 보였다.

이 연구는 주류 뉴스 기사에 초점을 맞추고, 명확한 정치적 입장을 가진 두 집단의 사람들(따라서 서로 기꺼이 자신의 정보를 공유하는 사람들)을 대상으로 했기 때문에 한계가 있다. 하지만 이 연구에 참여한 사람들 대부분이 정보 접근에서 지나치게 양극화되어 있지도 않았고 필터 버블에 완전히 갇혀 있지도 않았다는 결론을 내리는 데는 무리가 없어 보인다.

그럼에도 불구하고, 이 연구는 더욱 극단적인 견해를 가진 작은 집단을 대상으로 한다면 필터 버블이 존재할 가능성이 크며 그런 경우 버블을 관통하기는 쉽지 않을 거라는 가정도 가능하다는 것을 시사한다.

필터 버블은 어떻게 만들어지는가

사람들이 스스로 이미 가지고 있는 신념과 유사한 콘텐츠, 정보, 견해를 찾는다는 주장은 새로운 것이 아니다. 심리학자들은 이 현상을 '확증 편향confirmation bias'이라고 부른다. 확증 편향 현상은 시대를 막론하고 인간 행동에 공통적으로 나타나는 천부적 특징을 설명하기 위해 1960년대에 심리학자들이 만들어낸 용어다.

필터 버블과 편향은 정치에서도 새로운 현상이 아니다. 정치적 확증 편향과 필터 버블 현상에 대한 최초의 연구는 1940년 미국 대선 기간 동안 실시된 조사로 거슬러 올라간다. 민주당원들은 민주당 선거 운동에, 그리고 공화당원은 공화당 선거 운동에 더 많이 노출되었다. 놀랍지는 않지만, 필터 버블이 온라인 환경에서만 나타나는 현상은 아니라는 사실을 확인시켜주는 결과라고 할 수 있다.

다른 나라들에서도 좌파는 좌익 성향의 출판물을, 우파는 우익 성향의 출판물을 읽는 경향이 있으며, 가톨릭 신자는 가톨릭 출판물을 개신교 신자는 개신교 출판물을 읽는다는 비슷한 사례들이 보고된다. 네덜란드의 보르헤시우스Borgesius와 동료들은 조사를 통해 이러한 경향이 20세기 내내 지속되었음을 발견하기도 했다.

따라서 확증 편향은 인터넷과 소셜 미디어에서 비롯된 현상이 아니다. 하지만 소셜 미디어는 우리 자신의 세계관에 부합하는 정보를 빠르고 쉽게 탐색할 수 있게 해준다. 그렇다면 다음과 같이 질문을 바꿀 필요가 있다. 소셜 미디어는 이러한 인간 본성을 강화하는가?

온라인 환경은 두 가지 점에서 실생활과 다르다. 첫째, 엄청나게 방대한 뉴스와 견해를 쉽고 빠르게 얻을 수 있다. 따라서 사람들은 자신만의 온라인 버블을 더 쉽게 만들어낼 수 있다. 둘째, 검색 엔진과 소셜 미디어 사이트는 그들 생각에 사용자가 보기를 원할 수도 있을 것 같은 정보를 기반으로 필터링을 수행한다.

보르헤시우스와 동료들은 버블이 만들어지는 두 가지 방식을 설명한다.

- 자기 선택 개별화Self-selecting personalization는 사람들이 자신의 세계관과 비슷한 콘텐츠를 선택할 때 발생한다. 고전적인 확

증 편향의 하나다. 예를 들어 정치 이데올로기가 분명한 사람들은 자신이 듣고 싶어 하는 말을 해주는 출판물을 읽을 가능성이 크다(가짜 뉴스가 이러한 경향에 편승하는 방법을 보려면 14장을 참고하라). 또 음모론자라면 정보를 검색할수록 기이하고 낯선 신념 체계 속으로 깊이 빠져들 수도 있다. 예컨대 만약 당신이 지구가 평평하다는 믿음을 가지고 온라인에서 이러한 주장을 뒷받침할 만한 콘텐츠를 찾는다면, 상당수를 발견하게 될 것이다.

- **사전 선택 개별화** Pre-selected personalization는 검색 엔진, 웹 사이트, 소셜 미디어 배후에서 작동하는 필터가 있을 때 발생한다. 이 알고리즘 필터는 사람들이 이전에 찾아본 것, 그들의 인구통계학적 특징과 과거 소셜 미디어 활동 혹은 그들이 온라인에 남긴 흔적을 통해 알 수 있는 모든 데이터에 기초해서 무엇을 보여줄지를 결정한다. 필터링은 사용자 동의 없이, 또는 심지어 사용자가 필터링이 일어나고 있다는 것을 모르는 상태에서 일어난다.

이 두 가지 개별화 필터 버블은 서로를 강화한다. 예를 들어, 당신이 '지구가 평평하다'는 이론을 찾아 왔다면 당신의 소셜 미디어 계정은 당신에게 그와 연관된 페이지나 광고를 보여줄 가능성이 크다. 유튜브는 음모론 비디오 추천으로 화면을 시작할 것이고, 아마존은 당신이 의견을 써 붙이고 다닐 모자를 만드는데 필요할 수도 있는 은박지 광고를 기꺼이 제공할 것이다.

필터 버블이 인간 본성의 발현이며 온라인의 소셜 미디어로 강화될 수 있는 현상이라면, 기업은 이것에서 어떤 교훈을 얻을 수 있는가?

필터 버블 현상과 비즈니스

필터 버블이 직장이나 조직에 어떤 영향을 줄 수 있는지 살펴보자. 사람들은 같은 팀이나 부서에서 일하는 동료와 상호작용하기를 원함으로써 혹은 업무를 완수하기 위해 일상적으로 상호작용해야 하는 사람들을 선택함으로써 자신만의 필터 버블을 사전 선택한다. 회사의 내부 소셜 미디어도 회사 내에서 수행하는 역할과 책임에 따라 특정 사람들이 생산하는 정보에 우선순위를 매김으로써 필터 버블을 사전 선택한다.

표면적으로, 사람들이 자신의 소셜 네트워크에서 경험하게 되는 자기 선택 개별화와 사전 선택 개별화 버블의 정도는 하는 일의 성격에 따라 달라질 가능성이 크다. 업무 기반 소셜 네트워크 링크드인을 예로 들어보자. 사람들은 같은 회사에 다니는, 또는 유사한 부문에서 일하는 비슷한 직위의 사람들과 소통할 가능성이 크다. 사람들은 비슷한 배경과 경험을 가진 사람들과의 관계를 발전시키려 할 것이기 때문에 결과적으로 비슷한 콘텐츠에 노출되는 경향이 있다. 예를 들어 정유 회사에 다니는 사람은 환경 자선 단체에서 일하는 사람과 매우 다른 콘텐츠를 보게 될 것이다. 이러한 결과 역시 너무 당연해서 놀랄 일은 아니다. 이는 직장에서 늘 벌어지는 일을 확장한 것에 불과하다.

고려해야 할 문제

소셜 미디어에서 나타나는 필터 버블로 인해 여러 가지 쟁점과 기회, 위험이 생겨나고 있다. 이 문제들은 반드시 긍정적인 것도 또 반드시 부정적인 것도 아니다. 따라서 우리는 필터 버블이 비즈니스에 어떤 함의를 가지는지를 논의하기 위한 실용적 측면에서 이 문제들을 살펴볼 것이다.

▐ 양극화

소셜 미디어 버블과 관련된 쟁점들 가운데 하나는, 버블 현상이 사람들의 견해 차이를 더욱 크게 만들어서 합의와 이해에 도달하는 것을 어렵게 만들 수 있다는 점이다. 비즈니스에서 이 문제는 심각한 위험인 동시에 확실한 기회가 될 수도 있다. 양극화 상태에서는 특정 집단을 겨냥하고 그 집단만의 독특한 행동을 이용하기가 상대적으로 용이하다. 예를 들어 어떤 정치 단체가 유머러스한 상황에 사용하는 몇몇 농담, 비유, 소셜 밈이 있다고 해보자. 단체의 호감을 사기 위해 그들의 농담을 이용하는 것은 매우 솔깃한 마케팅 방법일 수 있다. 하지만 양극화를 비즈니스에 이용하는 경우 한 집단의 마음을 끌려는 시도가 다른 집단을 떨어져 나가게 하는 위험을 수반하기도 한다.

▌게이트 키퍼와 인플루언서

전통적인 게이트 키퍼gatekeeper는 신문사의 경영진, 공공 검열 기관이나 국가 규제기관의 감시자 같은 사람들이었다. 이제는 앱 스토어, 소셜 미디어 웹 사이트, 검색 엔진 등의 콘텐츠 제공자가 정보를 보호하고 통제하는 주된 문지기이자 인플루언서로 기능한다. 이들은 사전 선택 개별화를 통해 필터 버블을 만들어낸다. 또 문지기일 뿐 아니라 주요 광고 회사이기도 하다. 소셜 플랫폼에서 인기를 누리는 기업과 사용자 또한 버블에 영향을 미치는 인플루언서 역할을 한다.

▌자율성에 대한 우려

필터 버블로 개인의 자율성과 독립성은 강화될 수도 있고 축

소될 수도 있다. 자기 선택 개별화는 사람들이 접근하는 정보의 폭을 확대할 수 있다. 역으로 사전 선택 개별화는 온라인에서 개인의 선택지를 개방하는 것이 아니라 지금까지의 선택을 기반으로 아주 구체적인 부분까지 그 개인에게 맞춰 제한하기 때문에 개인의 자율성을 축소할 수 있다.

▌투명성 결여

사전 선택 필터 버블에 대한 우려가 계속되는 이유는 많은 거대 온라인 기업이 자신의 알고리즘을 공개하지 않기 때문이다. 따라서 사람들은 자신이 어떻게 영향을 받고 있는지 정확히 알지 못한다. 기업은 소셜 미디어를 사용하는 방식이나 소셜 미디어를 사용해서 상호작용하는 방식에 대해 되도록 투명하게 공개하도록 요청받고 있다. 기업과 정보의 관계에 대해서는 14장, 22장, 23장에서 보다 상세하게 다루고 있다.

▌사회적 분류

소셜 미디어와 관련하여 제기되는 또 다른 우려는 사람들을 여러 개의 다른 범주로 분류하는 것과 관계가 있다. 이러한 범주화가 문제를 발생시킬 수도 있지만, 확실히 이것이 드물거나 새로운 현상은 아니며 비즈니스 부문에서는 시장 세분화 market segmentation라고 불려왔다. 특정 집단이나 개인을 쉽게 확인하고 커뮤니케이션 타깃으로 삼을 수 있다면 기업의 입장에는 매우 유리할 것이다. 시장 세분화를 합법적이고 윤리적으로 할 방법은 많다. 문제는 그러한 관행이 특정 집단을 차별하거나 불이익을 가져올 때 생긴다(예를 들어 특정 인구통계 집단을 타깃으로 한 구인광고). 최근의 연구는 소셜 미디어 알고리즘이 타깃 마케팅에 심각한 인종적 편견을 끌어들일 수 있으며, 그것이 광고주의 의도가 아닐 때조차 그렇다는 사실을 밝혀냈다. 이는 다른 쟁점들과 마찬가지로 매우 중요하게 고려되어야 할 문제다. 왜냐하면 실수(악의가 아닌 무지가 빚어낸 것이라 하더라도)가 심각한 윤리적, 법적, 사업적 문제를 만들 수도 있기 때문이다.

SNS, 이렇게 생각하라!

필터 버블은 발생한다. 필터 버블은 소셜 미디어가 존재하기 전에도 우리 생활에서 흔하게 일어났다. 하지만 소셜 미디어는 이 버블 현상을 보다 고립적이고 보다 편협하게 만든다. 버블 현상은 존재한다고 알려져 있으나 반드시 바꿀 수 있는 것도 아니고, 또 반드시 '고쳐야' 하는 것도 아니다.

조사에 따르면 온라인에서 양극화가 발생하기는 하지만, 대다수 사람은 여전히 매우 다양한 유형의 정보와 견해에 노출된다.

또 대다수에게도 자기 선택과 사전 선택을 통한 정보 고립 현상이 나타날 수 있지만, 그리 크지는 않다. 이는 인간 사회 전반에 존재해온 확증 편향 현상과 비교적 비슷하다.

한편, 극단적인 견해를 가진 사람들이 필터 버블에 보다 취약한 것처럼 보인다. 이들 자신의 극단적인 신념이 소셜 미디어 알고리즘과 결합하면서 버블 형성의 지름길 역할을 할 수 있기 때문이다. 하지만 이들은 인구의 다수가 아니라 소수에 불과하다.

기업은 필터 버블이 다양한 정도로 존재한다는 사실을 인식할 필요가 있다. 필터 버블에는 이점이 존재한다. 모든 비즈니스 전략은 조직과 그 조직에서 일하는 사람들을 위한 공통의 비전에 달려있다. 소셜 미디어를 사용하여 내부 커뮤니케이션을 공고히 하고 외부에 조직을 알린다면 사업을 더욱 발전시킬 수 있을 것이다. 버블은 또한 기본적으로 시장 세분화에 이용된다. 따라서 기업은 버블 현상을 이용해 온라인에 존재하는 잠재적인 고객, 클라이언트, 직원을 쉽게 겨냥할 수 있다.

필터 버블에는 단점도 존재한다. 기업이 지나치게 편협할 경우, 쉽게 버블에 갇혀 기업 바깥의 일반적인 견해나 대중과 단절될 수도 있다. 만약 기업이 외부에 무지하거나 외부와 접촉이 없다면 결코 합리적인 의사 결정과 타당한 정책 결정을 내릴 수 없을 것이다.

마케터의 SNS 생각법
소셜 미디어의 28가지 오해와 진실

1판 1쇄 2020년 11월 30일
발행처 비즈니스랩
발　행 현호영
지은이 미셸 카빌, 이안 맥레
옮긴이 이혜경
편　집 최진희
디자인 궁성혜
주　소 서울시 강남구 테헤란로 146, 현익빌딩 13층
팩　스 070-8224-4322
등록번호 제333-2015-000017호
이메일 uxreviewkorea@gmail.com

ISBN 979-11-88314-63-8

Myths of Social Media
This translation of Myths of Social Media is published by arrangement with Kogan Page.
© Michelle Carvill, Ian MacRae, 2020

이 책의 한국어판 저작권은 유엑스리뷰 출판사가 독점 소유하고 있습니다.
본서의 무단전재 또는 복제행위는 저작권법 제136조에 의하여
5년 이하의 징역 또는 5천만 원 이하의 벌금에 처하게 됩니다.
낙장 및 파본은 구매처에서 교환하여 드립니다.
구입 철회는 구매처 규정에 따라 교환 및 환불처리가 됩니다.
비즈니스랩은 유엑스리뷰의 경제경영 단행본 전문 브랜드입니다.